緬甸華文教育

作　者◉黃通鎰
策劃主編◉財團法人興華文化交流發展基金會
世界華語文教育學會

百年僑教的回顧與前瞻——出版僑教叢書　序言

華文教育是華人移民過程中建立起來的一個特殊的族裔語言文化教育體系，華文教育的發展過程也是華人社會一個具有廣泛文化意義的歷史進程。因此，研究華文教育是深入認識華人歷史文化的重要途徑。

華人在海外辦學的歷史很早，最早有文獻記載的是一六九〇年（清康熙二十九年）印尼巴城（巴達維亞，今之雅加達）的明誠書院，距今已有三百多年的歷史，但它與國內的私塾無異。

真正具有特殊歷史意義的華文教育體系，是在十九世紀末和二十世紀初華僑社會以融入西方教育理念，在一些規模較大的華埠建立了新式學堂，開啟了華文教育的新時代。這些學堂和私塾有明顯的不同，除了傳統的儒學，加入了大量的地理、物理、生物、數學等科學新知，甚至有英語課程。可以日本橫濱的大同學校（一八九八年創校）、印尼中華會館學堂（一九〇一年創校）、馬來西亞檳城的中華學堂（一九〇四年創校）為代表。我們一般稱的華僑學校，都是現代華文教育的產物。一九〇五年（清光緒三十一年）清廷廢科舉、興學堂、派留學生，一連串的教育改革，已然落後華僑學校的發展。

清王朝的最後十年（一九〇一—一九一一）是現代華僑學校發展的「**第一波熱潮**」。東南亞的馬來亞有十餘所，而荷屬東印度各地中華學堂則發展到六十五所；北美的三藩市（大埠）、沙加度（二埠）、紐約、芝加哥、波特蘭、西雅圖及加拿大的溫哥華、維多利亞等地，先後興建了大清僑民學堂；菲律賓、日本、朝鮮、安南、暹羅、緬甸等國也出現了一批以「中華」冠名的新式學堂。這些華僑學堂大都是在各地華僑會館（或單一族群僑團）的主持下創辦的，是一種有組織的自覺興學。學堂在民國成立後，大都改稱為學校，教學內容上，雖然也注重傳統倫理道德和尊孔思想，但更注重培養子弟適應社會生活所需的各種技能。各地中華學校開設的課程有國文、經濟、歷史、地理、修身、體操等科目，遠遠超出了傳統私塾的教學範圍。

辛亥革命後的十五年（一九一二—一九二七），雖然國內政治不安，但華僑社會仍充滿了迎接新時代的熱忱，展開「**第二波興學的熱潮**」華僑學校逐漸普及於僑胞聚集的各個地區，包括城市和鄉村。北京的北洋政府也協助僑社興學，這段時期部分地區僑社組成了僑教組織，有系統的籌募經費、改善僑校的基礎設施，協調共同的課程等，是華文教育系統化發展時期。

民國十六（一九二七年）年南京國民政府成立後，到民國三十（一九四一）年日本發動太平洋戰爭期間，是「**第三波興學的熱潮**」，也是華僑學校僑教化的重要時期。這段時間，僑社普設華僑小學，更重要的是華僑中學日漸增多，僑教組織更加制度化。南京國民政府非常重視僑務，加強對華僑教育的管理。民國十七年（一九二八年）六月在大學院特設「華僑教育委員會」專門管理華僑教育事宜，制定《華僑學校立案條例》、《華僑小學暫行條例》、《華僑補習學校暫行條例》、《駐外華僑勸學員章程》、《華僑視學員章程》等法令，進一步規範了華僑教育的管理。次年十一月，國民黨中央訓練部在國立暨南大學（現中國暨南大學），組織召開了第一次南洋華僑教育會議，通過了《華僑教育會議宣言》和二十五項決議案，各地僑校的管理者在會議中，交流了華僑教育經驗，針對華僑教育發展中，存在的問題和改進意見。[1]教育部成立了「華僑教育設計委員會」，作為辦理華僑教育的諮詢機構，負責擬定改進華僑教育方案、調查華僑教育情況、計畫華僑教育經費及其它有關事項。一九三一年（民國二十年）秋，「僑務委員會」成立，下設僑民教育處，主管華僑教育的調查、立案、監督、指導等工作。在教育部和僑務委員會的聯合指導，以及各地僑教組織配合的共同努力下，華僑教育日趨完善，成為獨步全球的「僑民教育體系」。

華僑教育在國民政府的輔導下，發展成僑民教育體系，有幾個重要規範：

一、華僑學校使用國內統一的教材。

二、課程標準化。

三、國語教學的普及。

四、校長從母國派任。

從文化意義上而言，強化了海外華人的「**華人性**」（Chineseness），具體而言是：促成了各地華僑社會的橫向聯繫與一體化，提升了華人認同中華民國的民族主義。伴隨著日本侵華日亟，也為動員華僑抗日打下了基礎。但也引發了一些負面效應，使得僑居地政府的警惕和不

1 國立暨南大學南洋文化事業部編《南洋華僑教育會議報告》一九三〇年，第二十二頁。

安，除了頒布各種法令限制華僑學校教學以外，或開設學校，吸引華僑子弟入學；或以津貼華僑學校控制辦學方向，同化、分化雙管齊下。也為第二次世界大戰同盟國勝利，居住國獨立後全面限制華教的政策埋下了伏筆。

日本發動太平洋戰爭後，東南亞的華僑學校一度停擺了三年多（一九四二年—一九四五年），許多僑校被日本軍隊刻意占用和破壞。日本戰敗投降，退出東南亞各國，中國國際地位提升，華僑社會展開了大規模的復校運動，並籌辦新學校。戰後二十年（一九四五—一九六五）是華僑教育的「**第四波熱潮**」，也是最高峰時期。然而，好景不長，由於國際冷戰，東南亞各國獨立，中國內戰以至分裂，僑社也分裂。一九六五（民國五十四）年之後東南亞的僑民教育盛極而衰，只有馬來亞華社在馬來西亞獨立後因華人人口比例較高，幾位華教領袖如林連玉、沈慕羽等人的努力下，爭取華族的族裔語言受教權，保存了華校的體系，為了避免族群衝突，刻意自稱「**華族教育**」，不再以僑教自居。

在東南亞排華四起，華僑經濟和華僑教育遭受全面打擊之時，一九六七（民國五十六）年中國陷入文化大革命的混亂，視僑胞為外國人，把海外關係界定為「反動的政治關係」，僑務全面停頓，僑胞陷入內外交侵的困境。在這個艱困時期，僑務委員會仍努力協助尚存的華校，與大量招收華僑子女回國升學配合下，為「僑教」保留了出路。也因為戰後的國共內戰，東南亞還發展出兩個特殊的華教體系：

一是泰北孤軍子弟的華僑學校。

二是緬北臘戌地區的果文學校。

此外，北美地區開放移民，大量從臺灣去的留學生，為其子弟創造出一種週末上課的中文學校模式，可謂東邊關了一扇門，西邊打開另扇窗。馬來西亞、泰北、緬北的華校，北美的中文學校，僑生回國升學，為一九六〇年代之後的華文教育保存了命脈。

為了適應戰後的政局變化，華僑身分的改變，母語教學為主的僑校體系，逐漸轉化為族裔語言教學的華教體系，華校逐漸轉型為開設華語課程的私立（民辦）學校，以華語為教學語言的全日制華校走入歷史。華教體系多元化發展，半日制、混合制、週末制、補習班等紛紛出現，華文教育的三教問題也因此變得複雜。難能可貴也令人欽佩的是，僑社之中，仍然有為保持族裔語言文化而努力不懈的華教奮鬥者。

一九八〇（民國六十九）年代後中國新移民遍布全球，華僑社會有了結構性的轉變。中國經濟崛起和全球化的發展，華語熱甚囂塵上，兩岸政府積極投入資源，在高等教育中成立專業，培養華語教學人才。不論是中國發展的「**漢語國際教育**」[2]，或臺灣推動的「**對外華語教學**」，都發現發展了百年的華文教育是中文國際化最重要的基礎。

華文教育是隨著華人移民發展的，一九九〇（民國七十九）年代以後，華文學校的模式和華文教育的內容，是以週末制中文學校為主流。進入二十一世紀華文教育的發展，則取決於

---

2 中國最初稱為「對外漢語教學」，後改稱「漢語國際教育」，二〇二〇年再改稱「全球中文教育」。

華人新移民與居住國的主流教育體系互動下，將採取什麼樣的家庭語言政策（family language policy）為主。中國和臺灣也都可以發揮影響力，中國的整體國力將影響華語的國際地位、其對外關係會影響中華文化的國際傳播；臺灣的僑生升學制度（包括海青班）、海外臺灣學校的經營，也會為華文教育的永續經營提供寶貴的經驗。近年東南亞的華語成人補習班、三語學校和國際學校（有華語部的）發展；美國華人經營的課後班（after school），主流學校從二〇〇六（民國九十五）年快速增加的沉浸式中文學校，是幾個重要的新趨勢。他們透露的訊息是：華文教育國際化、在地化勢所必然；華語的工具性增加，文化性淡出。

「**財團法人興華文教基金會**」在董鵬程先生主持時，就計劃出版系列研究華文教育的書籍，可惜壯志未酬。新董事會為完成其心願，邀集多位長期從事僑教的學者，參與撰寫各地僑校的發展，期能保存華文教育的歷史，彰顯華人在海外傳承中華文化的偉大情懷。並鼓勵對華文教育深入研究，對華文教育的未來能有所啟發。

僑教向來為僑務的核心工作，本人從臺北市政府到僑委會服務的期間，就全力投入第二處的僑教工作，足跡踏遍海外僑區，也推動包括緬甸、泰北的師培專案，臺商子弟教育及臺北學校的籌建，全球華文網路教育中心的建構，為九〇年代僑教數位化鋪設人才培育、學術研究及電腦軟硬體設備的基礎工程，期間本人廣泛接觸第一線以復興中華為己任的僑教領袖和僑校教師，深感僑教工程的重要，和所有投注心力的參與者的偉大，這也是後來有機會回會擔任委員長後，特別延攬華語文專家擔任副委員長，以及在最短時間內編印《**學華語向前走**》這套教材，希望為僑教奠定更紮穩基礎的努力。

凡走過必留下痕跡，是希望把所有僑教經驗都能順利完整的傳承，也期盼能鑑記僑教發展的全球軌跡。本人也要藉此套叢書的出版，向所有僑教前輩先進致敬，也要鼓勵更多的年輕新生社群一棒接一棒的努力下去，永續發展興華大業。本套叢書的出版要感謝基金會所有董事和監事的全力支持，任弘兄和良民兄的協助，以及熱心人士的贊助，期望我們可以共同維護、傳承僑教的火苗。

財團法人興華文化教育發展基金會董事長　陳士魁

著者誌謝

泰國與緬甸兩國是近世紀來雲南鄉親安身立命的地方，古語言「年深他境如故境，日久異鄉即吾鄉」，祈鄉親愛僑鄉的土地與住民，大家互助合作，在共創安和富裕生活的同時，要戮力推展華文教育，讓博大精深的中華文化在僑居地發揚光大。

泰緬兩國都是得天獨厚的國家，天然資源豐富，小乘佛教歷史悠久，保存最完整，有佛國之稱。得佛菩薩護佑，火山、地震、海嘯等天災，百年難逢。緬甸惟人為內戰頻仍，主政者實應深切反省。筆者因國變，曾流落緬甸，時間雖不長，但卻是人生青少年的寶貴時段，原期盼在僑鄉安身立命。但於弱冠之年逢軍人政變，以難民身分遠赴臺灣升學，成家立業，投身教育事業。再於職場退休，耳順之年先回饋位於滇緬邊境的育成母校，四年校長任期，戮力興革校政，更新軟硬體，改善學習環境，建立教育制度，提升學生程度。並抽暇走訪全緬甸，宣導教育理念，鼓勵教界先進振興華文教育，帶動風氣影響全緬甸。

後又轉任泰緬邊界，泰國泰北建華綜合高中校長，此地是雲南族群在泰國的大本營，與緬甸國土連接，住民血肉相依。筆者任職兩任六年，為泰北義民村（以前叫難民村）近百所華文學校，協助教師公會成長，提升教育品質不遺餘力。又為鼓勵教師士氣，訂立每年資深優良教師推選，為退休安養建立制度。直到逾古稀之年，才返臺灣。

今重溫近十餘年來在緬甸、泰北的歲月，梳理曾走過的足跡，點滴在心，因深愛這兩個國家，再多次前往旅遊，尋覓往日夢痕，並努力蒐集兩國相關的歷史文獻，整理昔日文稿，詳加研究，致有泰國及泰北華文教育與緬甸華文教育兩書問世。

二〇二〇（民國一〇九）年初，逢高傳染性新冠肺炎病毒（Covid-19）在全球肆虐，對免疫功能弱的老年人極為不利，為了保健，國家政令、醫生叮囑，外出須戴口罩，盡量不去公共場所，時備消毒酒精，最安全就是整天居家防疫。筆者雖已屆耄耋之年，身體毛病不少，承財團法人興華文化交流發展基金會，陳董事長士魁先生（曾任僑務委員長），執行長莊瓊枝女士（曾任僑務委員會僑教處長）之邀，二〇二〇（民國一〇九）年撰《泰國及泰北華文教育》，二〇二一（民國一一〇）年撰《緬甸華文教育》，為這兩個國家，一世紀來的華文教育，留下見證並紀念。然而，因筆者科教出身，文學功力淺薄，資料也不充裕，錯漏難免，且文內多為個人看法，有欠周延，尚祈讀者不吝指教。

《泰國及泰北華文教育》於二〇二一（民國一一〇）年九月已出版，《緬甸華文教育》將於二〇二四（民國一一三）年出版，感謝陳董事長士魁先生，為該僑教叢書題序。何福田教授、田雛鳳先生（曾任僑務委員會處長，駐泰國僑務組長）的指導，興華文化交流發展基金會祕書任珈彤小姐的協助，以及秀威資訊科技股份有限公司編輯群的編輯、審校、排印，使拙作如期與許多關心泰緬兩國華文教育的讀者見面。最後要感謝次子黃光璿教授，在忙碌的教學與研究工作中，給老爸電腦知識與技能的指點和協助，讓幾乎電腦盲的老人，可以用電腦寫作，比以往的手寫方便太多，尤其在修改部分既快捷又清晰。而今老友聚會，大家誇我是電腦高手，誠愧不敢當。但憶起民國七十五學年，教育部決定在各公立高級中學，自高一開電腦課，選派數學教師去大學培訓，筆者任職市立第一女子高級中學設備組長，負責推動電腦教學，也必須去受訓，以設備電腦教室，課程規劃等。同時要輔導學生成立電腦社團，剛好筆者之長子升高三，懂電腦，當選電腦社長，可以和他商討。退休後到海外任校長，有祕書、助理，自己成了電腦盲，直到近年，因需要才投入，粗具入門功。內子戴美羨老師，她自學有了電腦技能，協助不少。還有其他的兒孫於必要時救急，一併感謝。

緬甸樹化玉（黃通鎰／攝）

目次（CONTENTS）

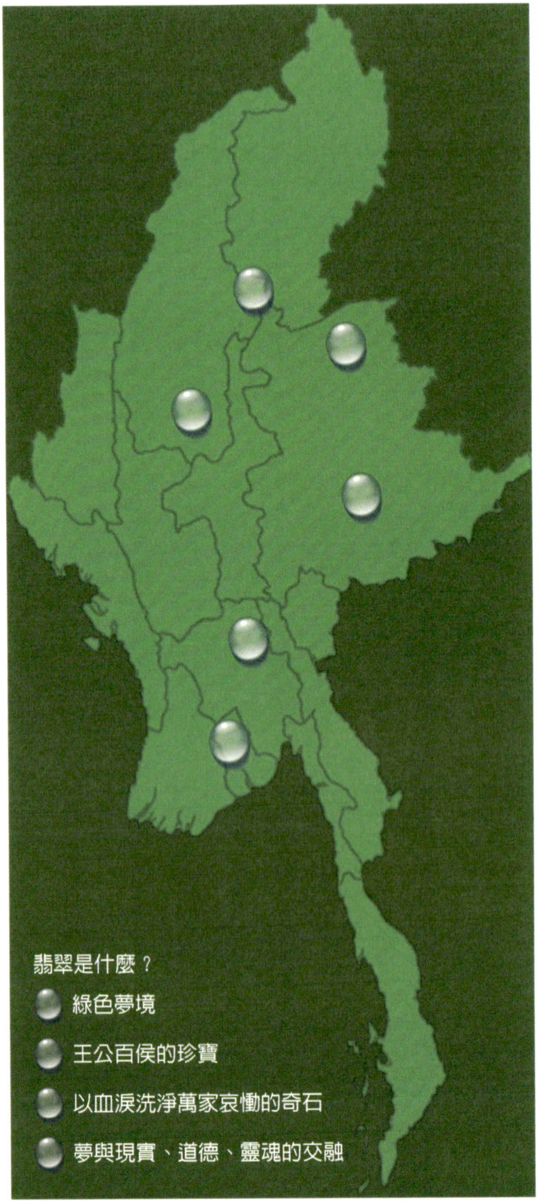

緬甸翡翠王國

印度
India
克欽邦
Kachin
中國
China
實皆省
Sagaing
孟加拉
Bangladesh
撣邦
Shan
欽邦
Chin
曼德勒省
Mandalay
若開邦
Rakhine
馬圭省
Magway
孟加拉灣
Bay of Bengal
奈比多聯邦區
Naypyitaw
克耶邦
Kayah
寮國
Laos
勃固省
Bago
克倫邦
Kayin
伊洛瓦底省
Ayeyarwady
仰光省
Yangon
孟邦
Mon
泰國
Thailand
安達曼海
Andaman Sea
德林達依省
Tanintharyi

緬甸邦省分布圖

緬北華校分布圖

圖片參考：《緬甸曼德勒福慶學校二十週年暨孔子課堂五週年校慶特刊》，第一六〇頁，乃筆者二〇一三年赴該校參訪時，於簡報中所贈，該特刊主編李祖清先生與筆者有同鄉之誼，他承諾授權可使用書中所有文字及圖片。

第一章 緬甸總論

第一節 緬甸簡史

緬甸於二十世紀在伊落瓦底江中游兩岸發現大量的木化石，又稱樹化玉。據研究木化石是石炭紀前期的裸蕨植物的化石。構成期在古生代石炭紀，距今約四億年至中生代白堊紀（距今約六千五百萬年），它是大自然留給人類的珍貴奇石，是緬甸的國寶之一。樹化玉是玉化的矽化木，種類繁多，顏色多樣，晶瑩剔透。需在高壓低溫，並且無氧的環境下浸泡於二氧化矽的環境中，樹木的碳元素逐漸被二氧化矽取代，但卻部分保留了樹木的某些原始特徵，硬度摩氏七・四度。由樹化玉的出土，證明該地區在遠古時代是茂密的原始森林。緬甸在十世紀建國後，歷代君王大量砍伐森林，燒磚建佛塔，致使水土破壞，樹木枯竭，逐漸沙漠化，誠可悲矣！

根據「緬甸歷史（Histoire de la Birmanie）」法文維基百科的紀錄，東南亞在一萬二千年前的舊石器時代，就已經有人類居住，緬甸境內的伊洛瓦底江邊的村莊也發現距今五千年前的文化遺址。緬甸位於亞洲中南半島西部，是最不為東南亞及其他國家所瞭解的國度。東南亞的古代史文獻缺乏，以緬甸為最。若從印度「佛教史」，佛教傳入緬甸已延續二千多年。在斯里蘭卡的「錫蘭島史」、「大史」等古文獻中，阿育王於西元前二一八年曾派遣兩位僧侶蘇那迦

（Sonaka）和鬱陀羅（Uttara）到緬甸索萬那普地區弘揚佛法，為緬甸佛教可循的最早之跡。

緬甸早期的歷史，有兩種說法：古老的孟族人約於西元前三世紀（中國戰國時代），在緬甸的南部建立了以毛淡棉地區西北部的直通（打端）城為中心的「直通王國」，印度傳教士稱「黃金之國」（Suvarna Bhumi），長期與印度南部和斯里蘭卡（錫蘭）通商。另一說西元前三世紀驃族人已進入伊洛瓦底江的上游地區，並掌控中國和印度兩國間的通商之路（漢書），西元一〇五（東漢和帝元興一）年驃人建蒲甘小城。兩世紀後孟族人也來到錫唐河流域。西元三世紀（中國三國時代），青藏高原一帶的藏緬系族群緬人南下，其中的一支驃人在上緬甸的伊洛瓦底江流域建立了驃國，定都卑謬（Pyay）。唐朝貞觀年間，驃國使團入貢，還在長安表演了佛教舞樂。後因西南的南詔國與驃國發生戰爭，驃國滅亡，驃人和同源的其他緬人支系融合，但南部地方仍受孟族人統治。

在中國史書，緬甸古稱「朱波」，漢稱「撣」，唐稱「驃」，至宋始稱「緬甸」。緬甸民族的歷史以四個族群為主；孟族、驃族、緬族、撣族（傣族）。西元前哀牢人沿湄公河南遷，其中占據柬埔寨和寮國的一支即今日的高棉人，進入緬甸和暹羅的一支即今天的孟人，孟人驅逐了當地的土著占人成為緬甸的主要族群。孟人很早就受到印度文化的影響，信仰印度婆羅門教和本土原始宗教。西元五世紀中葉，斯里蘭卡佛育長老帶巴利三藏入直通王國，將上座部佛教（小乘佛教）傳入孟人地區，因此，直通王國被認為是上座部佛教引入東南亞的發祥地。後來上座部佛教再傳至暹羅（泰國）、緬甸東北部的撣邦（Shan State）、若開邦（Rakhine State）等地區。

驃國人也信仰佛教，一九〇六（清光緒三十二）年考古學家曾對驃國故城，「室利差呾羅（Sri Ksetra Kingdom）」一帶進行考古挖掘，出土了大量的佛像和巴利文經典殘片，證實了當地在五至九世紀盛行上座部佛教，聯合國教科文組已將驃國遺址列入人類文化遺產。當地佛教盛行的情況也出現在中國古籍中，包括「新唐書驃國傳」和義淨「南海寄歸內法傳」。在卑謬驃國故城中出土了梵文「諸法從緣起」的密宗偈語碑文。上緬甸地區也有大乘佛教傳播的跡象，出土了青銅觀音菩薩立像。

中國歷史記載，東漢和帝永元九（西元九十七）年正月，永昌（雲南保山）徼外蠻及撣國王「雍由調」遣重譯奉國珍寶，和帝賜金印、紫綬。小君長皆加印綬、錢帛。關於撣國經考證就是緬甸的東北撣邦。又載：東漢安帝永寧元年（西元一二〇），撣國王雍由調復遣使者詣闕朝賀，獻樂及幻人，能變化吐火，自支解，易牛馬頭，又善跳丸，數乃至千。因撣國魔術表演團大受東漢安帝的歡迎，西元一三一（東漢順帝永建六）年十二月，撣國王雍由調再度遣使者到漢廷朝賀，順帝賜金印紫綬。根據史書記載西南夷（即今之緬甸）境內，除黃金之國、撣國、驃國外，還有黃支國、已程不國、馬塔班國、頓遜國、多篾國、彌國、林陽國等地區小國。

西元八世紀（唐朝中期），上緬甸出現了蒲甘王國（Pagan Empire 八四九—一二九七），是有詳細文字記載的第一個王朝，王國的都城在蒲甘，位於伊洛瓦底江西岸與欽敦江（Chindwin River）匯合處。由蒲甘王國開國國王彬比亞（Pyinbya 八四六—八七八在位）於西元八四九年建立了蒲甘城。王國到第九代國王阿奴律陀王（Anawratha 一〇四四—一〇七七在位）開始興盛。阿奴律陀王英明勇武，歷十三年統一了緬甸，他的功勳是統一國家、立佛教為國教、建造「瑞喜宮（Shwezigon Paya）」佛塔、建佛教圖書館陳列上座部佛教文物、參考孟族與驃族的文字，創造了緬文。所以被緬人視為英雄，對他非常尊敬。

第十一代國王江喜陀（Kynzitha 一〇八四—一一一三在位）也是賢明的君王，是阿奴律陀王之子，第十代國王之弟。他打敗了南部孟族耶曼干，全力發展國家經濟及文化，建造了很多佛塔，其中以現存的「阿難陀寺（Ananda Temple）」最著名，落成時親自主持開光典禮，邀請全國高僧觀禮誦經。一一〇六（宋哲宗崇寧六）年，江喜陀國王遣使向宋朝進貢，被以大國之禮接待。但其後的國王縱情奢華享樂，國勢日衰。一二八三（元世祖至元二十）年，元朝大軍自雲南出兵攻破蒲甘城，之後蒲甘國淪為元朝的藩屬，兩代後滅亡。

蒲甘王朝尚未被元朝滅亡前，上緬甸曾出現「阿瓦王朝」（Ava Dynasty 一三六四—一五五五），存在了一八一年，其間有一段時間，國勢強大，然而南方的勃固王朝，國勢亦強，兩國因經濟利益衝突，戰爭四十年，最後阿瓦王朝兵敗，被勃固王朝取代。

勃固王朝（Hanthawaddy Kingdom 簡稱Pegu 一二八七—一五五二），第一位國王是伐麗流（又譯瓦理魯Wareru），於一二八一（元世祖至元十八）年在莫塔馬（Martaban、Mottama）建都為王，一二九八（元成宗大德二）年向元朝稱臣，伐麗流國王對國家的貢獻除統一了國家，還編撰「伐麗流法典（Wareru Dhammathat）」」，被視為緬甸的第一部法典。第八代國王頻耶宇

（Binya U一三四八—一三八四在位），於一三六九（明洪武二）年遷都勃固（Pegu）改稱勃固王朝。頻耶宇國王的繼承者好戰，曾發兵征暹羅（泰國清邁），國內政局不穩，盜賊肆起，讓敵人有機可乘，後被緬甸中部崛起的東吁王朝取代。

東吁王朝（Taungoo Dybasty 一四八五—一七五二），在十三世紀時就建國，發展中心是緬甸中部的東吁地區，初起時南方有勃固王朝，北方有阿瓦王朝，西方有阿拉干王朝（Arakan Dynasty 一四三三—一八二四）。東吁王朝與這些王朝結盟，得以生存發展，到十六世紀國力強盛，滅其小國，統一了緬甸。但因好戰，出兵征服暹羅的阿育陀耶王朝（又稱大城王朝）（Ayutthaya Dynasty 一三〇五—一七六七），並與中國之清王朝作戰，勞民傷財，之後暹羅復國興兵討伐，東吁王朝內部分裂混亂，到十七世紀雖放棄對外擴張，力圖復興，曾短暫統一了國家，但國勢已衰弱，一七五二（清乾隆十七）年被貢榜王朝取代。

貢榜王朝（Konbaung Dynasty 一七五二—一八八五），開國君主是雍笈牙（Alaungpaya 一七五二—一七六〇在位），是一位雄才大略的君主，在位只有九年，利用七年的時間統一了緬甸，還對外四處用兵擴張領土，於一七五八（清乾隆二十三）年擊敗暹羅大城王朝及中南半島各國，稱霸東南亞。其後繼者多次入侵中國雲南與清軍發生戰爭，互有勝負。然而，到十九世紀中葉，大英帝國崛起，入侵緬甸，王朝與英國爆發了三次緬英戰爭，緬軍不敵英軍的洋槍火砲，三戰皆敗，一八八五（清光緒十一）年英軍占領全緬甸，俘虜了末代國王錫袍（Thibaw Min）、王妃及官員多人送往印度，貢榜王朝覆滅。

英帝國滅緬甸貢榜王朝後將領土併入英屬印度，此後緬甸淪為英國殖民地計六十三年，至一九四八（民國三十七）年獨立。緬甸在英殖民時代逐漸現代化，基礎建設、教育、民生等都有明顯進步，但民族意識受到壓迫，尤其佛教與西方基督教時有衝突，緬人反英不斷。二十世紀中期的第二次世界大戰，緬人愛國領袖翁山（Aung San）曾借助日本軍閥力量，籲以達其驅逐英國人獨立目的，但未成功。戰後世界潮流改變，許多殖民地國家紛紛獨立，緬甸終於脫離英帝國殖民統治成獨立國家。

一九四八（民國三十七）年一月四日，緬甸獨立，根據一九四七（民國三十六）年制定的緬甸聯邦憲法，國名「緬甸聯邦」（Union of Burma），其制度大都沿襲英國政府組織；聯邦中央政府設虛位總統一人，下置國會、內閣、司法三部門，施政頗能遵循民主軌範，亦頗重視民意，所以有了十餘年的安定與繁榮。然而，國家雖標榜中立不結盟，但時值共產赤焰正熾，執政的自由同盟黨魁內閣總理吳努（U Nu），只顧個人權位，枉顧大局，以致黨內派系發生糾紛，引發一九五八（民國四十七）年五月自由同盟分裂。而軍方領袖尼溫頗有野心，乘機發動政變成功，文人政府倒臺，從此內戰頻仍，延續至今。

一九六二（民國五十一）年三月二日，尼溫（Ne Win）領導軍人政變成功，廢除憲法，成立「緬甸社會主義綱領黨」實行一黨專政，獨裁鎖國統治二十六年（一九六二—一九八八）。一九八八（民國七十七）年緬甸發生民主運動，老邁的尼溫退居第二線，盛溫繼任總統未及一年，政權由蘇貌將軍（Saw Maung）接手，執政黨改名「緬甸民族團結黨」（The National Unity

Party）」，成立「緬甸聯邦恢復法律和秩序委員會（State Peace and Development Council）」，仍堅持一黨專政。一九八九（民國七十八）年六月十八日，軍政府將緬甸的英文寫法「Burma」改為「Myanmar」，蘇貌執政四年（一九八九—一九九二），一九九二（民國八十一）年丹瑞將軍（Than Shwe）取代蘇貌接掌軍政大權，繼續一黨專政。一九九七（民國八十六）年改緬甸聯邦恢復法律和秩序委員會為「緬甸聯邦和平發展委員會（State Peace and Development Council）」，丹瑞執政十八年（一九九三—二〇一一），其間整肅了許多政敵，如總理欽紐上將（Khin Nyunt）為其一。

二〇〇五（民國九十四）年十一月七日，丹瑞軍政府聲稱因戰略考慮，將首都遷移緬甸中部「彬木那」（Pyinmana）市改稱「奈比多（Naypyidaw）」。二〇〇七（民國九十六）年八月中旬，仰光爆發數十萬人反軍政府示威，軍政府鎮壓數人死亡。二〇〇八（民國九十七）年二月九日，軍政府宣布將在五月舉行公民投票，通過新憲法，二〇一〇（民國九十九）年舉行民主選舉成立新政府。二〇一〇年十月二十一日，緬甸聯邦和平發展委員會頒布法令，正式啟用新憲法確定的新國旗及新國徽，國名由「緬甸聯邦」改為「緬甸聯邦共和國」，但是國歌不變。二〇一一（民國一百）年三月三十日，丹瑞盟友登盛（Thein Sein）成為緬甸總統，丹瑞將軍退位。二〇一六（民國一〇五）年三月三十日，登盛將政權交給自一九六二年政變以來首位文人總統吳廷覺（U Htin Kyaw）繼任，任期五年（二〇一一—二〇一六），登盛專任聯邦鞏固與發展黨主席。

二〇一二（民國一〇一）年四月一日，緬甸聯邦選舉委員會公告，因全國民主聯盟選舉大勝，主席翁山蘇姬女士（Aung San Suu Kyi，翁山將軍幼女）當選聯邦議會人民院議員，二〇一三（民國一〇二）年五月二日，緬甸執政黨「聯邦鞏固與發展黨」（Union Solidarity and Development Party，簡稱鞏發黨）主席登盛辭職，由聯邦議會人民院議長吳瑞曼（Thura Shwe Mann）接任鞏發黨主席。二〇一五（民國一〇四）年十一月八日，緬甸舉行公開大選，翁山蘇姬領導的全國民主聯盟（National League for Democracy，簡稱全民盟）取得政權，結束軍政府長達五十四年的統治，然因翁山蘇姬夫婿是英國人，依新憲法規定不能任緬甸總統，全民盟及軍方達成協議，選舉文人吳廷覺繼任總統，依照新憲法組成政府，翁山蘇姬女士出任國務資政兼數個部長。

二〇二〇（民國一〇九）年全世界大部分國家，發生高傳染性「新冠肺炎」（Covid-19）疫情，緬甸鄰國印度特別嚴重，年中病毒也肆虐緬甸，但不嚴重，文人政府按照憲法於十一月八日舉行選舉。非常不幸二〇二一（民國一一〇）年二月一日，緬甸國防軍指責執政的全國民主聯盟，在二〇二〇年的選舉有舞弊，再度發動政變，推翻全國民主聯盟的半文人政府。政變發生數小時後，軍方宣布緬甸進入為期一年的緊急狀態，國家權力移交總司令敏昂萊將軍（Min Aung Hlaing，丹瑞盟友），同時逮捕了國務資政翁山蘇姬、第二位名譽總統溫敏和執政黨的多個領導人。隨後，全國爆發了反對軍人政變的示威，而軍方則對示威者採取直接槍殺等鎮壓手段。而「新冠肺炎」病毒經一年來的變種，傳染快，防疫難，緬甸人民衛生習慣不佳，在缺疫苗、口罩、醫療設備、醫護人員、缺錢買疫苗及相關醫療器材的五缺情況下，已是苦不堪言。

而緬甸各少數民族武裝，又逐漸崛起，與政府軍暴發衝突，國際社會多袖手旁觀，聯合國有意出面調停，但五常任理事大國，意見分歧。二〇二二（民國一一一）年初又爆發俄烏戰爭，緬甸問題大國已無力顧及，軍政府宣稱要延長維持國家統治時間一年，實則鎖國，使原已蕭條的經濟更雪上加霜，真是人禍與瘟疫交煎，可憐的是篤信佛教、善良的緬甸人民。

註：二〇二三年（民國一一二）十月廿七日，果敢特區前主政者彭家聲長子彭德仁領導的「緬甸民族民主同盟軍（MNDAA）」藉清剿電訊詐騙集團，率部發起內戰，很快攻占了撣邦多處據點，且得到多股反軍政府少數民族獨立軍的響應與支持，戰事迅速擴大，至二〇二四年中已攻占撣邦多個重要城市。軍政府為增補兵源急徵年輕人入伍，造成大批難民外逃避難，內戰烽火已燃遍緬北各地。

第二節 緬甸自然環境

緬甸位於亞洲中南半島西部，東北鄰中國，西接印度和孟加拉，東南連泰國，與寮國隔湄公河為界，南臨孟加拉灣，南方領土延伸到馬來半島北部，國土狹長，南北約一九三一公里，東西最寬處約九二七公里。總面積約六十七萬六千五百七十五平方公里，等於中國新疆省的四分之一，比臺灣大十九倍，在東南亞是僅次於印度尼西亞的第二大國，全國行政區分成七省、

二○二一年緬甸中華總商會捐物資助緬甸政府抗新冠肺炎Covid-19病毒疫情。

圖片來源：本圖選自臺北市雲南同鄉會出版《雲南文獻》第五十一期第二十四頁，二○二一年十二月二十五日出版，主編黃通鎰。

二○二一年仰光雲南同鄉會捐緬幣十億元助緬甸政府抗新冠肺炎Covid-19病毒合影於會館大樓前。

七少數民族邦十四個行政區。

全國地勢東北高而西南低，約可分為上、中、下三部；上緬甸多山，而且熱帶原始森林茂密，中部則多為丘陵地形，下緬甸為三大河流沖積成河流谷地和三角洲平原，沃野千里，土地肥饒，農作物極豐富。境內三大河流：中央伊洛瓦底江（Irrawaddy River），源於中國的恩梅開江（Nmai Hka）、邁立開江（MaliHka）、欽敦江（Chindwin River，舊名為更的宛江）匯流而成，貫穿南北；東邊是薩爾溫江（Salwin River），上游是中國的怒江，從東北往西南流入安達曼海（Andaman Sea）；前述兩江中間是西坦河（Sittang River），這三大河系是緬甸人口主要集中區和稻米生產地。這三大河流支流交錯，尤其下緬甸三角洲地帶，水上交通，四通八達，小輪帆船航行無阻，極為便利，有魚米之鄉稱譽。

緬甸國土大部分地處熱帶，氣候長年炎熱，一年分乾、雨、冷三季，氣流受喜馬拉雅山的影響甚鉅。乾季三月至五月氣溫在攝氏三十五度上下，有時可達四十度，非常炎熱，幸好有印度洋的季風調節以解溽暑。四月十三日至十六日為小乘佛教潑水節，是緬甸的新年。自五月至九月進入雨季，大雨滂沱，時下時晴，有時會出現短暫陽光，有時連下數日，或大或小，未曾稍斂。雨季農民耕作下種，俟稻苗成長，繼而插秧，待秧苗插盡，則萬事具備，無需顧慮灌溉，亦不必施肥鋤草，只等收穫就好。此時段因雨水多，道路泥濘，蚊蠅害蟲繁殖，毒蛇出沒，農民多悠閒在家，老幼大小，團聚一堂，飽食終日，拉琴唱歌，享受娛樂。

直到九月點燈節過後，雨水減少，開始放晴，冷季漸近，此時金黃色的稻穀，已長滿田間，隨風搖曳，稻香遍野，是豐收的時節，收割下來的稻穀，就堆置於積水已乾涸的田間。冷季十一月至隔年二月，平均氣溫攝氏二十至二十四度，天氣乾冷，田間稻穀堆積如山，經陽光曝曬，便自行乾燥，只等穀商前來收購。於斯時也，各地農村，喜氣洋洋，彈琴唱歌跳舞，家家戶戶，莫不喜形於色，於是競相大作佛事，不論城鄉，沿路僧侶成行，布施慨贈，一片安樂景象。

緬甸曾是世界三大米倉之一，是一個純粹農業國家，水稻穀地面積約八一〇萬公頃。其他如林業、農業、礦產等天然資源也極可觀；林業以柚木為大宗，東北部及南部德林達依省（Tanintharyi，舊名丹那沙林 Tenasserim）的柚木，均有大量外銷；農業除稻米外，大豆、棉花、橡膠等產量亦豐；而南部土瓦（Dawei，舊名丹老 Tavoy）則盛產燕窩、珍珠；非金屬礦產以中部仁安羌（Yenangyung）的石油、北部帕敢（Hpakant）及摩谷（Mogoke）盛產的各色翡翠玉石、貓眼石、琥珀、蜜那、水晶、紅、藍寶石等，品質優良，早已名聞世界；金屬礦產以北撣邦的銀礦、銅礦，德林達依省的貢銅礦，土瓦、丹老的鎢礦，吉耶邦的錫礦、銻礦等蘊藏量甚多。

緬甸可謂得天獨厚，天然資源之豐，居東南亞各國之冠，然因內政不修，各民族間矛盾多，導致戰亂不止，生產落後，工商不振，任令貨物棄於地，不知利用，國家貧窮，人民苦貧，天賜巨富，人謀不臧，只知爭權奪利。尤其大緬族主義（Burmese chauvinism），自獨立以後更為明顯，一九六二年國防部長尼溫發動政變，奪得政權，導致各邦紛紛組織獨立軍，爭取獨立，一九八二（民國七十一）年軍政府發表的「緬甸公民法（Burma Citizenship Law）」，將國民身分分成六等級，是大緬族主義優越感的最大體現，這種心態引發緬族與其他民族的摩擦，為鞏固大緬族的執政權，迷信槍桿子出政權，凡有反政府類民主運動就以真槍實彈鎮壓，半世紀來都是掌軍權的軍頭當家，大權在握，枉顧國家利益，魚肉百姓，真是緬甸國家的大不幸。

第三節　緬甸的城市與交通

緬甸的主要一線城市分布如下：

仰光（Yangoon，英人譯Rangoon），原名大光（Dagon），位於伊洛瓦底江下游，南臨仰光江，居勃生堂河與勃固河匯流處，距出海口僅三十二公里，有端低運河通伊洛瓦底江。一八五二（清咸豐二）年英國占領下緬甸，闢為首都，英國總督駐節於此，緬甸獨立後延用至二〇〇五（民國九十四）年，是政治與經濟的中心，東南亞著名城市。近年來惜乎港深不足，巨輪難以停靠，已逐漸沒落。

曼德勒（Mandalay），乃緬甸古都，它的古老名稱叫瓦城，又叫阿瓦（Ava）。位居伊洛瓦底江中游，東北接撣邦高原，北連伊洛瓦底江上游的克欽邦（Kachin State），西通欽敦河谷，地居要衝，是緬甸的心臟地帶，古代建都於此，佛教文化保存最完整的城市，迄今皇城仍保存完整，客屬華人稱阿瓦城，粵僑稱華城，閩僑則稱紅營。

新首都奈比多（Naypyidaw），原是緬甸傳統的農業城市，位於前首都仰光與中部大城曼德勒之間的丘陵地帶，距仰光約四百公里，面積四千六百多平方公里，分奈比多市區及八個鎮區，有鐵路北接曼德勒，南通仰光，建有飛機場，二〇一一（民國一百）年十二月十九日啟用。此地曾是緬甸民族英雄翁山將軍發動獨立戰爭的軍事要地，亦曾是緬甸共產黨游擊隊的大本營。

勃生（Borsein），為緬甸第二大港，位於伊洛瓦底江支流勃生河東岸，距海口一五二公里，一九二七（民國十六）年發展成緬甸內陸深水商港，可停靠萬噸巨輪，為大米出口之主要港口，海運功能超過仰光。

毛淡棉（Moulmein），乃德林達依省首府，為緬甸第三大海港，位於丹倫江（Thanlwin River）口，距出海口三十八公里，為下緬甸主要商港，此地前往馬來西亞極為便利，惟江水深度不足，巨輪難以停靠，該地區榴槤、山竹、紅毛丹、鳳梨、芒果出產豐盛，以此港口轉運全國。

密支那（Myitkyina），乃緬北克欽邦首府，地名意義為大江之濱，縱貫鐵路經曼德勒北上克欽邦的終點。為中緬關係史上重要都城之一，其附近的嘎鳩（Hkakyu）、宛莫（Waingmau）、南堤（Nanti）等港，乃明朝兵部尚書王驥南征渡金沙江之港口，清史稿緬甸傳，大學士經略使傅恆征緬渡伊落瓦底江的孔道，更是第二次世界大戰，中國遠征軍與日寇慘烈爭奪八十三天全殲日軍之地。

臘戌（Lashio），為緬東北撣邦首府，早年為中國土司地。位於南渡河谷的山丘上，是政治、經濟、交通的中心，縱貫鐵路經曼德勒往東北的終點，抗日戰爭時期滇緬公路的起點（終點為雲南昆明），也是緬甸華文學校最多的地區。

除以上一線城市外，還有許多二線城市如：

緬南的丹老（Myeik）、土瓦（Dawei）、勃固（pegu）；緬中的蒲甘（Bagan）、同古（toungoo，今東吁）、棠吉（即東枝 Taunggyi）、密鐵拉（Meiktila）、實皆（Sagaing）；緬北的莫寧（Mohnyin）、莫港（Mogaung）、八莫（Bhamo）；緬東北的景棟（Kyaing Tong）、皎脈（Kyaukme）、當陽（Tangyan）、大其力（Tachilek）、並烏倫（Pyin Oo Lwin）；緬西的卑謬（Frome，曾是古驃國的都城），這些二線城市也是緬甸人口集中的城市。

緬甸的交通經英國殖民半世紀多，算是相當便利。簡介如下：

水上交通，以伊洛瓦底江為主幹，自密支那沿江而下經八莫，抵曼德勒、蒲甘直達仰光入印度洋，緬南三角洲一帶，大小河流縱橫交錯，各類中小型輪船、汽艇、小帆船幾乎無處不達。沿海交通則以沿岸各港口為通運點，以仰光江港口幅射，西向轉南到勃生，北向阿拉干到亞峽，南下德林達依到毛淡棉，再轉土瓦、丹老，可謂四通八達。

陸上交通，公路密如蛛網，城鄉連接。鐵路有兩大幹線；仰光至曼德勒幹線，北至克欽邦密支那、東北至撣邦臘戍。另一條仰光至卑謬幹線；十條支線幾乎可達全國第二、三線城鎮。

空中交通，發展較晚，英治期間，並無航空運輸，一九四八年緬甸獨立始有緬甸聯邦航空公司，以首都仰光為總站，航行全緬十九個一、二線城市。國際航線原有泰國、香港、新加坡、印度加爾各答、巴基斯坦、昆明等地，但因經營不善，時有虧損，時停時航。近年來仰光機場已大幅翻修重建，將國際、國內航站分開，啟用甚多現代化設備，與國際接軌，但國內航站機場仍然落後，需要改進。

緬甸國內水、陸交通其基礎是在英殖民時期奠下，然而，獨立已七十餘年，因政治不修，內戰頻繁，經濟落後，交通設施老舊自不待言，內戰破壞再所多有，與現在先進的高速公路，高速鐵路，深水良港，現代化的機場簡直無法相提並論。

另外，仰光、曼德勒兩大都市，市內交通，在英殖民時代以棋盤式規劃，在東南亞諸國中算最先進與便利，然而因人口增加，交通非常擁擠，塞車極嚴重。市內主要交通工具巴士，多是日本淘汰的二次大戰賠償品。緬甸道路原仿英國靠左行走，汽車駕駛座應在右側，進入新世紀改右行，但是左駕、右駕都有。道路拓寬受到限制，有發展地鐵的必要，但因經濟因素，政府無能為力。市容方面，多數建築物都已老舊，近年有部分汰舊換新，但腳步太慢。而都市下水道，已使用幾十年，管道老舊窄小，下雨就淹水，汙水排放不暢，衛生不佳，影響空氣品質。

市場尤需大力整頓，攤販零亂，蚊蠅飛舞，垃圾遍地，老鼠為患，仰光市中心的廣東大街（唐人街），最具代表性。一言以蔽之，就是髒亂，近年新冠肺炎肆虐，傳染迅速，造成生命重大威脅。仰光最著名的翁山市場（Bogyoke Aung San Market），尚差強人意，但巷弄狹窄，動線不流暢，燈光需加強，管理不夠科學化，停車場嚴重不足。

在此，筆者想談談緬南佛教聖地吉諦優（吉鐵窯或吉梯優，Kyaiktiyo）的交通，緬甸佛教徒深信，一生能去此聖地朝拜三次，佛將祐其一生。所以，每年乾季去朝拜的人潮絡繹不絕，半世紀前自仰光出發一趟是三天，二十五年前道路大幅改善，當天早去晚回即可。吉諦優之有名是山頂上有一巨形花崗石，名叫「大金石」（又名風動石，Kyaiktiyo Pagoda），重量超過六百公噸，石上建有一座七・三公尺高的小佛塔，塔內安放著佛祖釋迦牟尼的頭髮，是主要景點，在山脊上約一公里半沿途佛教相關設施很多，尤其大小攤販沿路擺售，琳瑯滿目，近年也有賓館、餐廳為高檔顧客服務。在朝拜旺季無論山上、山下真是人潮湧現，緬甸人喜全家出動攜帶簡單行李，在山頂上找一塊空地安頓後開始露營幾天，隨興拜佛完成一年的心願。朝拜者來自於全國各地，自山下搭當地的專車，車上有鐵架固定座位，途中必須牢牢抓緊，否則會甩落車外，車子繞山路蛇行而上，山路彎曲狹窄，驚險萬分，其駕駛員的技術應是世界頂尖。近年雖已有纜車，但價錢高，不到山頂，也未達山下，本地人乘坐者少。筆者夫妻曾在不同年代去過三次，還有在山下過夜經驗。說也奇怪，外來遊客認為安全度堪慮的旅遊景點，未聽聞有意外發生，緬甸人深信佛祖會護祐訪客安全。但為了遊客的安全，筆者認為此處的交通仍有改善的必要。

緬甸吉諦優大金石。（黃通鎰／攝）

第四節　緬甸民族

緬甸是多民族國家，但主要民族以四個族群為主：孟（Mon）族、驃（Pyu）族、緬（Burmese）族、撣（Shan）族（傣族）。

孟族（Mon）最早居住在印度南部孟加拉灣沿岸地帶，有史家認為孟族又稱為塔蘭（Talaing）族，他們源自南印度的科羅曼爾（Coromandel）海岸的得林嘎（Telingas）或得魯古（Telugus），大約於西元前後遷入緬甸南部與當地區的族群混血，逐漸形成孟族後，日漸茁壯，自西元五四三年至七八一（西魏文帝九年—唐德宗建中二）年建國，都城在勃固，後來再遷到打端。

驃族（Pyu）是西元三世紀（三國時代），自青藏高原一帶的藏緬系族群南下，經約千年到達緬甸中部，其中的一支驃人在伊洛瓦底江中域建立了驃國，定都卑謬，但於西元七五四年至七六〇年（唐代），被南詔閣羅鳳征服，此後驃人和同源的其他緬人支系融合。

緬族（Burmese）自稱其祖先來自北印度佛陀的部落，他們保留許多印度的文化與習俗，約在西元初從印度阿薩姆（Assam）進入緬甸境內。但亦有史家認為藏緬系族是羌族之後裔，係炎黃帝胄之一支。約在西元前二千年自黃河流域，沿著青藏高原的喜瑪拉雅山向南遷移，經歷一千多年到達印度境內定居下來，再經若干年才遷入緬甸。當緬族到達緬甸進入中部地區，即現在的叫棲（Kyaukse，皎施），奪取了孟族的田地，同時也吸收了孟族的文化，因叫棲是魚米之鄉，物產豐富，得地利之優勢，發展快速，不久遂成為一個強大的民族，而驃族受大環境所逼，也被緬族同化，同操緬語，故在緬甸歷史上僅存驃國之名，已無驃族其人矣。緬甸語言屬漢藏語族的藏緬語系，故緬甸人稱中國華人（漢人）為（胞波），意即同胞。

至於撣族（Shan），則為中國雲南的少數民族之一的擺衣族又稱傣族，在泰國稱暹族或泰族，在柬埔寨稱占族（Cham）。因緬甸撣邦與雲南國土相連，撣邦原為中國邊疆土司地，大英帝國殖民緬甸後的十九世紀，中國國勢衰弱，內戰頻仍，該大片國土被強劃歸緬甸，緬甸獨立後，適逢中國內戰，當地土司自願歸入緬甸，成為最大的撣邦。

緬甸這個國家，國土雖不大，在世界國家排名第四十位，但民族之多，可以說世無其匹，堪稱為民族展覽廣場。主要民族有八大族系：

一、緬（Burman，或Bamar）族，包含九個種族。

二、克欽（Kachin）族，包含十二個種族。

三、克倫尼（Karenni,Kayah）族，包含九個種族。

四、克倫（Karen或Kayin）族，包含十一個種族。

五、欽（Chin）族，包含五十三個種族。

六、孟（Mon）族是唯一單一種族。

七、若開（Rakhine）族，包含七個種族。

八、撣（Shan）族，包含三十三個種族。

這八大族系，共分為一百三十五個種族，其分類是根據英帝國殖民緬甸時一九三一（民國二十）年所做的調查。而分類的基礎是語言，故可謂這一百三十五個種族是語言種族。緬甸軍政府國家和平與發展委員會（State Peace Development Council）也曾做過調查，其統計的族群數超過一三五種，很多小族群（或稱小民族），如佤族、勃浪族、阿卡族、崩龍族、那加族、玀玀族等，因為不具政治重要性，而被忽略。民族既多，各民族有自己之母語，是很自然的，但民族多語言隔閡，民族矛盾也在所難免。所幸，緬甸是一個國民基礎教育還算普及的國家，緬語是國語，除了非常偏僻的地方，緬語都講得通，緬文也看得懂。政府官方承認的地區少數民族語言有七種：

一、克欽族之景頗語（Jingpho language）。
二、克倫尼族之卡雅語（Kayah language）。
三、克倫語（Karen language）。
四、欽族語（Chin language）。
五、孟族語（Mon language）。
六、若開族語（Rakhine language）。
七、撣族語（Shan language）。

然而，語言乃是人類表達情意與人溝通思想之重要工具，同一國家民族多，語言複雜，欲溝通意見、傳達政令，管道會阻塞，易生誤會，加上宗教不同，想奢談民族團結，何等困難？

更何況大緬族主義治國，未能視各民族一律平等，內亂實難避免。

緬甸獨立前一年，一九四七（民國三十六）年翁山率領緬甸代表團抵倫敦，一月二十三日，英緬簽署「翁山—艾德禮協定（Aung San-Attlee Agreement）」。協定的主要內容為：「英國同意緬甸脫離英聯邦完全獨立，選舉議員組成議會，舉行制憲會議，通過協商，解決緬甸本部與各少數民族聯合問題等」。一九四七年二月，自由同盟領袖翁山在撣邦的彬龍（Pin Lon），召集撣、克欽、欽等各少數民族代表，舉行會議，各民族代表一致決議，其所居之地區與緬甸本部同時獨立，於二月十二日簽署協議。彬龍會議的成功，成為緬甸各族人民團結的標誌，七月十九日雖不幸翁山被槍殺身亡，一九四八年（民國三十七）一月四日緬甸正式獨立後，國會訂二月十二日為「聯邦節」，並公布了聯邦憲法，遂有了十餘年的安定繁榮歲月。然而到一九五七（民國四十六）年，自由同盟繼承翁山的吳努，在緬甸聯邦總理任上，撕毀了《彬龍協議》（Panglong Conference），否定了各邦民族自決權。一九五八（民國四十七）年五月，執政的自由同盟分裂，給了軍方具野心的尼溫將軍有了插手政治的機會。一九六二（民國五十一年三月二日），尼溫發動軍人政變成功，推翻了文人政府，廢除了憲法，實行軍人獨裁專制，自此置國家於民族分裂，紛紛鬧獨立，內戰不止，一直延續至今。

緬甸總人口五千七百〇六萬（二〇二一年七月公布），以緬族為最多，占總人口約百分之六十八，撣族占百分之九，克倫族占百分之七，若開族占百分之四，華人占百分之三，印度人占百分之二，孟族占百分之二，其他各族占百分之五。緬族主要居住在國土面積約百分之四十五的平原河谷，以農業為主，其他民族則分散居住在約百分之五十五的山嶽地帶，以林業，蓄牧業為生。

緬甸人民百分之八十七信奉上座部小乘佛教。但克欽族、欽族、克倫尼族、克倫族、那嘎族等經英帝國半世紀多的殖民統治，西方傳教士挾經濟、教育等優勢條件，深入少數民族居住的山區傳教，為各族以拉丁文字母編制文字，促使信仰基督教或天主教，教徒超過百萬人，占百分之五，這些民族原信仰各種不同神明的原始宗教，經傳教士為這些民族傳入了西方宗教，還製造了文字，埋下民族分裂的種籽。與印度及孟加拉相鄰的欽邦羅興亞族（Rohingyas），因信奉伊斯蘭教，與緬甸其他地區的伊斯蘭教徒，人數超過百萬，與緬族矛盾最多。華人約一百六十萬，多數信奉中國的大乘佛教，也有已緬化的華人信奉小乘佛教。另有信奉其他宗教如拜物教等約百分之二。

第五節　仰光大金塔及吉鐵優大金石

緬甸仰光大金塔又稱瑞德宮（Shwedagon Pagoda）大金塔或大金寺，與周圍塔群，是緬甸最神聖的佛地。大金塔位於緬甸仰光城北的窣堵坡（Stupa），高度九十八公尺，表面則鋪上一層純金箔，據說花了七十二噸純金，遠看黃金寶塔高聳入雲，造就耀眼奪目的城市天際線。仰光大金塔是緬甸的地標建築物，地處皇家園林西邊的聖山丁固達拉山（Siguttara Hill）之上，在仰光市中獨占鰲頭。塔中供奉了四位佛陀的遺物：包括拘留孫佛（Krakucchanda）的杖、正等覺金寂佛（Konagamana）的淨水器、迦葉佛（Kassapa）的袍、佛祖釋迦牟尼的八根頭髮。

塔的上部是鐘型之部分，再上面是經幡（baung yit）及倒轉的鉢（thabeik），最上面是蓮花瓣（kya hmauk kya hlan）及蕉的花蕾（nga pyaw bu）。而塔尖的金傘（hti）有五四四八顆鑽石及二三一七顆紅寶石。在塔的尖端還鑲有一顆被稱為「金剛芽」（seiñhpù），重七十六克拉的巨鑽。在塔的周圍則懸掛著一千〇六十五個金鈴和四百二十個銀鈴，所以，仰光大金塔可能是世界上價值最高的佛塔。尤其佛祖釋迦牟尼親授的八根頭髮，最為珍貴。此塔保存了上座部（原始小乘佛教）佛教歷代流傳的文物，在佛教發展歷史上，甚至人類文明史中都占有重要的位置，祂是馳名世界的佛塔，有東方藝術瑰寶之稱。是緬甸國家的象徵，有人形容是在貧困的物質生活條件下，創造出最富裕的心靈國度。

仰光大金塔的歷史有兩種說法：

一是民間傳說，緬甸人普遍認為此塔在西元二千六百年前（約中國的春秋時期），佛祖釋迦牟尼涅槃前，由孟族人初建。有一對在印度曾遇見釋迦牟尼佛的孟族商人兄弟，他們獲得了佛祖親授的八根毛髮，決定送回緬甸供奉。該對兄弟由印度到了緬甸，在當地孟族國王的幫助下，找到供奉著不少佛陀寶物的聖山，當兩人由金匣子中取出八根佛祖毛髮供奉時，發生了不可思議的神蹟：

撼動人神的神蹟，從髮絲散發出來的光，穿透天堂與地獄，使盲者能見，聾者能聽，啞的能說得清楚；而且天降旱雷，地動山搖，連須彌山也受到影響，寶石像雨滴般從天而降，厚度達至膝下；在喜馬拉雅山上的樹，即使不在開花的季節也紛紛開花。

另一種說法，有考古學家認為此塔是由直通王國的兩位孟族公主，於六世紀（中國五胡十六國時代）始建，至十世紀建成，傳說與考古學家的意見有異，所以此問題仍是頗具爭議性的。佛塔在建成後歷經風雨，王朝更替，年久失修，直至十四世紀（元代），由勃固王朝第八代國王頻耶宇（Binya U）在原地重建該塔至十八公尺高，其後又經過多次重建，直到十五世紀（中國明朝中期），塔的高度才達至九十八公尺。在以後的數個世紀中，佛塔在多次地震中遭受破壞。而在一七六八（清乾隆三十三）年的一次大地震中，塔頂被震毀。現在的塔頂是由貢榜王朝的第三代國王（貢榜王朝開國君主雍笈牙次子）白象王辛標信（Hsinbyushin）又名孟駁所建的。而新的塔尖則是一八七一（清同治十年）年大英帝國已入侵緬南後，由貢榜王朝的第十代國王敏東（Mindon Min）捐贈。

大金塔基周長四百三十三公尺，周圍由木石建成，而塔的地基則為正八邊型，並被較少的神龕圍著，而八邊則代表了一星期八日的八個神祇：分別是星期一、二，星期三上午、下午，星期四、五、六、日，八天代表八個方向，也是緬甸人的八個星座。塔底是由磚塊砌成，並覆上金箔。在塔底之上則為寺廟的梯臺（pyissayan），是寺廟核心部分的開始，限制僧侶及男性才能進入。塔身所鋪的金箔是由真正的金塊製成的，把塔的磚石結構完全覆蓋。而純金則是由緬甸全國各階層的人民捐贈的，這項傳統是由十五世紀自孟族女皇開始流傳至今。塔內則有壁龕供奉著玉石佛像。塔的周圍有風格各異的六十四座小塔和四座中塔。塔有四個入口皆有石獅把守，而在入口處則有梯級直達塔上的平臺，在南方的梯道還有升降機，而在較少人用的西通道也有電梯以方便遊客。在東及南面的入口，有傳統的店舖，售賣金箔、香燭、鮮花等祭祀用品及幸運符、佛像、書籍、傘子之類緬甸文物紀念品；南大門兩旁則有一對欽特（chinte）的獅身人面像把守。在一連串梯級上面，則有第二位佛陀拘那含佛（Konagamana）的像。

訪客在入塔前必須把自己的鞋子脫掉，赤腳而上，打赤脖穿極短褲，或衣冠不整是對佛菩薩不敬，禁止進塔。緬甸人入塔後通常在塔前寬敞的步道以順時針方向繞行。緬甸人相信人出生的日子會決定其星座，星座有八種動物：鵬鳥、虎、獅、有牙象、無牙象、鼠、天竺鼠、龍，分別代表一星期的八天。而每一個星座則有一尊佛像，信眾可根據自己的星座，向其佛像供奉鮮花、水果、旗子，潑水以祈禱及許願。

大金塔在歷史長河中，曾遭戰爭及外敵入侵，十七世紀歐洲工業革命成功，帝國主義興起，一六〇八（明萬曆三十六）年，葡萄牙探險家菲力佩・德・布里托（Filipe de Brito e Nicote，在緬甸語中稱為 Nga Zinga）在大金塔搶掠，把由達摩悉提王（Dhammazedi）捐贈，重三百噸的大鐘帶走，目的是為了鑄砲，但他在橫渡勃固河途中，大鐘掉進河裡，從此便消失於水中。兩世紀之後，大英帝國於一八二四（清道光四）年五月十一日第一次英緬戰爭中登陸仰光，並立刻占領了大金塔作為英軍的要塞及司令部，取其在城中位置處於高地的戰略優勢。所幸大金塔在英軍撤離後仍予以保留。雖該塔在占領期間遭受破壞，而且更有一軍官為了興建彈藥庫，曾在塔下鑽洞。而在塔中的另一口大鐘，鑄造於一七七九（清乾隆四十四）年，也被英軍運走，試圖把它運到印度加爾各答（Kolkata），但也是和上面的事件一樣，大鐘也掉在河裡，英軍曾嘗試把它打撈，但不成功，而當地人則以復原佛塔的條件幫助英軍，英軍答應他們的要求，潛水員在鐘底紮起百多條竹杆，最終使該大鐘浮起。這一口鐘常與四十二噸重，在一八四一（清道光二十一）年，由貢榜王朝第八代國王沙耶瓦底（Tharrawaddy）又名孟坑捐贈的香鐘（Gandha Bell）有所混淆，香鐘上鋪有二十公斤的黃金，極其奢華之至，它的大小僅次於在大金塔東北角一亭中的敏貢鐘（Mingun Bell，明宮鐘）。第二次緬英戰爭時期，英軍於一八五二（清咸豐二）年四月再次占領大金塔，而且軍隊更駐紮至一九二九（民國十八）年，時間長達七十七年之久，所幸在這期間英軍讓當地的人民可以進入大金塔參拜。

仰光大金塔是緬甸人民政治訴求的重要聖地；也是鬧學潮學生的駐紮基地，在一九四六（民國三十五）年一月，翁山將軍為爭取緬甸獨立，在大金塔前向聚集的人群演講，誓言向大英帝國政府傳達獨立的要求。在四十二年後的一九八八（民國七十七）年八月八日，翁山將軍的小女兒，翁山蘇姬女士在塔前對五十萬群眾演說，向已統治二十六年的緬甸軍政府表達民主訴求，並喊出了「八八八八起義」，為第二次獨立作出努力。

緬南吉諦優大金石：吉諦優或稱吉鐵窯（Kyaiktiyo），是僅次於仰光大金塔的佛地，位於緬南孟邦德林達依海邊小鎮齋托（Kyaikto）的山頂上，是一塊聳立在山頂懸崖邊的巨型花崗石，高七・六公尺，重量超過六百公噸，石頭表面貼滿純金箔，石上建有七・三公尺高的佛塔。據傳此石是二千五百年前，緬甸孟族國王受釋迦牟尼賜頭髮後，特意在海底找到這塊巨石，請佛祖的弟子目健連以神通搬到一千一百公尺高的山頂安放，然後在石上造了塔，存放佛祖的頭髮。巨石的純金箔是歷年朝拜的信徒貼上的，在朝拜的旺季男性允許過橋觸摸巨石祈福，但女性不可。當地人認為女性觸摸石頭會使巨石失去神力。此不成文傳說已成戒律，從未有人犯戒，證明緬甸人民對佛教的虔敬。

①②③
緬甸仰光佛教聖地大金塔金碧輝煌。
①來源：Photo by Ko Ko Myoe, ⓒ.
②來源：Photo by Road Trip with Raj, Unsplash, ⓒ.
③緬南孟邦佛教聖地吉諦優大金石。（黃通鎰／攝）

第二章　緬甸人文習俗

第一節　緬甸人的宗教觀

緬甸是一個佛教國家，考緬甸佛教，於漢代由印度傳入，佛教傳入緬甸後，亦頗賴緬甸人的宣揚傳布，現在全國信奉佛教的人數，約占百分之八十七以上。緬甸獨立後國會通過訂佛教為國教。雖有基督教、天主教，信仰的人多是少數民族約百分之五。伊斯蘭教（回教），是孟加拉、巴基斯坦人傳入的，真正的緬族人信奉的極少。因佛教在緬甸的歷史悠久，佛塔林立，對緬甸人是根深蒂固，想改變是很難的。緬甸男子在其一生中至少須做一次和尚（稱比丘，bhikṣu），目的是報答父母生養之恩，但也有人短暫出家二或三次，第二次是為自己修來世，第三次則是替子女修福祉。短暫出家當和尚大都是在青少年時期，削髮為僧入寺廟皈依，時間短者一星期，長者一個月、兩個月，甚至半年。雖是短暫出家也要舉行隆重歡送儀式，坐馬車或騎馬繞街或繞村，敲鑼打鼓，富貴人家還要買禮物布施和尚，請親友吃喝，窮人家也須借貸擺場面，但可大可小。出家時要理光頭，穿上棗紅色袈裟入寺生活，請年長的高僧教導佛經、佛法及相關佛教戒律，在現代新式學校興起前，寺廟就是學校。所以，在緬甸做和尚是很重要的事，每一個男人需經過這樣的洗禮，才算成人，否則活到老死，也不算成人，也不能擔任國家高階重要職務。緬甸女性出家做尼姑（稱比丘尼，Bhikkhuni）的也不少，穿粉紅色袈裟，但限制較少，禮節也沒有男性隆重。

緬甸人對佛教的信仰，是既虔敬又真誠，到佛塔或佛寺拜佛，進門前先脫鞋赤足而入，在路上遇穿袈裟的僧侶，立刻在路旁雙膝跪下俯身膜拜，不管和尚有否回應。在緬甸各都市及鄉鎮，每日清晨都可看到一隊又一隊的僧侶，雙手捧著飯缽等待信徒布施飯菜，而信徒也是一早煮好飯菜等和尚或尼姑來，布施完才吃飯。菜裡雞鴨魚肉俱備，雖然緬甸和尚也戒殺生，連身上的臭蟲都要放生，但他們認為飯菜是化緣來的，雞鴨魚肉是信徒給的，不是自己殺的，信徒給什麼就吃什麼，葷素不論。緬甸人聚會時，不能講陰毒罵人的話，如聽到粗話，立刻會有人說「佛祖在此」，意思是中國人說的「舉頭三尺有神明」。緬甸人對興建佛塔、佛寺是毫不吝嗇的，因為他們相信，今生出錢建塔寺，這些錢來世還是自己的，而且會更多。

緬甸一年之中最大的節日是「潑水節」和「點燈節」；潑水節的時間是陽曆四月十三日至十六日，是上座部小乘佛教國家盛大重要傳統的節日，東南亞的緬甸、泰國、寮國、高棉、斯里蘭卡等國，及中國雲南傣族共同慶祝的節日。整個節日歷時四天，當節日來臨，人們清早起來便沐浴更衣禮佛，之後開始連續幾天的慶祝活動，大量用純淨的清水相互潑灑，祈求洗去過去一年的不順，新的一年重新出發。潑水節首兩天是送舊，最後一天是迎新。所以，潑水節是小乘佛教國家過新年的節日，也是最快樂高興的日子，家家戶戶門前擺了水桶、水缸，見人路過就潑，被潑者要表現歡歡喜喜，絕不能生氣，許多年輕人特別喜歡潑年輕的婦女逗趣，見全身半透明狀以飽眼福。

潑水節的來源，各國說法有些差異，緬甸語稱為「頂央」（Thingyan），源自印度梵文意為「運轉」。小乘佛教信徒相信，太陽轉入黃道星座中的第一宮「牡羊宮」（來自印度占星術）是新的開始。潑水節的活動與上座部小乘佛教關係密切，活動中包含許多宗教內容，如論這一節日的原始意義，反映出人們征服乾旱、火災等自然力的樸素願望。

點燈節：一年的點燈節有兩階段，第一階段是陽曆的九月，緬語叫「特林卒（Thadingyut）」，華人稱「解夏節」，雨季的炎夏至此解除了，往後雨水少，僧侶自潑水節禁足，深居寺院，解夏節後可以外出化緣。第二階段是十月，緬語叫「特松岱（Tazaungdaing）」，屆時家家戶戶點上油燈蠟燭掛在門口，自從電燈普及後，家戶、路樹、高樓、佛塔、佛寺都綴滿色彩繽紛的燈飾，火樹銀花，光輝照耀極為美觀。每一階段都是三天。

點燈節也是小乘佛教國家重要傳統的節日，緬甸民間的傳說是：釋迦牟尼在修成正果後的第七年的四月十五日，在印度的舍衛城南門的一棵芒果樹下表演神通：從眼睛、鼻孔、耳朵，同時噴出水與火，讓觀看的信眾大開眼界，但佛陀突然間騰空而去，信眾看不見佛陀，就問佛陀的弟子「阿那律（Aniruddha）」，佛陀去那裡了？阿那律說：「佛陀已前往忉利天（Trayastrmsa-Deva），將在那裡結夏安居，須經過夏天，到七月十五日再返回人間，佛陀降臨地點在僧迦舍城，叫信眾在七月十五日的日落時刻，點燃火把迎接佛陀降臨」，這就是「解夏日」點燈節的由來。隨著歲月的推移，點燈節已成緬甸一年中，最大的民俗節日。

總之，緬甸這國國家，的的確確是個不折不扣的佛教國家，是世界上佛塔、佛寺最多的國家，單就緬甸中部蒲甘地區，早期曾有大小佛塔萬座，至今仍有四千多座保留下來。緬甸也是上座部小乘佛教保存最完整的國家。人民虔誠信佛，日常的生活行為，深受佛教影響，按佛教教義，要慈悲喜捨，時時心存佛祖，事事隨緣而為，隨遇而安。依常理心地應該善良，不過，人就是人，無論再善良的人也經不起誘惑煽動，尤其是權勢、利益，當野心家處心積慮的操弄，人性就會變質，緬甸二十世紀幾次的反華暴動，和尚都曾參與，幾次的反軍政府獨裁爭民主運動，手握武器的軍人，血腥鎮壓平民百姓，毫不手軟。然而，緬甸人民基本生活易求，造成了凡事得過且過，不思振作，如遇坎坷就消極拜佛，求來生變好，致國家貧窮落後，人民生活尚處於半原始狀態。

第二節　緬甸人的習俗

本節講緬甸人的習俗，是以占國民絕大多數的緬族人而言，至於緬族以外的各種少數民族，因宗教、語言、習慣不同，當然各有差異，在此不以敘述。

一、**緬甸人的姓名觀：**緬甸人沒有姓氏，所以他們也沒有宗族，人生活在家族裡至多認識到祖輩，因壽命不很長，曾祖父見過的極少。名字隨年齡改變，男子剛出生命名後，二十歲未成年前，冠上一個「貌」（Maung）字的稱呼，如名字叫「光明」，就是「貌光明」，貌字意為弟弟。到成年後「貌」字換成「哥」（Ko）字，就叫「哥光明」，哥字意為哥哥或兄長。到五、六十歲，「哥」字換成了「宇或吳」（U），就叫「宇光明」，宇字意為叔叔，也有先生之意。至於婦女，一生中只有兩次改變，初生女孩命名後，名前加「麻」（Ma）字，如名叫「勤淑」，就叫「麻勤淑」，麻字意為妹妹或姑娘。到五、六十歲，「麻」字換成「杜」（Daw），就叫「杜勤淑」，杜字意為嬸嬸或夫人、女士。這樣的稱呼雖是依照年齡而分輩分，但也是一種社會倫理，在上流社會中是很講究的。

二、**緬甸人的婚姻觀**：緬甸人結婚大都穿著傳統服裝，拖鞋是國鞋，穿西裝的甚少。其婚姻可以說是相當自由的，男女相悅，想要結合，如男方或女家的父母不同意，倆個年輕人就相約私奔，自行結合，造成事實，以迫使雙方父母同意。在大的都市，選擇在大飯店舉行婚禮，在農村就在自家舉辦婚宴，彩禮與嫁妝因家庭經濟而異，無硬性規定。結婚時新郎新娘要向父母叩頭，不是向佛像或僧侶跪拜，表示感謝父母養育之恩。不過，結婚不久，大多數女婿便隨同妻子搬到岳家居住，一如中國人的招贅。所以，緬甸人沒有男娶女嫁的觀念，故緬甸人家娶來一個媳婦，便等於嫁出一個兒子，因此，他們也沒有傳宗接代，重男輕女的想法。有社會學家還認為緬甸是一個半母系社會的制度。緬甸人因受佛教的影響，無節育觀念，在言談中性觀念相當保守，但地處熱帶，男女青年早熟，性行為比較開放，所以，未婚生育很多，社會對這種行為也頗能諒解。近代受西方性觀念開放，色情書刊影響，笑貧不笑娼，私娼很多，在都市周邊或主要公路旁私娼寮很多，所以，緬甸、泰國已成性病、愛滋病的溫床。

史書記載；緬甸男性生殖器官有入珠的習慣，目的是在行房時增加女性的性快感，這樣的記載見於《金瓶梅詞話》第十九回。也見於一五七三年，中國明朝軍隊和緬軍作戰，在俘虜的緬軍中發現他們的生殖器官植珠，事載於一五八三年出版的《西南夷風土記》。泰國男子也有這習慣，書載與小乘佛教有關。

少數民族婚姻差別大，如克欽族，父親在五十、六十歲後，會娶一個年輕的女子為妾，父親往生，小妾作為長媳，兒子不得拒絕，如有幾個小妾也可一併接收，但以無子女者為限。少數民族的婚姻更自由，搶親、私奔、先有孩子再結婚等花樣百出。

三、**緬甸人的出生觀**：緬甸人相信出生日期會影響個人的一生，在佛寺中擺設了一星期八日的八個神祇（一星期有八天：分別是星期一、二，星期三上午、下午，星期四、五、六、日），八天也代表八個方向。緬人認為出生時間影響個性；星期一出生者善妒，星期二出生者誠實，星期三出生者脾氣暴躁但很快恢復，星期四出生者溫和，星期五出生者愛嘮叨，星期六出生者暴躁和愛爭吵，星期日出生者吝嗇。緬人也相信星期幾出生者會有相尅的情形，如星期一和星期五出生者難以相處，星期一和星期三晚上出生者相處最融洽。緬人到佛寺禮佛，一定先拜自己出生日的神祇。孩子出生命名、結婚對象、公司行號取名等都會請占星師占卜是否與他的生日相合。緬人認為星期六是不吉祥之日子，許多事要避免在這天做。

緬甸人認為九是吉祥數字，所以，一九八七（民國七十六）年軍政府發行的紙鈔票面額有九十元及四十五元，前者是九加零是九，後者四加五等於九。一九八八（民國七十七）年國防部長蘇貌選在九月十八日發動政變，逼尼溫交出政權。政變成功，一九九〇（民國七十九）年五月二十七日舉行選舉，二加七等於九。

四、緬甸人死亡觀：緬甸人因信奉小乘佛教，認為人死是脫離苦難，去西方極樂世界，經過輪迴下一世會更好。父母死亡，都停屍在家，消息傳出，親戚朋友知道了，都會自動來喪家弔唁，喪家便烹茶請飲，談天說地，好賭者則攜帶賭具，在屍旁開場聚賭，日以繼夜，員警看見也不干涉，三天後土葬或火葬，人們才散去。土葬者棺木簡單，儀式以請僧侶念經為主，不造墓、不立碑，一季雨水野草淹沒，沒有上墳的習慣。火葬者多數不撿骨灰，隨其歸於塵土，如撿骨灰也是合以麵粉或米飯，搗搗後丟進池塘或江海，餵食魚群。緬甸人如追思紀念父母通常去寺廟，以鮮花水果蠟燭供佛就好。現代有極少數緬族也信西方宗教，各種儀式以所信宗教為主。少數民族早期信奉多神原始宗教，英帝國殖民後，西方傳教士深入各民族居住地，除傳教，醫病，也為少數民族以拉丁文字母拼音編造文字，但只有少數主要民族有文字，大多數少數民族仍沒有文字只有語言。

五、緬甸人的禁忌：緬甸女性不可摸男生的頭，如與人同坐，要先離開必需起立後先倒退，不可轉身屁股對別人，男性禁碰觸女性身體任一部位。與人見面以十指合掌為禮，與女性握手，要女性先伸手男方才可伸手。予人物品應用右手，不可用左手。對於身體，上半身尊貴，下半身低賤，擦上半身的毛巾絕不可與擦下半身或擦腳的毛巾混用。內衣褲不可放在頭頂上，也不可放在枕頭下面，女性的內衣褲絕不可曬的比男性高。

每年潑水節後民間不得婚嫁，要等到點燈節後才能婚嫁。所以，自潑水節到點燈節這六個月是緬甸的齋戒期，僧侶不得外出化緣，需在寺廟內勤研佛經及禮佛或工作。所謂的齋戒期也不戒葷，因為他們認為小乘原始佛教並無素食戒規。緬甸僧侶可以結婚成家，生兒育女，這點與中國大乘佛教戒葷腥、戒結婚有很大差異。緬甸婦女和小孩喜歡在臉頰塗抹木頭磨成的粉，叫「檀娜卡」（Thenaka），此種樹有淡淡清香類似檀香，作用是保護皮膚防止紫外線曬傷。緬甸人吃飯多用盤子，用右手抓飯菜，左手擦屁股，所以右手乾淨，左手骯髒。

第三節　緬甸歷代王朝

根據緬甸的信史，自九世紀有統一的國家，歷經四個主要的王朝，另加一個只統治部分地區，但很重要的小王朝。四個主要的王朝是：蒲甘王國（Pagan Empire 八四六—一三二五）；勃固王朝（Pegu Dynasty或稱Hanthawaddy Kingdom 一二八七—一五三九）；東吁王朝（Taungoo Dynasty 一四八六—一七五二）；貢榜王朝（Konbaung Dynasty 一七五二—一八八六）；一個未統一全國的小王朝是歷時一百九十二年的阿瓦王朝（Ava Dynasty 一三六四—一五五五）。

蒲甘王國由第一位國王彬比亞（Pyinbya 八四六—八七六在位），於西元八四九（唐宣宗大中三）年建立了蒲甘城，成為王國的都城，位於伊洛瓦底江西岸與欽敦江匯合處，原是一世紀驃族人初建的蒲甘小城舊址。初期國勢不強，且其後的繼任者，內部爭奪王位不斷，一〇四四年第八代叟格德（Sokkate）國王，被其弟阿奴律陀（Anawratha）單挑擊劍而殺死。他敢單挑國王，主因是蒲甘王國的王位繼承沒有長子繼承制，完全依賴權力決定勝負，這種制度的王位繼承，以有權能者爭奪殺戮為主，成為日後緬甸王朝的一個特色。阿奴律陀（一〇四四—一〇七七在位）繼承王位後，是蒲甘王國的第九代君主，當時緬甸地區列國爭霸，而蒲甘王國很落後，民眾受驃人影響，信奉印度密教的支派阿利僧派佛教。阿奴律陀是一位雄才大略的君主，為振興國家，勵精圖治，使蒲甘王國很快安定，國勢日強。他治軍嚴格，且是東南亞諸國第一個利用大象作戰的人，他訓練緬軍成為一支驍勇善戰的軍隊，積極向外擴展，先統一緬甸中部地區，安定了國家。

公元一〇五七（宋仁宗嘉祐三）年他率軍南征，先攻真臘（Chenla）、羅斛（Lavo）取得勝利。他遣使致函南部孟族國王摩奴訶（Manuha）要求致贈一部上座部小乘佛教經文，遭拒還被稱為野蠻人，阿奴律陀率軍攻占卑謬城，包圍國都直通三個月，城破國滅，俘擄摩奴訶國王及王妃、貴族、學者、和尚、工匠共約三萬人，還有大象多頭，其中有白象三十二頭，滿載各類經卷和文物頒師回國。同時將卑謬城墻拆除，杜絕後患。阿奴律陀將所有戰利品帶回蒲甘，使蒲甘成為小乘佛教的中心，立為國教，尊孟族僧人善阿羅漢為國師。其後在直通國和尚及學者的協助下，建立多座佛塔，其中以尚存的「瑞喜宮」佛塔最為著名，又建造佛教圖書館，將擄掠來的經卷及文物存放在內。然因佛經都是巴利文書寫，為閱讀經文，阿努律陀廢除原來使用的印度梵文，參考驃族與孟族的文字，創立了自己的文字，採用巴利文字母，拼寫文字，成為今日緬文的濫觴。所以，阿努律陀王迄今仍受緬甸人崇敬。

阿奴律陀國王在位三十三年，大力擴張領土；西征阿拉干，南伐勃固，北侵中國雲南的大理，達成和解，東服撣國，使區域內各酋長向其進貢。在外交上，他以物質援助上座部小乘佛教發源地斯裡蘭卡（錫蘭），擊退南印度注輦國的侵犯。一〇七七（宋神宗熙寧十）年阿努律陀國王因追獵野牛被撞死，太子蘇盧（Sawlu 一〇七七—一〇八四在位）繼位，出兵討伐孟族耶曼干（Yamankan），在叛亂中被俘，其弟蒲甘王國的大將江喜陀（Kyanzittha）逃回蒲甘，重整軍隊打敗耶曼干，繼承王位。

江喜陀（一〇八四—一一一二在位）在位二十八年，使王國的經濟、文化都有很好的發展，也建立了很多佛寺及佛塔，迄今尚存的有「阿難陀寺（Ananda Temple）」，落成時他親自主持開光典禮，邀請各地佛教徒觀禮，盛況空前。一一〇六（宋哲宗崇寧五）年，江喜陀國王遣使向宋朝進貢，被視為大國之禮接待。然而，自江喜陀之後的諸王，則縱情奢華娛樂，或廣建寺廟，勞民傷財，國勢日衰。一二五四年（宋理宗寶祐二年），第十九代國王那臘底哈勃德（Narathihapati 一二五六—一二八七在位）繼位，暴虐無道，叛亂四起，東北部的撣族崛起，不斷侵擾蒲甘國。一二七九年元滅南宋，國力大增，一二八三（元世祖至元二十）年元朝大軍自雲南，南下攻破蒲甘城，那臘底哈勃德向元軍投降，緬甸北部成為元朝的緬中行省（一二八六—一二九〇），後緬中行省雖撤銷，繼任的兩任國王成為元朝的傀儡，一二九八（元成宗大德二）年第二十一代國王蘇涅（Sawhnit 一二八七—一二九八在位）即位，蒲甘國疆土分裂，東部撣族乘機發展勢力，建立阿瓦王朝，南部的孟族也崛起建都於馬達班，後遷都勃固，建立勃固王朝，取代了蒲甘王國，蒲甘王國歷四百五十二年共二十一王。

阿瓦王朝（一三六四—一五五五）是自一三六四年至一五五五年統治上緬甸地區的一個未統一緬甸的小王國。阿瓦王朝是繼承敏象王國（Myinsaing Kingdom）、彬牙王國（Pinya Kingdom）及實皆王國（Sagaing Kingdom），而這些小王國自十三世紀晚期蒲甘王國滅亡時，已經開始了對中部緬甸的統治。阿瓦王朝開國之君是德多明帕耶（Thadominbya 一三六五—一三六七在位），他統一上緬甸後在阿瓦（Ava）建都，（即今之曼德勒又叫瓦城）。阿瓦王朝歷一九二年，共十七位君主。其統治分前期（一三六四—一四二五）計六十一年六位君主。其間曾經歷了四十年戰爭（一三八六—一四二五），戰爭的起因是一三八六年阿瓦王朝為了經濟利益及向下緬甸移民的需要，與勃固王朝發生了衝突，在四十年戰爭期間雙方更迭了三代國王，一四二五年戰爭結束，上、下緬甸都受戰禍影響，民窮財盡。當戰爭結束後，勃固王朝慢慢復興，進入了強盛，而阿瓦王朝則從此衰落，終至滅亡。中期（一四二六—一五二六）計一百年七位君主。後期（一五二六—一五五五）計三十一年四位君主。

勃固王朝（Pegu Dynasty或稱 Hanthawaddy Kingdom 一二八七—一五三九），亦稱白古王朝或漢打瓦底王國，是蒲甘王國滅亡後在下緬甸出現的一個王國。由伐麗流（Wareru 一二八七—一三〇六在位）於一二八七（元世祖至元二十四）年在八都馬（Martaban，Mottama，今稱馬達班）建都為王。伐麗流原是撣族商販，生於緬甸南部的東溫（Donwun），年輕時赴暹羅素可泰酋長的大象象檻工作，因表現好成為衛隊隊長，後與酋長的女兒私奔回緬甸。他有一個美麗的妹妹，刻意安排妹妹在河中洗澡時，讓八都馬總督阿梨摩（Aleimma）撞見，總督被其妹吸引向其求婚，伐麗流於婚禮上謀害了總督，自己取而代之。時逢中國元朝滅亡了蒲甘王國，他見有機施展抱負，遂與勃固總督多羅跋（Tarabya）結盟，互娶對方女兒為妃。此後勢力壯大，雙方驅逐了緬族總督占領卑謬和東吁以南的土地，然因利益衝突，多羅跋伏擊伐麗流失敗，伐麗流單挑多羅跋取勝，將其下獄，在和尚說情下得免死，但多羅跋再陰謀殺害伐麗流不成，被處死。一二八七年伐麗流在八都馬建都為王。一二九八（元成宗大德二）年後，中國元朝、暹羅素可泰國王承認其政權。他執政期間對國家最大的貢獻，命令和尚們參閱當時流傳的習慣法，再參考印度傳來的曼奴法典（Manu）及孟族王朝的法令編纂了「伐麗流法典（Code Of Wareru）」，是緬甸最早的法典。伐麗流於一三一三（元仁宗皇慶二）年被幾個外孫即多羅跋之子殺害，此後政爭、政變不斷，篡位者有。

至一三六二（元順帝至正二十二）年，第八代王頻耶宇（Binnyu U）重修仰光大金塔，將其高度增至二十公尺。但叛亂肆起政權不穩，一三六三（元順帝至正二十三）年遷都東溫，六年後遭叛軍驅逐，他將首都遷往勃固，與叛軍和解。一三八四（明太祖洪武十七）年其子亞紮底律（Razadarit）繼承王位，此時緬族已壯大，內部也有叛亂，傳至第十二代王彬尼亞仰一世（Binnya Ran I，舊譯頻耶蘭），於一四三〇（明宣宗宣德五）年將其嫁至阿瓦的妹妹信紹布（Shinsawbu）接回勃固，一四四六年彬尼亞仰一世將王位傳給其妹之子彬尼亞勃尤（Binnya Waru，舊譯頻耶伐流）。一四五三年王宮內部爆發大屠殺，亞紮底律的後代男性都被殺光，眾大臣推舉其女兒信紹布（Shin Sawbu）繼承王位，她成了緬甸歷史上唯一的女王。在她統治期間，叛亂平息，國家堪稱承平盛世。她退位時決定將王位傳給陪她自阿瓦來的兩個和尚之一，經她的巧思設計，由名叫達馬塞底（Dsmmazedi）的幸運和尚獲得王權象徵物，女王將女兒嫁給他，一四七二（明憲宗成化八）年他繼任國王。其後他派僧侶至錫蘭取經攜回緬甸傳布，並令和尚將伐麗流法典譯成緬文。達馬塞底王活到八十歲，但其繼任者好大喜功，國家逐漸走向衰弱，一五二六年都信德伽育畢（Takayutpi）繼承王位，不學無術喜縱情享樂，一五三九（明世宗嘉靖十八）年緬族軍隊攻陷都城勃固，他逃亡卑謬國家滅亡。勃固王朝歷二百五十二年，十八位君主。

東吁王朝（Taungoo Dynasty 一四八五—一七五二），在十三世紀蒲甘王國被蒙古人建立的元朝滅亡之後興起，一二八〇年在錫唐河流域建城，區域是緬甸的中部，中心點是現在的東吁，因該地區緬族人特別多。王國興起時南方有孟族的勃固王朝，北方有強大的元王國，東方有撣族的阿瓦王朝，西方有阿拉干王朝。初東吁王朝先與勃固、阿瓦結盟，與元朝友好，十四世紀北方的明王朝滅了元朝，一五三九（明世宗嘉靖十八）年德彬瑞梯王（Tabinshwehti 一五三〇—一五五〇在位）滅勃固王朝，占領伊江三角洲，征服毛淡棉一帶的孟族人。一五五〇年統一了南部和中部。德彬瑞梯王之妹夫勃印囊（Bayinnaung 一五五一—一五八一在位）繼位，一五五五年占領阿瓦，統一了緬甸。一五六三（明世宗嘉靖四十二）年出兵遠征暹羅的阿育陀耶王朝，雖取得勝利但也勞民傷財，引起勃固農民起義，接踵而來的是大饑荒，一五六八年再征暹羅但已無功。一五八一年勃印囊死後，農民起義不斷，各地勢力重新割據。其子南達勃因（Nandabayin 一五八一—一五九九在位）繼位，於一五八二（明神宗萬曆十）年進犯雲南，明緬戰爭爆發，兵敗退回。一五九九（明神宗萬曆二十七）年阿拉干王朝聯盟東吁王朝的一股反叛勢力攻占並焚毀都城勃固，俘擄南達勃因王押回東吁斬殺。其後繼的南達勃因王之弟良淵王（Nyaungyan Min 一五九九—一六〇五在位）雖力圖中興，勉強保住了上緬甸的半壁河山，但在位僅六年即逝，其子阿那畢隆（Anaukpetlun 一六〇五—一六二八在位）繼位，力圖振作，於一六一三（明神宗萬曆四十一）年再次統一了國家。但一六二七（明熹宗天啟七）年西方新興的帝國主義荷蘭與英國，在殖民地印度的東印度公司，強迫在緬甸設立分公司，第八代國王他隆（Thalun 一六二九—一六四八在位），專心治理國家，力圖發展經濟，放棄了勞民傷財的對外戰爭，分配土地給農民，鼓勵生產，一六三五（明毅宗崇禎八）年國家遷都阿瓦，還進行了一次全國性人口與耕地的普查，作為徵收賦稅及徵調勞役的依據。但他隆王逝世後，國勢日衰，一六五九（清世祖順治十六）年明王朝末代皇帝永曆逃亡緬甸避難，一六六二（清聖祖康熙一）年清軍追至阿瓦城下，緬王已無力保護明帝，只好答應將永曆帝引渡換取清軍撤兵。此事動搖統治，全國各地叛亂肆起。一六八八（清聖祖康熙二十七）年後，法國取代了荷蘭在東印度公司的地位，與英國合力強在緬甸設立分公司，控制了緬甸的對外貿易，殖民勢力開始侵蝕緬甸。一七四〇（清高宗乾隆五）年以勃固為中心的孟族反叛，從內部動搖東吁王朝的統治，一七五二（清高宗乾隆十七）年孟族軍隊攻陷首都阿瓦，俘擄了國王達馬亞扎迪勃底（Mahadammayazadipati 一七三三—一七五二在位），滅亡了東吁王朝。王朝歷二百六十七年共十五位君主。

貢榜王朝（Konbaung Dybasty 一五七二—一八八五），乃緬甸最後王朝，歷一百三十三年十一位君主。創立君主為雍笈牙（Alaungpaya 一七五二—一七六〇在位），他算是一位雄才大略的君主，在位雖只有八年，其間不但統一了全緬甸，也對外四處用兵擴張疆土，一七五五（清高祖乾隆二十）年出兵勃固和西里安，占領大光（Dagon），後將之改名為仰光（Yangoon）。一七五八（清高祖乾隆二十三）年再出兵遠征暹邏大城王朝，滅亡該王朝。第三代國王雍笈牙次子辛標信又譯孟駁（Hsinbyushin或Myedu 一七六三—一七七六在位）又出兵征服中南半島各國，取得勝利，曾雄霸東南亞。並四次和北方的大清王朝發生戰爭，互有勝負。然而，當王朝進入十九世紀中期，南方受到大英帝國入侵，東方的越南已淪為法國殖民地，對緬甸虎視眈眈。一八二四（清宣宗道光四）年，第七代國王巴基道又譯孟既（Bagyidaw 一八一九—一八三七在位）繼位，英國以印緬邊境衝突事件為藉口，向緬甸發動戰爭，英軍以洋槍火炮對付緬軍傳統落後的刀鎗武器，結果緬軍大敗，此乃第一次英緬戰爭。一八五二（清文宗咸豐二）年初，英方以英國輪船船長被捕為藉口，另以法國占領越南後揚言利益均霑，向緬甸宣戰，此為第二次英緬戰爭。緬軍不敵，全部潰敗，至此英帝國已占有緬甸中下部大部分土地，但，上緬甸仍在緬王統治之下。一八七八年（清德宗光緒四）年，第十一代國王錫袍（Theebaw 一八七八—一八八五在位）登基後，昏庸好色，政局非常混亂，成了末代國王。法國又企圖進侵緬甸，英國當然不能坐視。一八八五（清德宗光緒十一）年十月，英國以印度孟買緬甸貿易公司偷運木材事件為藉口，再向緬甸發動第三次戰爭，戰事歷時一月，英軍便攻占緬王首都阿瓦（曼德勒），俘虜國王錫袍及王后及官員多人，送往印度孟買的拉特納吉里（Ratnagiri），全緬甸為英軍占有，併吞緬甸的策略達成，英國將緬甸領土併入英屬印度，緬甸從此淪為英國殖民地計六十三年。

第四節　緬甸國家的政體

緬甸自九世紀有信史，十一世紀蒲甘王國中期始有了統一的國家，迄十九世紀末淪為大英帝國的殖民地止，在長達十世紀的君主專政，國王是國家最高統治者，擁有至高無上的權力，他說的話就是法律。緬甸佛教為國教，國王是佛教的領袖，此與相鄰的泰國不同，泰國國王是佛教的保護者，而非佛教的領袖。緬甸國王自認權力來自神的授予，有的國王還自稱是未來的活佛。國王可以指定王位繼承人，王位繼承沒有一定的規則，通常取決於諸多王位繼承者之間實力的較勁，以及實力大臣的支持，因此，每次王位繼承都爆發殘酷的誅殺，王位取得者，殺戮眾兄弟及支持的隨從。

國王議政是每天兩次，早上是朝廷中所有官員必須出席參加，下午是重要大臣會商。國王進入會場時，所有官員必須俯伏在地，以示尊敬臣服。王宮中駐有禁衛軍和侍從，維護國王安全及鎮壓突發的叛亂。國王之下設有樞密院，由五十幾名官員組成，負責國王的敕令之撰擬、法律之制訂和執行、司法的判決。樞密院之下設別岱（Bye Taik），負責內廷工作，

昔日緬王出巡及緬王與妃子共舞壁畫。（黃通鎰／攝）

是國王和樞密院之間的聯繫官員。也負責監督軍隊和管理國家的財政。內廷的大臣稱為等蘊（Atwinwun），一般為四人，十九世紀增加為八人，他們是國王最親近的大臣，是商議國家大政的左右手。他們將國王的諭旨和敕令交給樞密院辦理。此外，國王設有管理國家財產的國庫，主管稱國庫大臣。該機構同時也負責管理國家檔案，包括世襲官員的家譜、收入報告、世代相傳的手工業者的名冊等。

中央之下設各省，有省的行政長官（Myowun）負責，擁有行政、立法、司法和軍事權力。省之下有縣和鄉鎮，地方官員一樣擁有地方的行政和司法權。通常地方的訴訟由地方官審理，不服者可上訴到上一級官署，惟上訴需繳交費用，故通常都找僧侶或官員進行仲裁。緬甸從印度引進古老的神意裁判法，法官會依據潛水之時間長短、燒蠟燭時間之長短或試探滾燙油的方法做出判決。有時法官也會故意拖延訴訟時間，從中謀取私利。除了叛國罪和瀆神罪外，其他罪刑可以用錢贖免。刑法處刑相當殘酷，有鞭打、斷手、砍頭等處罰。

撣邦的土司是邦首長，由中央緬王任命，每年需向緬王進貢和宣誓效忠，甚至出兵協助。緬王派有軍隊駐守撣邦及其他少數民族地區，就近監控，以防叛亂。緬甸國王的國家財源主要來自徵收人頭稅及各地的實物稅，並無一定的成文辦法，要看各地土地條件和生產物而定。

緬甸男性從十七歲到六十歲都有服兵役的義務，不願或不能服兵役者可繳交錢免役。常備兵是禁衛軍，領有薪俸或土地，任務是防衛王宮、國都，也鎮守邊疆城鎮，主要是陸軍，伊洛瓦底江沿岸及江中配有海軍，但人數不多。官員無需考試，由國王任免，求取官職，通常需要賄賂。行政體系的底層是村，較大的村寨如城鎮、城邦，可能由數個或數百個小村寨組成，村鎮的首長是村鎮長可以世襲，需由國王任命，是國家最基層的官員。村鎮長擁有的土地是所有制，土地上的農民、行政、司法、徵稅、徵兵、徵派勞動力為國家服務，執行員警職能等權力。村鎮長可以配戴銀質裝飾品和打紅傘，坐馬車帶警衛出巡的權利。緬甸的土地都是國有制，私人土地只有一小部分，但是，分給頭人作為報酬的則為頭人私有土地，然而，有些國有土地因管理人的舞弊，而將土地租給私人耕種或出售，造成土地國有制的破壞，一八八五（清德宗光緒十一）年緬甸末代國王錫袍批准土地稅法，使全國國有土地和其地上持有人得到所有權，條件是他們需按收穫量百分之十繳納土地稅，但該法還未實施，緬甸已淪為大英帝國殖民地。英治時代總督是最高行政長官，直接受命於英王國首相。

緬甸獨立後，初採內閣制，贏得選票最多的黨，由黨魁出任總理，是國家最高行政長官，總理暨內閣官員受憲法選出的議會監督，總統是虛位的，無實權。一九六二（民國五十一）年尼溫將軍為首的軍政府，雖有上校以上的十七名軍官，組成革命委員會，管理國家，尼溫是主席，憲法已廢除，國會已解散，唯尼溫馬首是瞻，是不折不扣的獨裁。一九七二（民國六十一）年後公布了新憲法，選出了議員，由議員中選出二十八人加總理一人，組成國務委員會，經國務委員會選舉尼溫為總統，實質上還是一人獨裁。以後換了幾位軍人總統，只是換湯不換藥。一九八八（民國七十七）年緬甸發生大規模的反軍人要民主的運動，但未成功。二〇一二年，因軍政府政策鬆綁，翁山蘇姬領導的全國民主聯盟，選舉大勝，翁山蘇姬當選聯邦議會人民院議員，二〇一五年根據新憲法她出任國務資政兼內政及教育部長，文人吳溫敏當選總統。按民主國家體制理應由黨魁翁山蘇姬當總統，掌握實權，但新憲法明訂凡配偶是外國籍者不能當總統。經這次重組政府後，表面上軍人已退居幕後，實則不然，國家實權仍在軍人手中。果然，二〇二一年二月，軍人再發動政變，翁山蘇姬、吳溫敏和執政黨的多位領導人均成了階下囚。

第五節　緬甸的教育

緬甸傳統的教育是寺院教育，由和尚擔任教師，教學的內容主要是佛經及上座部小乘佛教的戒規、緬族人風俗習慣、為人處世的常識、或手工技藝等。較高級的有緬甸文學、巴利文、詩歌，至於數學、自然科學是沒有的，因身為教師的和尚也不懂這些知識。

一八二四（清宣宗道光四）年第一次緬英戰爭後，英國於一八二六年控制了下緬甸的土瓦地區，就默許美國傳教士設立了第一所非寺院式的私立教會學校，主要教授英語文。到一八三五–四四的十年間，此時期第二次緬英戰爭已醞釀待發，緬甸大部分土地雖還受緬王的統治，英國在緬南土瓦先後設立了三所私立教會英語學校，實施雙語教育，但以英語為主。英國的教育政策是英語學校的畢業生可以進入政府機關任職，工作有保障，薪資較高，但緬甸傳統寺院的學生則無此權利，此一措施導致寺院學生日漸減少，英語學校的學生則日漸增加。雖然，英國殖民政府也曾派遣巡迴教師，到寺院學校教授新課程如數學、地理，但寺院學生受環境影響，普遍沒興趣。其分歧的原因是緬甸寺院的教師認為佛教是緬甸的國教，由非佛教的英國殖民政府所採取的教育措施是非法的。

一八五二（清文宗咸豐二）年緬英第二次戰爭爆發，緬軍再敗，緬王所統治的國土只剩上緬甸，一八六六（清穆宗同治五）年，貢榜王朝第十代國王敏東（Mindon 一八五三—一八七九在位），實行內政改革，設立第一個教育部，設立寺院學校以外的公立學校。英國已早在占領區緬南的德林達依和阿拉干設立基督教會學校，接著在勃固，逐漸擴展到緬甸中部地區。緬英第二次戰爭後，英國占領的土地已比緬王統治的地區大，英國殖民政府已計劃推動西化教育，藉教育的力量徹底改變這個殖民地。

一八六六（清穆宗同治五）年英國殖民政府也在仰光設立教育部，剛開始時，想利用寺院學校推動西化教育，但和尚不願合作，所以，殖民政府開辦了宗教色彩不濃厚的公立一般學校，以協助教會學校推廣西化教育。在一般學校的課程中，只有巴利文、緬文、數學和地理使用緬文教科書，文學、科學教科書全用英文。而且，巴利文、緬文、數學三科非英文課程，訂有標準化的考試，採用金錢以獎學金方式，獎勵成績優秀的學生以利推動西化教育。

一八八五（清德宗光緒十一）年第三次緬英戰爭後，英國完全占領緬甸，加速推廣西化教育，到一八九一（清清德宗光緒十七）年英政府承認的教會學校計有四千三百二十四所，只有八百九十所是一般學校。但到一九一七（民國六）年教會學校減至二千九百七十七所，一般學校增至四千六百五十所，殖民政府授意將一部分教會學校轉型為一般學校。這時的學校以小學為主，其次是初中，高中不多，但在全緬一線城市都有中學。學校的制度完全依照英國的學制，小學一至四年級，中學五年，前三年為初中，後二年為高中，九年級即高中畢業。此一學制在緬甸獨立後迄今仍然沿用，只是稍微調整，增加了十年級，作為大學入學全國會考的課程總複習。

進入二十世紀的一九三〇年代，仍是英國殖民地的緬甸已有公立學校六千所，但寺院學校還有一萬七千多所。殖民政府提出寺院學校轉型的優惠辦法，並實施學校登記政策，到一九三三（民國二十二）年寺院學校登記的只有九百二十八所，未登記的高達一萬八千多所。一九三五年殖民政府承認的緬語學校有五千五百八十二所，其中私立基督教和天主教會學校非常多，尤其在非緬族為主的少數民族地區。

在高等教育方面，一八八五（清德宗光緒十一）年英國在仰光開辦私立仰光學院（Rangoon College），一九〇四（清德宗光緒三十）年轉型為公立學院，並併入印度的加爾各答大學，仰光學院改稱大學學院（University College）。一九二〇（民國九）年英國通過仰光大學法，成立仰光大學。仰光大學學校主管及教授都由英國人擔任，沒有緬甸人。但學校成立不久，學生就進行示威，反對這種違反民族主義的大學法，示威運動擴散到高中，幾乎遍及全緬。英國緬甸當局勸學生返校上課，學生不回家也不返校，而躲入寺廟與和尚結合，進行反英運動，最後迫使英國讓步，修改大學法，甄選緬族人參加學校行政管理，示威才平息。然而仰光大學校長及多數教授仍是英國人，他們自視優於緬人，而且教育內容多有若非英國統治，則緬甸將更加落後的論調，激發許多有愛國情操的學生對英國殖民教育的不滿，日後仰光大學成了反英獨立運動的溫床，培養了翁山、吳努等反英領袖，終使緬甸走上脫離大英帝國而獨立的道路。

一九六四（民國五十三）年緬甸軍政府曾公布教育改革，採用新的教育制度，但政變後有大量的知識分子，不滿軍政府流亡國外。因缺少教育專家學者主導，改革未能全面施行。二〇一一（民國一百）年十一月，緬甸聯邦議會通過私立學校註冊法，跨出教育改革的第一步。二〇一五（民國一〇四）年緬甸全國大選，翁山蘇姬所領導的全國民主聯盟大勝，人民期盼翁山蘇姬的文人政府，振興經濟與改革教育，拯救國家。因近半世紀來，緬甸在軍政府執政下，經濟停滯，教育發展緩慢。在學前教育、基礎教育、職業教育、師範教育、成人教育、社會教育、高等教育等均需急起直追。然而，多年來因師範教育不健全，公立學校缺乏專業的教師，在職進修制度不完善，教師幾無在職進修的機會，教師薪資太低，無法養家活口，教學設備非常老舊，學校常受政治影響停課，畢業後找不到適當的工作，學生學習積極性不夠，嚴重影響教育品質，學生放學後，去補習班成了常態，導致補習班比學校還重要。尤其高中十年級要參加國家會考，找名師補習才有上榜希望。高等教育實施遠距授課，視同在校上課，學生自由度太大，程度參差不齊。

第三章 緬甸對外戰爭與獨立

第一節 緬甸與中國之戰爭

緬甸是以緬族人主導的佛教國家，但在歷史長河中，為求對內統一，對外擴張，戰爭不斷。中國因與緬甸國土接壤幾千公里，發生的戰爭也最多。公元八世紀，緬族在伊落瓦底江流域，建立了蒲甘王國，到十世紀初，國王阿奴律陀登基，才逐漸統一緬甸，時值中國的元朝。此後中緬兩國即不斷發生戰爭，其中元緬戰爭有四次：一二七七（元世祖至元十四）年四月牙嵩延（滇西永昌府西南）之戰、一二七七（元世祖至元十四）年十月江心（滇西江心坡）之戰、一二八三（元世祖至元二十）年第二次牙嵩延之戰、一二八四（元世祖至元二十一）年緬境之戰。

四次戰爭前三次都是緬軍以優勢兵力，配以大象，攻入元朝雲南境內的土地。第一次元軍以少勝多，大敗緬軍，大象傷亡過半。第二次元軍主動出擊，擊敗緬軍，招降許多部落，後因氣候炎熱還師。第三次亦元軍大勝。第四次緬境內之戰，元軍瓦解蒲甘王國，緬王乞降。四次戰爭中緬歷史均有詳載。

明朝年間，明緬戰爭不斷，一三八一（明洪武十四）年，朱元璋派大將沐英出兵雲南，擊敗忠於元朝的梁王，瓦解了把匝剌瓦爾密勢力，封沐英為黔國公，世襲鎮守雲南，明朝將雲南納入版圖。朝廷同時在雲南採取「以夷制夷」政策，各邊疆少數民族地區置鬆散的六個三品級大土官宣慰司。這些宣慰司到一四四六（明英宗正統十一）年，形成三宣六慰，即南甸、干崖、隴川三宣慰司，車里、緬甸、木邦、八百、孟養、老撾六宣撫司，簡稱「三宣六慰」。一五五〇（明世宗嘉靖二十九）年，緬甸第三王朝東吁王朝勃印囊（Bayinnaung，《明史》稱之為莽應龍）即位，逐漸統一緬甸全境，即不斷發兵進攻明屬土司，在一五六六（明世宗嘉靖四十五）年前後的幾年，三宣六慰全部落入緬軍手中。明朝派兵反擊，收復了小部分失地，並加強了邊區的防守。一五八一（明神宗萬曆九）年，勃印囊死亡，其子繼承王位，又配合雲南土司勢力，發兵北侵，所到之處，燒殺搶掠，無惡不作，明朝迅速派劉綎和鄧子龍領軍抵抗，進而攻擊，大敗緬軍，收復了大部分土地。一五八四（明神宗萬曆十二）年，緬軍再入侵，明朝派兵擊敗緬軍，又收復部分失地，將緬軍驅入緬境，取得階段性勝利，但戰事並未結束。一五八五（明神宗萬曆十三）年後，因明朝朝政腐敗，緬軍再入侵，蠶食了許多國土，明朝政府無力再收復失土，明緬戰爭結束。但到一六五九（清世祖順治十六）年，明亡後，南明永曆帝與緬甸也曾短暫有過戰事，當一六六二（清聖祖康熙一）年，永曆帝被清兵追殺流亡緬甸請求庇護時，反被遣送清軍，械回昆明遭明朝叛將吳三桂斬殺。

到十八世紀後，清朝中期乾隆年間與緬甸貢榜王朝，因邊界的領土與資源的控制權，發生了四次戰爭；

第一次清緬戰爭發生於一七六五（清高宗乾隆三十）年，清朝主將為雲貴總督劉藻，以商業紛爭，趁緬軍征伐暹羅，藉口進兵緬甸景棟（Kyaing Tong），因戰略錯誤，陷入緬軍埋伏，追至雲南普洱擊敗清軍，乾隆聞奏大怒，將劉藻降職湖北巡撫，劉藻羞愧自刎身亡。

第二次清緬戰爭發生於一七六六（清高宗乾隆三十一）年夏，乾隆派其器重的大學士陝甘總督楊應琚任雲貴總督，徵伐緬甸，初無戰績，清軍雖攻下新街（Bhamo 八莫），但不能適應緬甸的熱帶氣候戰場，數千士兵染上了霍亂、痢疾、瘧疾，死於疫病者多，新街被緬軍奪回。楊應琚虛報戰績，後被查出，乾隆震怒，將楊押解進京賜死。乾隆改派廣東將軍楊寧接任，初有戰績，後因後勤斷絕，撤軍。乾隆再改派滿洲悍將明瑞接任，明瑞在統一新疆有戰功，向來看不起綠營漢兵，對緬甸戰役態度也輕視，認為可以降伏緬甸。乾隆帝且不知緬軍已滅暹羅大城王朝，還認為滅亡緬甸是輕而易舉，指日可待，其實緬王軍力正盛，事與願違，於是乾隆帝決定第三次征伐緬甸。

第三次清緬戰爭始於一七六七（清高宗乾隆三十二）年四月，明瑞掛帥，在盲目樂觀的情緒支配下，籌備各項對緬作戰事宜。率軍二萬五千人分兩路攻緬，明瑞率一萬七千人為南路，參贊大臣額爾景額率八千為北路，每兵帶足兩個月糧食，準備兩路在阿瓦（曼德勒）外會師，直搗阿瓦，明瑞立功心切，認為必能降服緬甸。清軍於九月二十四日自雲南永昌（保山）發兵，十一月十六日方抵緬北新街，緬軍沿途截殺，清軍傷亡慘重，十二月額爾景額染病身亡，乾隆令其弟額爾登額接任北路元帥。明瑞率南路大軍，麾下有三個大將，總兵李全、參贊大臣觀音保、總兵長青，沿路有緬軍阻擊，斬獲不多。緬軍善守，清軍急攻，十二月二日的蠻結之役，清軍殺敵二千餘，俘三十四人，獲槍砲糧食牛馬甚多，乾隆聞訊大喜，封明瑞為一等公，貴州藤牌兵殺敵有功，直升為游擊。此戰後，明瑞更加輕敵，十一月十八日前鋒抵象孔（今辛古Singu），距阿瓦僅七十里，緬軍堅守，清兵糧盡、人乏、馬疲，已經無力攻城。明瑞無奈，下令退兵至孟籠處（今孟隆Monglon）就食。緬軍見清軍撤離，以跟蹤反擊，不正面作戰。一七六八（清高宗乾隆三十三）年正月初二，緬軍在木邦方向大舉反擊，先後將天生橋、蠻結、蒲卡、錫珀等處攻占，清軍北路兵敗，死亡八百餘人，只有百多人逃回木邦。正月初八緬軍重兵包圍木邦城，守將珠魯納堅守十日不支自殺，清軍大敗，總兵胡大猷、胡邦佑及幾個將軍戰死，道府衙楊重英以下多人被俘，所幸緬軍不善打殲滅戰，清兵逃跑能力也好，敗兵可逃回雲南。

緬軍又將明瑞南路大軍後勤、軍情斷絕。明瑞南路軍潰敗前，北路軍已經敗退，一七六七（清高宗乾隆三十二）年十二月，北路清兵攻擊老官屯不下，傷亡五百餘人，總兵王玉柱陣亡。未死官兵多人染病，已無戰力。此時緬軍又不斷增兵，情勢極糟。一七六八（清高宗乾隆三十三）年二月初七，明瑞南路大軍限入重重包圍，乾隆帝得知明瑞被圍，心急，數次令北路元帥額爾登額率軍馳援，但額爾登額自知戰力脆弱，畏敵遷延不前。明瑞麾下總兵李全陣亡，幾萬緬軍圍困明瑞於小孟育處，此處距宛頂（今宛汀）只有二百里，明瑞軍在此休息三天，率軍突圍，明瑞率領隊大臣、侍衛及數百滿洲兵殿後，領隊大臣扎拉豐阿中槍陣亡，觀音保以身上攜帶剩下的最後一支箭刺喉自殺，明瑞身受重傷，盡力疾馳二十多里，手截髮辮授其僕歸報，而縊於樹下，其僕以木葉掩屍而去。乾隆帝得知明瑞兵敗身亡訊，震怒憤恨，將額爾登額押解進京，處以磔刑，同時將北路軍的雲南提督譚五格也處死。當明瑞的靈柩歸京，乾隆帝親臨弔唁，賜諡號果烈。明瑞妻亦因悲傷過度自盡。清緬第三次戰爭歷時兩年，清軍陣亡多位大將，元氣大傷。而緬甸也無心無力再戰，陸續發來求和文書，但乾隆帝餘恨未消置之不理。且再征集精兵強將，準備發動第四次更大規模的進攻。乾隆帝任命重臣大學士傅恆為經略，阿里袞、阿桂為副將軍。舒赫德為參贊大臣及鄂寧為雲貴總督先赴滇。增調一萬四千八旗兵及九千貴州兵，二千福建水師入進雲南。

正當五十八歲的乾隆帝雪恥心切，鬥志昂揚，軍機處檢討征緬戰役報告，一七六八（清高宗乾隆三十三）年四月，由先期到滇的舒赫德及鄂寧聯合上奏，數征緬有五難：一是辦馬難，按滿兵一萬，漢兵三萬計，戰馬、馱馬需十萬匹，急切難辦。二是辦糧難，按官兵四萬，馬十萬計，單十個月就需糧四十二萬石，雲南全省倉糧僅三十五萬石，供應嚴重不足。三是行軍難，從滇西永昌（保山）到邊境道路難走，邊外地形特殊，路更難行。四是轉運難，單從永昌運糧到邊境，按三役夫運米一石，就需百餘萬人次，邊外國人不願去，境外人煙稀少，雇用役夫不可能。五是氣候難，水土不服，瘴癘嚴峻，歷次戰事官兵病故或因病失去戰鬥力者比在戰場死傷還多。有此五難，兩人的最後結論是，征緬戰爭勝算不大，不如設法招安緬王。判斷雖正確，但好大喜功的乾隆帝不能接受，於暴怒後，痛罵兩人乖謬無恥，將兩人降職調任。後來清朝征緬戰事果連續失利，損兵折將，乾隆依然故我，認為「我大清勢當全盛，只要認真，就可把緬甸打得落花流水」。

一七六九（清高宗乾隆三十四）年二月，按原計畫派大學士傅恆率軍出征，發動第四次征緬戰事。臨行，乾隆帝親自在太和殿授敕印，並把自己用的甲冑贈傅恆，以表對他的信任和期望。乾隆帝又從貴州、四川、湖廣、河南等省搜刮了兩萬多匹馬，六千匹騾送到傅恆大營，規定只給滿州兵，不給綠營漢兵。四月傅恆到達滇西永昌。七月二十日，清軍誓師出征，因鑑於明瑞兵敗經驗，改變進兵路線，但目的地仍是緬都阿瓦。然七月正值酷暑，常有暴雨，道路難行，行軍稍有 緩，傅恆上報「惟途間忽雨忽晴，山高泥滑，一馬倒，則所負糧帳盡失，軍士或椙腹露宿於上淋下濕之中，以致多疾病」。此時阿里袞、阿桂早已率清軍一萬五千餘人造好戰船，水陸並進，九月十八日初與緬軍水師發生激戰，清軍以火砲擊沉緬軍三艘戰船，擊退攔截的緬軍水師，清軍水師進入伊洛瓦底江，沿江南下，到新街（八莫）與陸上兵馬配合。然而緬軍早已探知清軍進攻路線，在新街布下重兵約三萬，清軍出征時號稱滿漢兵六萬人，實則不足三萬，再有沿途留守，染瘴氣失去戰力者，決戰時只有兩萬餘人，但清軍野戰力強，十月初十雙方在新街發生激戰，先是水師戰，後是陸軍戰，緬軍皆敗，清軍奪得緬軍戰船六艘，殺敵近千，清軍占領新街。自十月後至次年初，雙方戰鬥不斷，互有傷亡，清軍染病者多，戰事不如預期順利。因雙方都已打得精疲力竭，正月初九緬軍來信要求停戰，但停戰對清軍不利，緬軍會趁機增兵，傅恆決定再戰，但副將阿桂等都不想再打，於是初十傅恆回信，同意停戰，且上奏乾隆帝：「奈因本年瘴癘過甚，交冬未減」。實情是清軍染病嚴重，病死病倒的比在戰場死傷的多，如總兵吳士勝、副將軍阿里袞、水師提督葉相德都先後病死，主帥傅恆亦染病不起，而緬軍亦知清軍仍有戰力，緬王孟駁心有恐懼，幾經交涉，雙方於十一月十六日正式議和，緬軍派十三名將領，清軍派十二名將領為代表，談判定議畫押，互贈禮物正式停戰。一七七〇（清高宗乾隆三十五）年七月，傅恆帶病回到北京不久，醫藥枉效死亡，年四十八歲，乾隆賜謚文公。

第二節　英緬三次戰爭

十七世紀西方帝國主義崛起，英、法在亞洲的東印度公司劇烈爭奪印度的殖民權，結果英國勝利，法國轉向越南，英國則意圖染指緬甸。一八二四（清宣宗道光四）年，緬甸第四王朝貢榜王朝（Konbaung Dynasty 一七五二—一八八五）巴基道（Bagyidaw 一八一九—一八三七在位，中國史料稱其為孟既）繼位，英國以印緬邊境衝突事件為藉口，向緬甸發動戰爭，英軍以洋槍火炮對付緬軍傳統落後的刀鎗武器，結果緬軍大敗。一八二六（清宣宗道光六）年二月二十四日英軍迫緬甸訂立「楊達波條約」（Treaty Of Yandabo），緬方賠償軍費一百萬英鎊，並割讓緬南阿拉干（Arakan）和德林達依（Tenasserim），同年冬，英方進一步與緬甸簽訂通商條約，並派使節駐緬。此乃第一次英緬戰爭。

十一年後的一八三七（清宣宗道光十七）年，緬王沙耶瓦底王（Tharrawaddy Min 一八三七—一八四六在位，中國史料稱其為孟坑）繼位，竟宣布不承認楊達波條約及英國駐緬使節，當時英

緬甸巴拉敏丁鐵橋。（蔣恩元先生／提供）

◐資訊站◑

緬甸「巴拉敏丁鐵橋（Bala Min Htin Bridge）」，位於緬北克欽邦首府密支那市北郊「希打坡」的伊洛瓦底江上，橋長約八百公尺，可通行汽車、機車、腳踏車及人走，距伊江源頭恩梅開江及邁力開江匯流處約一百公里，自古伊洛瓦底江即是中緬兩國的界江，歷次中緬戰爭，中國軍必渡此江或在江上與緬軍作戰。巴拉敏丁是緬甸第四王朝貢榜王朝之大將，在與清軍作戰中擊敗清軍獲得勝利，被緬人稱為民族英雄。密支那至騰衝約一八〇公里，中共改革開放國力崛起，中方建議緬政府造伊洛瓦底江鐵橋，可通汽車與火車，以促進兩國的經濟發展，然而緬方無錢無技術，且不同意通火車，尤其橋名堅持用「巴拉敏丁鐵橋」，其用意是籍巴拉敏丁將軍英名，護衛邊疆。因雙方意見有異，延宕十餘年後，至二十世紀末以贈送方式造成了此座鐵橋，緬方以國防安全為由，在橋頭派國防軍、情報局、移民局、密支那警察局等單位駐守，所有過橋車輛、人員均嚴格查察，收取通行費。近年昆明的火車己通滇西保山，距邊界只有百餘公里，本可延伸到密支那與緬甸縱貫鐵路連接直達仰光，再南延接泰國與馬來西亞，新加坡，但密支那伊江鐵橋不能通火車政府忙於內政，嚴防邊區少數民族鬧事，對中緬一帶一路著力不多。

軍未見反應。繼位者蒲甘王（Pagan Min 一八四六—一八五三在位），一八五二（清文宗咸豐二）年初，英方以英國輪船船長被捕為藉口，另以法國占領越南後揚言利益均霑，向緬甸宣戰，發動第二次英緬戰爭。緬軍不敵，全部潰敗，同年四月五日英軍登陸仰光（Yangon），十二月二十日英國駐印度總督宣布緬甸古都勃固（Pegu）屬英。緬王敏東繼位（一八五三—一八七九在位），一八六二（清穆宗同治元）年，英國將阿拉干、德林達依、勃固三區合併，稱為下緬甸行政區，受駐印度總督管轄。至此英國所占緬甸土地已比緬王遼闊。但是，上緬甸仍在緬王統治之下。一八七八年（清德宗光緒四）年，緬王錫袍（Thibaw 一八七八—一八八五在位，末代國王）登基後，昏庸好色，政局非常混亂。法國又企圖進侵緬甸，英國當然不能坐視。一八八五（清德宗光緒十一）年十月，英國以印度孟買緬甸貿易公司，偷運木材事件為藉口，向緬甸發動第三次戰爭，戰事歷時一月，英軍便攻占緬甸首都曼德勒，俘擄緬王錫袍及王后及官員多人，送往印度孟買的拉特納吉里（Ratnagiri），併吞緬甸的策略達成，全緬甸為英軍占有，緬甸王朝終結，從此淪為英帝國殖民地。繼後，英帝國將緬甸劃為英屬印度的一省。一八八六（清德宗光緒十二）年，英國將緬甸各地區合併稱為「英屬緬甸」，將緬甸劃分為「上緬甸與下緬甸」兩大區，一直沿用至今。

英屬緬甸上緬甸設置四個行政區，分十七個縣；下緬甸也設置四個行政區，分二十個縣。每一行政區派任一個專員，以督察各該區的政務；每一縣派一個縣長，負責該縣的行政業務。英國駐印度總督於一八九七（清德宗光緒二十三）年，根據印度議會法案，宣布緬甸為「自治省」，得另行設立立法議會，作為省督的諮詢機構，置議員九人，其中英人占七人，緬族、撣族代表各一人，外設議長一人，由省督兼任。議員並非民選，乃由省督選任，名之曰立法議會，實則一諮詢單位而已。

第三節　第二次世界大戰時期的緬甸

一、日軍侵緬中國遠征軍入緬作戰

一九四〇（民國二十九）年九月二十七日，德、義、日三國訂立協約組成「軸心國」。一九四一（民國三十）年冬，日本乘歐戰緊張之際偷襲美國遠東夏威夷海軍基地珍珠港，發動太平洋戰爭。日軍大舉南進，聯絡德、義，誓言在中東會師，瓜分美洲以外的世界。日軍十八、三十三、五十五、五十六，四個師團十個聯隊，在緬甸獨立義勇軍配合下，於一九四二（民國三十一）年初分南北兩路進入緬甸，因英軍採棄緬保印戰略，節節敗退。日、緬聯軍南路於一月三十一日攻陷緬南大城毛淡棉（Moulmein），三月八日陷首都仰光（Yangon）。北路於四月二十九日陷緬東北撣邦大城臘戌（Lashio），截斷有中國抗戰生命線之稱的滇緬公路。兩路滙合於五月一日攻陷緬甸中部古都曼德勒（Mandalay），五月八日陷緬北克欽邦重鎮密支那（Myitkyina），在短短四個多月占領全緬甸。

一九四二（民國三十一）年元旦，中美英蘇等二十六國在美國華府，簽訂共同宣言對軸心國作戰。蔣中正被推舉為盟軍中國戰區最高統帥，晉升五星上將，應英美盟邦請求，成立中國遠征軍，於三月一日派遠征軍第五、六、六十六三個軍配屬砲、工、通訊、後勤支援部隊約十二萬人，入緬與英軍並肩抗日。日軍南路於三月初攻占仰光後，揮師北上，勢如破竹，遠征軍入緬即遇強敵，雖於緬甸中部同古（昔稱東吁）、西唐河縱谷、仁安羌、棠吉諸役屢挫敵鋒，然因英軍錯誤戰略，造成重大傷亡。中國遠征軍在緬甸力搏強敵四十二天，被迫向滇西及印度邊境轉進。日軍於攻占緬北重鎮密支那後，隨即沿滇緬公路侵入中國滇西之騰衝、龍陵，欲從雲南後方合圍進擊中國，退入國境的遠征軍以固守怒江天險與日寇抗爭，轉進印度的因翻越緬北野人山遇惡劣環境造成嚴重死傷。且因日軍截斷滇緬公路，國民政府只得另闢昆明至印度的駝峰航線，以飛機飛越喜馬拉雅山空運戰爭物資支援中國抗日作戰。

中國遠征軍在緬甸的作戰，可區分三大階段；第一階段遠征軍入緬在滇緬路作戰（一九四二年三月至六月）。此階段日軍武器裝備精良，士氣旺盛，銳不可當。而英軍戰略錯誤，盟軍裝備、指揮方面也有缺失，致犧牲慘重。第二階段遠征軍撤出緬甸（一九四二年七月至一九四三年九月）一部分回國，在滇西與日寇周旋，一部分轉進印度，經整訓後改編為駐印軍，得美英的支援駐印軍裝備良好（全部美式），訓練精湛，人員充足，士氣旺盛，後勤支援糧彈補給及傷患後送均能適切，尤其指揮統一，計劃周密等已具優勢。一九四四年後，美國以精銳海、空軍在亞洲各戰場予日軍海上或空中重挫，美國已完全掌控了制空、制海優勢，日本本土開始遭到美國轟炸機輪番的炸彈攻擊。第三階段反攻緬北及滇西作戰（一九四三年十月至一九四五年六月），駐印盟軍反攻緬甸，雖遭日軍頑強抵抗，但盟軍終克日軍主力，協力英軍規復緬甸。英軍於一九四五（民國三十四）年三月二十日收復緬甸中部大城曼德勒，二十一日收復仁安羌。緬軍對日軍倒戈，加入同盟軍，發動抗日作戰。三月三十日中國駐印軍第五十師與英軍第三十六師在緬北皎脈會師。四月二十八日日軍已撤出仰光，退往緬南毛淡棉，再轉入泰國。五月三日英軍收復仰光。

二、緬甸獨立義勇軍的形成與對日作戰

一九三九（民二十八）年九月一日，德國以閃電戰術入侵波蘭，在歐洲引發第二次世界大戰，法國淪陷，英國受德軍日夜轟炸，只能苦戰撐持。在亞洲中國對日抗戰正陷入苦戰階段。緬甸「我緬人協會」（Dobama Asiayon，亦稱德欽黨 Thakin Party）以德欽翁山（Thakin Aung San）為首的德欽黨一批愛國者，認為爭取獨立的時機已到，可借日本的力量驅逐英國以達到獨立目標。同年十月，德欽黨邀請各政黨舉行會議，呼籲團結，利用英國遭受戰爭的困難之際，迫使英國承允緬甸獨立，會議決定成立「緬人出頭天」（Htwet Yat Gain，亦稱自由陣營 Freedon-Bloc）組織。以「英人遭受困窘，即為緬人之良機」為口號，大肆宣傳，加緊反英活動，此舉惹惱英屬緬甸政府，殖民者依據國防法條例逮捕大批鬧事人士，僅德欽翁山脫逃轉入地下，遭到通緝。翁山認為逃避躲藏非上策，一旦被逮捕入獄會影響獨立大業，此時有華裔同志獻策，偷渡出境，尋求外力，目的地是「中國延安」。經華人暗助於一九四〇（民國二十九）年八月八日，翁山與拉棉（Hla Myaing）兩人分別使用化名陳萬昌（Tan Lwan Chaung）、陳素東（Tan Hsu

Taung）化裝成中國水手，攜帶一封印度共產黨領袖的介紹信，乘搭仰光華商集發號代理的挪威航輪海利號（Hai Lee）順利偷渡出境，於八月二十四日抵達福建廈門的鼓浪嶼。但到鼓浪嶼後得知中日戰事吃緊，去延安不易，費用將盡，翁山還染上瘧疾，正躊躇間，事為日本陸軍大本營派往仰光的特務，陸軍大佐（上校）鈴木敬司獲悉，鈴木即於十月三日離開仰光，經曼谷飛往臺灣，託其友人田中大佐親赴鼓浪嶼，尋覓翁山及拉棉，將兩人送至東京。

翁山抵達東京，經日本軍閥考察瞭解後，同意草擬「緬甸獨立計畫」，並與日本軍閥協商合作反英。當時日本正準備南進，兩方一拍即合。約半年後的一九四一（民國三十）年三月三日，鈴木派翁山化裝潛返仰光，招募反英志士，但僅招到二十八人，加上跟隨翁山的拉棉及早已在日本學習紡織的學生一人，湊成三十人，成員中多數為「我緬人協會」會員，成為緬甸獨立義勇軍的骨幹。這批人經鈴木安排搭乘日本貨輪偷渡出境，送往已被日軍占領的中國海南島三亞接受軍事訓練，一段時間後再送至臺灣花蓮玉里。同年十二月八日，日本偷襲珍珠港，發動太平洋戰爭，美國向日本宣戰，第二次世界大戰全面爆發。日軍將翁山等由臺灣送至泰國曼谷，十二月十日在日本陸軍指導下，成立「緬甸獨立義勇軍（Burma Independence Army）」，以鈴木為總司令、翁山為參謀長，一批日本軍官為顧問。並開始在泰國招募緬甸僑民參軍，共招到二千三百人，日軍給予三百噸裝備，鈴木宣稱：「我輩不久將攻占仰光的總督府，高懸我緬人的三色旗，宣布緬甸獨立」，緬軍士氣大振。一九四二（民國三十一）年一月二十日，緬甸獨立義勇軍隨日軍自泰國分兩路進入緬甸，獨立軍入緬後，沿途所經各地均有志願者加入，至二月底部隊已發展至二萬五千餘人。然而，當日緬聯軍於三月八日進占首都仰光，鈴木不再提緬甸獨立之諾言，因為他實則只是利用緬甸獨立義勇軍，使緬甸成為日本的屬地，並開始在仰光扶植親日緬甸人巴莫博士（Ba Maw）為首的傀儡政權。

當日軍占領全緬後，因鈴木未履行諾言，翁山當然不悅，鈴木建議翁山率領緬甸獨立義勇軍遷移仰光河的對岸，並於一九四二（民國三十一）年七月二十七日將緬甸獨立義勇軍改編為「緬甸國防軍（Burma Defence Army）」，任命翁山為軍事部長，軍隊縮編成三營，人數約三千人。同時還撤銷了緬甸獨立義勇軍在緬甸各地所設立的臨時政府機構。此舉引發獨立軍及緬甸人民的不滿，日軍為安撫緬甸人民，於一九四三（民國三十二）年八月一日宣布，准予緬甸獨立，以巴莫（Ba Maw）為緬甸傀儡政府元首，稱為「Adhipati緬甸政府」，各部門均置日本顧問，軍政大權實由日軍掌控。同年八月六日再將緬甸國防軍改稱「緬甸國民軍（Burma National Army）」，任命尼溫上校為國民軍總司令，翁山仍為軍事部長。

一九四四（民國三十三年）初，因盟軍在緬北的反攻，使日軍屢受重創，緬甸的一些愛國團體及政治領袖，認為聯英反日的時機到來，遂祕密商議成立「反法西斯人民自由同盟（Anti-Fascist People's Freedom League）」，迅與盟國取得聯繫。一九四五（民國三十四）年三月初，適巧翁山獲得日本派遣軍允准，將率領緬軍往上緬甸協助日軍抵禦盟軍，真是天賜良機，三月二十七日緬軍調轉槍口襲擊日軍，翁山迅與英軍第十二軍軍長斯林（Slim）取得聯繫，搭英軍飛機至緬中密鐵拉市（Meiktila）會面，緬軍加入同盟軍，與盟軍對日軍作戰。此時日軍在緬甸戰場已節節敗退，四月二十八日日軍撤離仰光時，巴莫、德欽努（吳努）等一批緬甸傀儡官員被迫隨行，最後日軍將巴莫送至日本。時間距日本八月無條件投降只差三個多月。

第四節　緬人爭取獨立經過

英帝國於十八世紀初期占領印度後，即伺機向緬甸擴張，在十九世紀先後發動三次侵緬戰爭，緬甸三戰皆敗，一八八五（清德宗光緒十一）年併吞緬甸的策略乃告完成。以後，英國將緬甸劃為英屬印度之一省。一九三七（民國二十六）年四月一日，始實施「印緬分治」。緬甸亡國後，各族人民並未向侵略者屈服，抗英力量遍及全緬。英帝國在十九世紀末的十餘年，調遣四萬多英印部隊，耗費三百四十萬英鎊，始能將各地的反抗者鎮壓，但只是表像，反英力量暗潮洶湧。

進入二十世紀，緬甸的一些青年知識分子，民族意識覺醒，開始探索脫離英帝國殖民統治的途徑。組織了許多政治團體，其中聲勢最大者為「我緬人協會」，該會的口號是：「緬甸為吾人之國家，緬文為吾人之文字，緬語為吾人之語言，我們熱愛吾人之邦國，請尊重吾人之傳統，我們決心要維護它」，從這些口號，可知該協會的創始人為緬族人。協會成立後，迅速壯大，也有孟族及自認已完全緬化的華裔加入，如尼溫即是。協會的主要目標是「反英」，但其中之激進分子也激發了緬人的排外思想。凡是我緬人協會的成員，均以「德欽（主人之意）」

冠於其名之前，以示自己乃是緬甸「真正主人」。因此，我緬人協會亦被稱為「德欽黨」。該協會於群眾大會或遊行時必大聲喊口號，同時舉起右手，緊握拳頭，作類似「德國納粹式」的敬禮。

一九三九（民國二十八）年九月，歐洲戰爭爆發，不久英國陷入苦戰，我緬人協會認為爭取獨立的時機到來，籲請各政黨停止相互間之攻擊，聯合成立「緬人出頭天組織」，選舉巴莫博士為主席，德欽翁山為總書記，其他重要成員有德欽努（吳努）、德欽丹東（Thakin Than Tun）、德欽登貌（Thein Maung）等。到處舉行群眾大會，發表偏激的反英言論，因之，英屬緬甸政府以違反國防法，逮捕首犯分子，德欽翁山脫逃，轉入地下，但已元氣大傷。德欽翁山認為在緬甸搞革命，困難重重，還有被捕的危險，必須偷渡出境尋求外力。一九四〇（民國二十九）年八月，德欽翁山與德欽拉棉偷渡離緬，抵達中國廈門鼓浪嶼，為日本陸軍大佐鈴木敬司託田中大佐，派人赴鼓浪嶼找到翁山及拉棉，送至東京。經過日本軍閥綜合緬甸各方情報，認為翁山是反英組織中的重要人物，值得利用，遂指使翁山潛入緬甸招募愛國志士，人數不限，但最後湊得三十人，在鈴木安排下，將他們送到已被日軍占據的中國海南島三亞接受軍事訓練，後又送至臺灣花蓮玉里繼續軍訓。

當太平洋戰爭爆發後，日軍加速南侵，很快占領東南亞諸國，日軍將已經短期軍訓的二十八個緬族青年（原三十人有兩人死亡），送到泰國曼谷，並在曼谷以這二十八人為骨幹，招募在泰國的緬甸僑民參軍，於一九四一（民國三十）年十二月十日成立「緬甸獨立義勇軍」，以鈴木敬司為總司令，翁山為首席參謀，一批日本軍官為顧問。一九四二年初分兩路隨日軍進入緬甸，所有裝備均由日軍供給。鈴木還告訴緬甸獨立義勇軍，一旦進入首都仰光，趕走英國人，就是緬甸獨立之日。緬甸獨立義勇軍得此承諾，士氣大振，於入緬後沿途都有志願者加入，因英軍「棄緬保印」戰略，已撤出仰光，日軍兵不血刃進占仰光。

一九四三（民國三十二）年七月十二日，中國戰區盟軍統帥蔣中正委員長，已正式同意中英美聯軍反攻緬甸作戰，十月二十四日中國駐印軍由印度雷多開始向緬北發動攻勢。到一九四四（民國三十三）年初，由於盟軍在緬北屢挫日軍，緬甸的一些政治領袖，認為日軍的鋒芒已過，遂祕密商議，統一內部各方抗日力量，對外與盟國取得聯絡，密遣人員赴印度與英國接觸，成立「反法西斯人民自由同盟」，適當時間參與盟軍對日作戰，於戰後循法律途徑向英帝國爭取緬甸獨立。一九四五（民國三十四）年三月，翁山獲得日本派遣軍的允許，以率領緬軍前往上緬甸協助日軍抵禦盟軍的進攻為名，在仰光誓師北征。翁山的本意是等所有緬軍集結離開仰光，再調轉槍頭向日軍襲擊，不料事機洩露，翁山乃下令於三月二十七日提前發動襲擊日軍，於其時，日軍在緬甸各戰場已節節敗退，四月八日撤出仰光的日軍渡過錫當河（Sittang River），往緬南毛淡棉向泰國方向撤退，沿途遭受村民及緬軍的追擊傷亡慘重。

在歐洲戰場，一九四五（民國三十四）年四月三十日，蘇聯軍隊圍攻德國首都柏林，希特勒自殺，五月七日德國最高統帥部，代表德國向盟軍簽署無條件投降書，五月八日第二次世界大戰歐洲戰場結束。因歐戰結束，英國戰時內閣解散，首相邱吉爾（Sir Winston Leonard

Spencer-Churchill）辭職，不久大選，原本信心滿滿，認為憑藉邱吉爾在戰爭中的功勞，定能順利當選繼續執政的保守黨，卻在大選中失敗，工黨獲勝，黨魁克萊曼・艾德禮（Clement Richard Attlee）當選首相。

一九四五（民國三十四）年八月十二日，日本宣布無條件投降前夕，緬軍各路司令齊集於勃固，舉行會議呼籲緬甸各黨派及人民與反法西斯組織合作，為緬甸獨立及重建緬甸作出貢獻。八月十九日成立「反法西斯人民自由同盟（AFPEL）」，包含共產黨和社會主義黨，在仰光大金塔旁的湖畔，以竹片、阿答葉蓋搭成「尼都迎（Nayhurain）」劇場內，召開成立大會，選出以翁山少將為首的最高委員三十六人，其中有華人領袖洪金銘、胡茂庶二人。大會作成三項決議：「建立新軍；成立包括人民代表之臨時政府；各界人士及政治領袖與反法西斯人民自由同盟通力合作，共同進行策劃緬甸獨立及復建事務」。

英國工黨政府於一九四五（民國三十四）年五月德國投降後，發表統治緬甸的「白皮書」，明載於戰爭結束後，緬甸先由英國任命的總督直接統治三年，然後依照一九三七（民國二十六）年英國將緬甸劃為印度之一省，實施「印緬分治」前之「一九三五（民國二十四）年緬甸政府組織法」，舉行立法議會，讓緬甸獲得「英聯邦自治領的地位」，但是，以翁山為首主張緬甸完全獨立的自由同盟則堅決反對。

一九四五（民國三十四）年日本投降後，於日軍攻占緬甸時期，遷至印度之英屬緬甸總督多爾曼史密斯（Dormansmith），與其流亡政府十月重返仰光，組織臨時政府，稱為「臨時中央行政委員會」，其成員中的緬甸人，多為親英的舊政客，將翁山及其軍隊編入英軍，引起自由同盟的強烈不滿。自由同盟於一九四五（民國三十四）年十一月二十八日在仰光大金塔西門的廣場，召開十餘萬人參加的群眾大會，要求立即解散行政委員會，按照自由同盟所提出的方案，組織新的行政委員會組成臨時政府，翁山在大會中宣告：「緬甸將會進行全民的鬥爭而贏得民族獨立」。

一九四六（民國三十五）年九月，在自由同盟的策動下，緬甸人民進行全國大罷工，要求撤換總督、獨立建國，英國作了讓步，召回史密斯，另派曾於戰後與翁山有過接觸的蘭斯（Hubert Rance）上校繼任總督，又指定翁山組織新的行政委員會。是年十二月，英國工黨政府首相艾德禮（Clement Richard Atlee）邀請緬甸派代表赴倫敦舉行獨立問題的談判。此時，自由同盟與德欽丹吞所領導的「緬甸共產黨（Communist Party of Burma）」發生嚴重的歧見，緬甸共產黨退出自由同盟。而緬甸共產黨內部也鬧分裂成兩派，其中以德欽梭（Thakin Soe）為首的部分中央委員另組一個共產黨，稱為「共產黨（緬甸）」；以德欽丹東為首的中央委員則組織新的中央委員會，以德欽丹吞為主席，黨名仍為「緬甸共產黨」。

一九四七（民國三十六）年一月，翁山率領緬甸代表團抵倫敦，經過幾天的談判，一月二十三日，英緬簽署「翁山—艾德禮協定」。主要內容為：「英國同意緬甸脫離英聯邦完全獨立，舉行制憲會議，選舉組成議會，通過協商，解決緬甸本部與各少數民族聯合問題等」。一九四七（民國三十六）年二月，自由同盟首領翁山在撣邦的彬龍（Pin Lon），召集撣、克欽、吉欽、欽等各少數民族代表，舉行由翁山主持的會議，各民族代表一致決議，其所居之地區與緬甸本部同時獨立，於二月十二日簽署協議。彬龍會議的成功，成為緬甸各族人民團結的標誌，一九四八（民國三十七）年一月四日緬甸正式獨立後，國會定二月十二日為「聯邦節（Union Day）」。

一九四七（民國三十六）年四月，自由同盟根據翁山—艾德禮協定，舉行制憲會議選舉議員，以德欽丹東為首的「緬甸共產黨」，指派黨員以個人名譽競選。以巴莫博士為首的「大緬甸黨（Greater Burma Party）」，以吳蘇（U Saw）為首的「愛國黨（Patriot's Party）」，及戰後重新組織的「我緬人協會」，聯合抵制這次的選舉。但抵制未成，在應選出的二百六十二席制憲議會議員中，自由同盟（AFPEL）大勝，獲得二百五十五席，另七名當選人是獨立參選的共產黨分子。大緬甸黨、愛國黨，我緬人協會均無人當選。五月十八日，由吳耶領導的委員會起草的憲法草案，送交「反法西斯人民自由同盟」大會討論，總共有八百名代表參加，翁山在大會中致詞，會議決議緬甸完全脫離大英國協獨立。六月十六日，翁山派副主席德欽努率代表團赴倫敦交涉緬甸獨立的日期及政權移交事宜，簽署《努—艾德禮協定》（The Nu-Attlee Agreement）。

但吳蘇為首的愛國黨，對於翁山為首的自由同盟獲勝極為不滿，一九四七（民國三十六）年七月十九日上午十時三十分，臨時政府總理翁山與同僚在國會大廈祕書廳開內閣會議時，突遭愛國黨黨魁吳蘇所指使的三名歹徒，喬裝軍人闖入會議室，以輕機槍掃射，翁山及其他六位部長當場慘遭殺害，德欽努未在場倖免於難。事發數小時後，兇手即被逮捕。英國駐緬甸總督邀請制憲會議主席，及自由同盟副主席德欽努組織新內閣。經過數月審訊，翁山的政敵吳蘇是主謀，刺殺罪名成立，十二月三十日被法庭判處死刑，一九四八年緬甸獨立後的五月八日執行絞刑。

翁山遇難後，德欽努接任自由同盟主席，同時亦被最後一任緬督蘭斯任命為臨時政府總理，制憲議會議長則由撣邦的良瑞（Nyaungshwe）土司蘇瑞泰（Sao Shwe Thaik）接替，緬甸獨立後出任總統。一九四七（民國三十六）年九月二十四日，制憲會議正式通過《緬甸聯邦憲法》，再經緬甸與英國多次的談判，十月十七日，德欽努與艾德禮正式簽署承認緬甸獨立及相關問題條約。隨即德欽努將姓名德欽努（Thakin-Nu）改為吳努（U-Nu）。十一月十四日，英國國會通過該項條約，十二月十日，英國女王簽署工黨政府提出的《緬甸獨立法案》及《緬甸聯邦憲法》。緬甸國內亦將「努——艾德禮協定」提交臨時國會討論，一九四八（民國三十七）年一月一日，緬甸臨時政府批准協定，一九四八（民國三十七）年一月四日早上四點二十分，在首都仰光國會大廈前，舉行隆重的獨立儀式，在南京的中華民國政府特派外交部次長葉公超出席，當總督府降下英國國旗，升上代表緬甸七邦七省的聯邦國旗，緬甸正式成為獨立國家。英國駐緬甸最後一位總督及夫人，隨即由緬甸第一任總統蘇瑞泰（Sao Shwe Thaik）、總理吳努等政要陪同，步行到路易士街的碼頭，登上已在江中等候的英國海軍旗艦伯明罕號，徐緩向仰光江口駛去，告別英帝國在緬甸六十三年（一八八五—一九四七）的殖民歲月。

仰光市翁山公園的緬甸國父翁山將戎裝銅像。（黃通鎰／提供）

緬甸獨立紀念碑。（黃通鎰／提供）

第五節　緬甸國父翁山（一九一五—一九四七）

翁山（Aung San），緬族，一九一五（民國四）年二月十三日，出生在緬甸中部的納茂（Natmauk）小鎮，父親吳帕（U Phar），出身於農家，曾受大學教育，有律師資格。母親杜素（Daw Su），是一位精力充沛，善於理家的女子。翁山同胞六人，四男二女，居幼。翁山幼時體弱多病，不喜歡洗澡，渾身骯髒，饞嘴貪吃，一點也不討人喜歡。很遲才開始說話，家人一度認為他是個啞巴。但其特點是老實不狡猾，對窮人有同情心。翁山的父母非常重視子女的教育，讓孩子自幼受學校教育，但是，翁山不喜歡去學校讀書，除非媽媽陪他，因翁山是么兒，受母親寵愛，允許他在家直到八歲，自己決定去學校。對他的吸引力是看到他的哥哥，坐在會跳舞的小白馬車上，先繞全鎮再進入佛寺短期修行，母親抓住機會，告訴翁山想進佛寺修行，須先學會讀書寫字。翁山受了母親的啟發，一進學校就證明自己是個傑出的學生，用功、守紀律，考試在班上常常第一。翁山在名叫勞卡塔（Lawkatat）既是僧院，又提供現代教育的學校讀書，進步很快，但哥哥告訴他，英文是獲得更高知識的必要條件。於是，翁山十三歲時，懇求母親，讓他離家到仁安羌大哥就讀的國立中學讀書。翁山進入這所國立中學後，生活有大哥巴溫（Ba Win）照顧，學校管教寬嚴並濟，很快就展現出優異的才能，十五歲時在政府舉辦的全緬佛教學校和國立學校的高中預考中獲得第一名，還得了一筆獎學金。翁山升上高中後，常聆聽政治人物演講，激發了他想將自己國家從異國統治下，解救出來的渴望。他常常夢想各式各樣起義反英、趕走英國人的方法，有時甚至幻想用法術降服英軍。他也對辯論發生興趣，在辯論比賽中，他善於以理服人，因此，贏得了雄辯的名聲。他也愛好寫作，參加了校刊的編輯。一九三二（民國二十一）年，翁山十七歲，他參加大學入學會考，因緬文、巴利文兩科卓越，以優等獲准進入仰光大學歷史系。

翁山進入大學時，英國已經殖民緬甸四十七年，但是，緬甸人民不甘心受外國人統治，反抗從未停止過，犧牲性命的已不少。早先的抗爭是民族主義者，致力於佛教及緬甸傳統文化的保存和淨化，隨著受現代教育的學生日漸增加，民族主義者開始顯露政治抱負。第一個有政治氛圍的團體是「佛教青年協會（Young Men's Buddhist Association, YMBA）」，成功爭取到修改英國制定的教育法案，導致國立學校的普遍設立，一九二〇（民國九）年YMBA改組成全國性「佛教徒協會總會（General Council of Burmese Associations, GCBA）」，領導人是一位博學的佛教僧侶吳歐德瑪（U Ottama），他以亢奮的言詞鼓吹緬甸的自由，激發人民的愛國熱情，進而成為爭取獨立運動的力量。雖然因內部分裂未能成功，但對年輕的民族主義者影響很大。到一九三〇年代，緬甸的政治人物為了緬甸是否應該和印度分治爭論不休。剛進仰光大學不久的翁山，只是個未滿二十歲，寡於言語，英語不流利，衣著普通的鄉下青年。他參加了學生聯誼會舉辦的辯論會，主題是「和尚應否參與政治」，翁山是反對和尚參與政治的一方。大家都用英語發言，翁山則用英語與巴利語，受到同儕的恥笑與辱罵，這次的經驗讓翁山意識到英語的重要性，他下定決心要學好英語，在一位出身於英語中學好友的幫助下，翁山精通了英語。

翁山介入學生政壇，起先態度是和緩的，一九三五（民國二十四）年後轉為積極，他和努（Nu）、李特亞（Let Ya）、拉旭德（Rashid）、登佩敏（Thein Pe Myin）、覺迎（Kyaw Nyein）等愛國青年，合作努力，將仰光大學的學生團體轉變成一般政治勢力，這批人在以後緬甸獨立運動中成為家喻戶曉的人物。他們首先滲入學生聯誼會的領導階層，占有了重要位置，使仰光大學的校園充滿愛國主義精神，翁山當選為學聯執行委員暨學聯雜誌編輯。學聯雜誌刊出一篇文章：「逍遙法外的地獄惡犬」，被認為對學校惡意攻訐，學校要求翁山供出文章作者，翁山以學校違反新聞倫理加以拒絕，學校以此為由開除翁山與努，不平之氣瀰漫全校，點燃了一九三六（民國二十五）年仰光大學學生的罷課。時值學校大考，事件擴大，報紙刊出消息，引發全國各界對學生的同情。大罷課受到英國殖民政府接受學生的訴願，最後迫使那位專橫的校長退休，同時還產生一個由學生組成的委員會，參與大學法的修訂，廢除了一些不合理的規定。

一九三六（民國二十五）年的學生集體罷課，是這些年輕民族主義者，政治發展上的重要里程碑，翁山也因而一舉成名。爾後他的名望穩定成長，在仰光大學學生聯盟、以及罷課事件後成立的全緬學生聯盟中，登上有實權的執行委員席位。隨後，他更成為這兩個團體的領袖。他取得文學學士學位後，又修習法律，一方面為取得法學學位，另則可以繼續留在學校掌控全緬學生聯盟。一九三八（民國二十七）年，翁山離開仰光大學，成為「我緬人協會」組織的一員，這個團體源自一九三〇（民國十九）年的印緬暴動，其特質是具有民族精神、年輕有活力。成員用「德欽 Thakins（意指主人）」加在自己的名字前面，翁山改名德欽翁山（Thakin Aung

San），當年與他友好的那一群愛國青年也都加入了這個組織，努改名德欽努（Thakin Nu）。組織的領導人是德欽哥都邁（Thakin Kodaw Hmaing），他是文壇和政壇的元老，也是經費的贊助人。不久，德欽翁山當選我緬人協會的總書記。

一九三九年（民國二十八），歐洲因德國入侵波蘭，第二次世界大戰爆發，英國很快陷入苦戰，德欽翁山認為，殖民主義的危機正是緬甸爭取獨立的良機，一九三九年翁山成立緬甸共產黨（CPB），出任第一任總書記。其後他聯合緬甸其他的愛國團體，成立「自由陣營（Freedon Blo）」，擔任總書記。並不斷發表反英言論，引起英國殖民者的注意，當局展開大規模的逮捕行動，許多自由聯盟的成員被捕入獄，翁山得知消息，幸運躲藏起來，轉入地下，計劃以游擊行動對抗英國，以實現緬甸獨立的目標。但有同志建議，潛逃出國尋求外力協助緬甸獨立才是上策，目的地是中國延安的共產黨。一九四〇（民國二十九）年八月，翁山和拉棉乘坐海利輪偷渡出境，到達中國福建廈門鼓浪嶼的國際殖民地，得知中國半壁江山已被日軍占據，去延安的路早已斷絕。正困頓中，卻有一位日本軍官找上門。於是，他們被送到日本，見到曾在緬甸做特務的鈴木敬司大校，經過一番詳談，鈴木承諾要幫助緬甸獨立，並為趕走英國人，為緬甸訓練一支軍隊。在東京，翁山和鈴木建立了某種共同理解，但雙方似乎都有保留，鈴木一方面尊敬翁山的誠實和愛國精神，另一方面卻認為他的政治思想不成熟。後來，翁山自己也說：「他和同志邀來了日本的入侵」。一九四一（民國三十）年二月，翁山化妝成中國水手回到緬甸，找到了二十八個年輕人，加上拉棉和一個早已在日本學習紡織的學生，湊成三十人，被鈴木送往中國海南島三亞接受短期軍事訓練。這三十人後來成了三十志士，是日後「緬甸獨立義勇軍」的核心（但只有二十八人回到緬甸，其中一人逝於臺灣花蓮玉里，另一人逝於曼谷）。

一九四一（民國三十）年十二月，日本偷襲美國海軍基地珍珠港，引發太平洋戰爭後，緬甸獨立義勇軍在泰國曼谷招募到一批緬甸愛國青年共二千餘人，鈴木以將軍軍階擔任指揮官，翁山被任命為陸軍上校參謀。一九四二（民國三十一）年初，緬甸獨立義勇軍偕同日本軍隊開進緬甸後，緬甸人民深感驕傲，因為民族的自尊心得到了舒展，沿途都有愛國青年參軍，部隊還未抵達仰光，已迅速增至二萬餘人。

一九四二（民國三十一）年三月初，英軍撤出仰光，日緬聯軍順利進入仰光，受到人民的歡迎，但不久日軍搖身一變成為比英國人更壞的壓迫者。日本憲兵胡作非為，憲兵成為一個恐怖的名詞，人民活在一個以失蹤、酷刑、強制勞役為日常事務的世界中，加上盟軍與日軍的交相轟炸，物資缺乏，不同文化、語言間的衝突不斷，百姓苦不堪言。緬甸獨立義勇軍的指揮權不在緬人手中，緬甸獨立已成泡影，鈴木也不提緬甸獨立的事，緬甸人民極為憤慨，當翁山等面見鈴木質疑時，翁山才被任命為緬甸獨立義勇軍的首席指揮官。後來，鈴木離開緬甸，緬甸獨立義勇軍重組縮編為緬甸防衛軍，人數約為三千人，翁山以上校軍階出任指揮官。然而，這支新軍中每一階層都附有日本軍事顧問，緬甸軍官的實權受到掣肘。一九四二（民國三十一）年八月，日軍駐緬甸指揮官板田中將就任緬甸行政長官，組織緬甸傀儡政府，任命巴莫為行政首長，翁山升少將出任軍事部長，表面上緬甸似乎獨立，政權已經轉移到緬人手中，但事實上，它只是日軍藉以擴張力量的傀儡要塞而已。

一九四三（民國三十二）年十月，盟軍已由印度向緬北反攻，之前幾月，翁山已召集少數緬甸軍官，商討反制日本的時機，且翁山已祕密取得與英軍的聯絡，等待計畫抗日的時機成熟，一九四四（民國三十三）年八月提出組織「反法西斯（AFO）」的構想，一九四五（民國三十四）年三月二十七日緬軍發動全面抗日行動，翁山與英軍第十四師指揮官史林（Slim）會晤，之後緬軍加入盟軍，共同對抗當時已正在迅速潰敗的日軍。日軍撤出仰光後的六月十五日，反法西團體舉行抗日勝利的遊行，就在仰光市進行，距日本的投降已經不遠。一九四五（民國三十四）年八月十九日反法西斯（AFO）聯合各路反日團體，成立「反法西斯人民自由同盟（AFPFE）」，包含共產黨和社會主義黨，準備對大英帝國殖民政府，爭取緬甸獨立的談判。自一九四五年至一九四七年的兩年獨立運動中，一九四六（民國三十五）年一月，翁山被擁戴當選緬甸反法西斯人民自由同盟主席，人民見識到翁山是一位穩健而有智慧的領袖和能幹的政治家，得到人民的信賴和愛戴。盡管和英國的談判困難重重，總督多爾曼史密斯，一直想找一個可能替代反法西斯人民自由同盟的政黨，藉機逮捕翁山，但殖民政府也怕引起更大的叛亂，遲不敢行動，最後卻是英國工黨首相艾德禮撤換了史密斯，由熟悉緬甸事務，和反法西斯人民自由同盟的領導團隊，關係良好的蘭斯上校接任，前總督議會遭到裁撤，另成立新的行政議會，使緬甸爭取獨立的政治運動邁入了新紀元。

一九四六（民國三十五）年九月，翁山奉派為新成立的十一人組成的行政議會的副議長，兼長國防及外交事務，其行政議會中有六人是反法西斯人民自由同盟的成員，分別負責國家各方面的責任，名譽上這個議會是總督的諮詢機構，實則已成反法西斯人民自由同盟要求已久的緬甸臨時政府。由於群眾對翁山的強烈支持，眼看緬甸真的獨立已經就快實現，但反對翁山的人也冒出很多，其中以反法西斯人民自由同盟中的共產黨為最，而共產黨內部又分成以丹頓（Than Tun）和登佩敏（Thein Pe Myint）為首的「白共」及以德欽梭（Thakin Soe）為首的「赤共」兩派。他們都從事顛覆翁山所領導反法西斯人民自由同盟的獨力運動，置個人及黨的利益於國家利益之上。尤其，丹頓是反法西斯人民自由同盟的總書記，翁山處理他特別棘手，然而又非處理不可，最後丹頓被撤換由社會主義黨的覺迎（Kyaw Nyein）接任。一九四六（民國三十五）年十月共產黨終被逐出聯盟，但是，翁山仍然渴望與這些左翼人士和解，以緬甸的獨立自由和統一大局為重。

一九四六（民國三十五）年十月，反法西斯人民自由同盟接到英國工黨政府邀請，去倫敦商談緬甸獨立的步驟，一九四七（民國三十六）年初，由翁山領隊，在過境印度德里的記者會上，翁山聲明緬甸要的是「完全的獨立，主權國家的地位不容有問題」。在回答某報記者時，如果緬甸人民的要求沒有得到滿足，不排除任何可能，包括從事暴力或非暴力，或二者並用的抗爭，直到緬甸完全獨立為止。此次與英國政府會談的結果簽署了《翁山—艾德禮合約》。依據合約，一九四七（民國三十六）年一月，緬甸在擇邦彬龍鎮舉行了少數民族在內的協議。四月舉行的大選中，翁山領導的反法西斯人民自由同盟獲得壓倒性的大勝，翁山自然的成為緬甸各民族的領袖，六月翁山在仰光召開了一系列的會議，擬定了獨立後重建國家的計畫。

七月十三日翁山的最後一次演說，勸告緬甸人民修好道路，培養好紀律、韌性和自我犧牲的精神，並要人民記住，在充分享受到獨立的益處之前，還有很多年的苦工要做。此時政府移交的計畫正加速進行，翁山表示，一旦國家完全取得獨立地位，他將離開政壇，全心投入家庭生活和寫作。但是，結果出人預料，七月十九日上午，正當行政議會在開會中，翁山連同另六位部長，其中之一是他的大哥巴溫，及一位年輕助理，在沒有守衛的會議室，被穿軍人制服的三人持機槍掃射打死，刺客逃跑，但很快被仰光殖民政府員警在翁山政敵吳蘇家中逮捕，吳蘇曾任愛國黨主席，政府首相，他的野心很大，不能容忍年輕的翁山成為國家的領袖，妄想將政敵除去後，他便成為緬甸政府的元首，所以，必置翁山於死地。翁山死時年三十三歲，經英國殖民員警廳的蒐證起訴吳蘇，以教唆殺人罪判處絞刑。緬甸獨立不因翁山的猝逝停止腳步，德欽努領導反法西斯人民自由同盟仍健存的資深成員，完成了與英國政府的最後談判，一九四八（民國三十七）年一月四日，獨立的緬甸聯邦誕生，以內閣制掌理國政，德欽努改名吳努（U Nu），出任第一任緬甸聯邦總理。依據聯邦憲法，撣邦在國會的席次最多，良瑞土司蘇瑞泰經國會兩院選舉，當選聯邦第一任總統。國會決議通過，尊翁山為緬甸聯邦國父，首都仰光燕子湖畔建翁山公園，園內豎立翁山全身戎裝銅像供國人永久紀念。

翁山的婚姻與家庭：一九四二（民國三十一）年初緬甸獨立義勇軍自泰國來緬甸的長途拔

涉中，許多官兵曾遭受很大的折磨，筋疲力竭加上瘧疾，到仰光後，翁山和許多同志被送進仰光綜合醫院治療，這所醫院由一群具專業奉獻精神，和愛國情操的醫生和護士管理，因翁山當時英雄名望日隆，由醫院資深護士馬欽季（Ma Khin Kyi）照顧，她秉著剛毅、溫柔和幽默為這位愛國的年輕指揮官服務，不久兩人墜入情網，一九四二（民國三十一）年九月六日結婚，翁山二十八歲，馬欽季三十一歲。婚後馬欽季改名杜欽季，共育二男一女（男：翁山吳 Aung San Oo、翁山林 Aung San Lin；女：翁山溙 Aung San Chit、翁山蘇姬 Aung San Suu Kyi）。緬甸獨立後杜欽季出任社會福利部長（一九五三—一九六〇）、駐印度大使（一九六〇—一九六七），一九八八（民國七十七）年十二月二十八日逝於仰光，享年七十八歲。

翁山蘇姬是翁山的幼女，生於一九四五（民國三十四）年六月十九日，父親翁山將軍為國犧牲時她兩歲，十五歲隨母親出使印度，後赴英國的牛津大學深造，讀哲學、政治與經濟。一九六九（民國五十八）年二十四歲至美國紐約的聯合國任職兩年，一九七二（民國六十一）年二十七歲與英國籍的西藏問題暨喜馬拉雅山諸小國專家邁可艾里斯結婚，生兩子。後來她在倫敦的東方暨非洲學院註冊為博士生，以緬甸文學為論文題材。一九九一（民國八十）年獲諾貝爾和平獎，一九九六（民國八十五）年出版「來自緬甸的聲音」。一九八八（民國七十七）年三月三十一日，因母親在仰光病危，匆匆單身返國侍母，並參與政治，繼承父志，帶領緬甸人民向軍人政府爭取民主自由，雖然緬甸的民主未竟之路尚遠，她屢遭挫折，仍奮戰不懈。

翁山將軍。
圖片來源：wiki commons, public domain, https://commons.wikimedia.org/wiki/File:Aung_San_in_uniform.jpg

翁山蘇姬，photo by Claude TRUONG-NGOC, wiki commons, https://commons.wikimedia.org/wiki/File:Remise_du_Prix_Sakharov_%C3%A0_Aung_San_Suu_Kyi_Strasbourg_22_octobre_2013-18.jpg

第四章 緬甸華僑志

第一節 華人徙緬略考

華夏民族移民海外歷史悠久，遠在商周之際即有商臣箕子率眾遷移朝鮮記載，西元前二百二十一年秦始皇統一天下後，為求長生不死藥，派徐福率三千名童男女駕船越海峽至日本，至今墓塋尚存。西元一二二年（西漢武帝元狩元）年，中土經大夏國（位在今阿富汗北部）有通往印度的商業道路，這條國際通道是經過雲南滇西，入緬甸北部進印度的絲綢之路。由此可知從那時起，已經有中華民族進入緬甸了。東漢末年的三國時代，蜀漢臣相諸葛亮為北伐曹魏，先安定南方，出師表有「五月渡瀘，深入不毛」，「不毛」經史家考證非不毛之地，而是今日緬甸北部中緬邊界的「八莫」，雲南人稱「新街」。武侯諸葛南征七擒土酋孟獲，每次班師回朝都有中原官兵留在滇緬之地，迄今有武侯廟香火旺盛，孔明燈、木牛流馬傳為佳話。迨至唐代，中緬商貿頻繁，滇西保山、騰越，緬北八莫、密支那都是交易之地。以後及至宋元，華人進入緬甸經商的，除雲南人還有貴州、四川商賈，這都是地緣的關係，靠腳走騾馬馱物，以緬北地區為主。到明朝華商雖有先由陸路入緬，再乘船自緬北沿伊洛瓦底江南下，直趨緬甸中部的阿瓦（曼德勒），甚至有到達緬甸東吁王朝的國都勃固貿易的，但路途遙遠，尚不普遍。

至於華人到緬甸南部，由緬北陸路進入，高山深壑，路遙難行，需靠航海，古代受限於造船與航海技術，故進展較遲。大概十一世紀的元代才開始有華人來到緬甸南部，在一本《西南夷風土記》裡記載：「器用陶、瓦、銅、鐵，尤善於漆畫金，其工匠皆廣東人」，說明廣東人已經到過緬甸。明朝以後，海運逐漸發達，廣東、福建兩省人民乘船航海往緬甸者漸多，水路是由柬埔寨沿湄公河北上，及經馬來西亞西邊之麻六甲海峽，越海至緬甸南部的德林達依所屬的丹老與土瓦等地。直到清朝初年，才由粵、閩兩地乘船直達仰光。此後由水路直達仰光者眾，不但緬南各地有華人，而且更向緬北伸展，和早先由陸路進緬北的華人匯合而居，共同為開發緬甸而努力。

由以上所言，華人進入緬甸的路線有兩條；一是陸路，一是海路。以地理形勢言，中緬國土相連，當然走陸路先於海路，但以交通發展言，海路後來居上，優於陸路。茲簡述如下：

先述沿陸路進入緬甸；因中緬國土相連，靠地緣關係，雲南與貴州兩省的居民，尤其邊境的各族人民，熟悉地形，語言互通，只要翻越滇西高黎貢山或滇南大黑山、卡瓦山即進入緬境。古時的絲綢之路其中一條就是，自雲南大理西行過怒江，翻越高黎貢山而下，高黎貢山頂上尚存的驛站已有千年歷史，以便利行旅商賈。再往南走則至驃國（緬甸），經昔勃轉叫棲，過欽山進入印度國境。另一條是由中原西行經大夏國，南行進滇西過怒江，翻越高黎貢山再西行至騰越進入緬北，渡伊洛瓦底江到密支那，再入印度。

致於翻越滇南的大黑山，是進入緬甸東北部的撣邦必走之路。無論是走那一條路，都是崎嶇山路，層巒疊嶂，登山涉水，寒暑多變，瘴癘充塞，旅途艱難險阻，不言可喻。昔人形容，冬來山上積雪，嚴寒襲人，四肢僵化，行動艱難；夏秋則又溽暑如焚，酷熱難當，跋涉困苦。故羈留此地的商賈旅人，有一首歌謠曰：「冬時欲歸來，高黎貢山雪；夏時欲歸來，無奈穹燚熱；春天欲歸來，手中盤纏絕」，是當時的實情。不但如此，人乃血肉之軀，並非石雕鐵鑄，故常常於中途患病，疾病上身，在此萬山叢莽中，發病無藥物可資治療，病死於旅途中者，亦屢見不鮮。迄今滇西地方仍然流行著這樣的諺語：「要走夷方壩，先把老婆嫁。」，另一則更悲切：「男去夷方，女多居孀；生還發疫，死棄道旁！」夷方壩指的就是滇西怒江沿岸及中緬邊界幾萬平方公里的蠻荒地帶。

騰衝縣和順鄉有「中國僑鄉」的稱號，曾是雲南滇西首富之區。致富之道，是往緬甸密支那、瓦城、仰光經商，以馬幫馱運中國絲綢到緬甸，回程馱回海鹽、土特產賺取差價，一本萬利，但商場如戰場，風險很大，成功衣錦還鄉者有，失敗了淪落異邦或命喪他鄉者不少，所以和順鄉流行著的諺語：「家有姑娘，莫嫁和順鄉，十年守寡半世霜」。

到了宋元時代，中印絲綢之路，因路途艱險，商賈減少，然而中緬間的貿易頻繁，落腳定居緬甸的華民增多，充分表現出華夏民族不畏艱難，冒險犯難的精神和勇氣，憑其刻苦耐勞的天性，離開鄉梓遠走異邦求發展的史實。

次述沿海路進入緬甸的情形；華人沿海路進入緬甸始於何時，尚無正確史實可考。但可信的資料顯示，元朝已有粵、閩人民駕帆船經馬來西亞西方的麻六甲海峽，渡海登岸進入緬甸最南邊的德林達依之土瓦（Dawei）、丹老（Mergui）；另一路是從暹羅（泰國）南部進入緬境。此外，由真臘（柬埔寨）渡湄公河進入緬甸也是一路。到了明代，因航海事業已極為發達，最著名的三保太監鄭和七次下西洋（據鄭和傳說是八次），目的除了貿易還有宣揚大明國威，是前無古人後無來者的壯舉。大小船艦二百多艘，其中大船六十二艘，每艘長十八丈，豎立桅桿九枝。最小者也長達十三丈。官兵總數多達二萬七千餘人，聲勢浩大，軍容壯威，配備齊全，西元一四〇五（明永樂三）年七月由南京經太倉，到福建長樂出海，直航越南占城，然後轉爪哇、沙拉馬也，再到蘇門答臘南部的巴領旁，之後，轉赴馬來西亞西岸的麻六甲。鄭和下西洋足跡幾乎遍及南亞多國，但未載是否到過緬甸，只是後來在緬甸南端的丹老附近，有明代永樂年間的錢幣出土，並有二百五十多件完好的瓷器，及大量的陶瓷碎片，所以，有史家認為鄭和的艦隊曾到過緬甸的南端丹老。

現在的仰光，原名大光（Dagon），在元明時代，尚是雜草叢生，無人煙的荒野。緬南的土瓦、丹老、毛淡棉、勃固、伊洛瓦底江三角洲的勃生等地，屬於勃固王朝統治區域。當航運發達後，粵、閩人民先後乘船抵達大光，並建專用碼頭，以此為中心向緬南各地發展，那時凡是粵籍帆船，船身漆紅色，冠「廣」字，自稱「紅頭船」。閩籍帆船漆青色，冠「金」字，自稱「青頭船」。時至今日仰光市近海最繁華的街就叫「廣東大街」，兩座觀音古廟，一是廣東觀音廟，另一是福建觀音廟，香火鼎盛，記錄了粵閩先民開發仰光的歷史。

華人無論是由陸路或海路，冒生命危險，千辛萬苦，歷盡艱難，走向海外，是什麼力量促使其離鄉背井？依據史料分析，有下列七項原因：

一、避禍：每當天災、人禍發生，官吏腐敗，民不聊生，百姓為避天災人禍，只好冒險逃亡海外求生，緬甸是其選項。

二、饑荒：通常有天災人禍發生，都會鬧饑荒，五穀欠收，人民溫飽難繼，餓死、凍死是常事，南亞土地肥沃，糧食豐盈，冒死求生，是人的本能，逃亡是一種不得已的選擇。

三、隨軍征緬留滯官兵：元明清之際朝廷與緬甸王朝曾多次戰爭，如明初朱元璋命大將沐英征討雲南，清除元朝勢力，攻克雲南後，將領、軍隊有不返者，分封為土官（土司）定居於緬甸撣邦果敢地區。宣德年間雲南土司思氏叛變，兵部尚書王驥三征雲南，深入緬甸，頒師時有大批官兵留下殖邊，其中滯緬甸者多。迨滿清入關，明末永曆帝朱由榔被清兵追殺，逃往雲南入緬甸，冀緬王庇護，但緬王已無能力，清兵已臨國都阿瓦城下，緬王允交出永曆帝，清兵才退去，而永曆帝的大批隨從則滯留緬甸。清乾隆年間大學士經略使傅恆征緬亦曾有官兵留緬不歸。

四、發財：常言「人為財死」，愛財是人的天性，中華大地人口眾多，已經幾千年的開發，想發財機會甚微，而緬甸物產豐富，翡翠、寶石多有，而人煙稀少，要發財就走緬甸的順口溜，人人皆知，有這麼大的誘因，怎不趨之若鶩。

五、好奇：好奇心人皆有之，尤其是年輕人，對新天地、新事物非常有興趣，常會因好奇心去冒險，置生死於度外，如再受到同儕或有心者的蠱惑，更會盲從，不聽父母阻止，離家出走往緬甸冒險的年輕人很多。

六、打工賣勞力：當十八世紀西方工業革命成功，帝國主義崛起，極力向海外拓展殖民地，需要大批的勞工築路、開礦、採煤、伐木、搬運等，中國廉價、負責、肯吃苦耐勞的華工，正可滿足資本家的需求。粵、閩兩省土地貧瘠，糧食不足，人民應徵契約華工到海外賺勞力錢者眾，緬甸的殖民政府大英帝國自香港、澳門、新加坡引進了甚多華工。

七、革命：清政府腐敗，孫中山等愛國人士，奮起奔走革命，在南洋設立同盟會總部，在緬甸仰光設分部，十次起義壯舉中有兩次在滇緬邊區，許多革命志士，於起義失敗後流亡緬甸成家立業。

近代更因國共內戰，中國河山易幟，中共建政初期一連串的政治運動，與緬甸相鄰的雲南，二十世紀五十至六十年代有許多人民攜家帶眷流亡緬甸，成了新一代的移民，於歷經半個多世紀後，成了緬甸華人的主流。進入新世紀後，因中共國力崛起，經濟起飛，緬甸雖天然資源豐富，但缺乏技術與資金，中緬兩國的邦誼尚好，各省商賈攜帶資金、技術、設備赴緬甸投資設廠者多。臺灣因人口稠密，資源不足，政府鼓勵南進發展商貿，緬甸勞工廉價、許多有慧眼的臺商涉足緬甸發展。尤其半世紀來年年有緬甸僑生赴臺升學，培養了許多懂緬語的人才，可返僑居地投身經濟建設。兩岸華商在緬甸互助合作、截長補短，亦蔚為緬甸華人社會的一股新流。

第二節　歷年緬甸華人數粗估

華人在緬甸人數有多少？這當然是以長時間定居緬甸者為準。然而，因中緬國土相連，遠自漢唐以還，來來去去，絡繹不絕，來者自來，回者自回，而長久定居下來的人有多少，既無出入境登記，史乘也無資料，正確人數無從稽查。筆者出生於雲南騰衝邊陲，長輩常走緬甸經商，都在中秋之後雨水減少去緬甸，農曆春節前返回，除騰衝和順僑鄉外，定居緬甸的極少。有史料記載，明朝穆宗隆慶（一五六七—一五七二）進士孟震所著《西南夷風土記》載：「江頭城外大明街」，大明街就是現在滇緬邊界的八莫（雲南人稱新街），當時中國人聚居於此者已有數萬人，迄今已歷數百年，但究竟有幾萬人，仍未定數。

一八八五（清德宗光緒十一）年緬甸淪為大英帝國殖民地，一九一一（清宣統三）年，英國殖民政府作緬甸人口調查，有華人十二萬二千多人。一九三一（民國二十）年再作人口普查，緬甸總人口一千四百六十四萬七千七百五十六人，緬族占百分之八十六點六，印度人一百〇一萬七千八百二十五人，占百分之七，華人十九萬三千五百八十九人，占總人口的百分之一點三二，其他各種人占百分之五點一。

一九三六（民國二十五）年，緬甸華僑年鑑載，華僑人口三十一萬餘人。抗戰勝利後一九四七（民國三十六）年，中華民國駐仰光總領事館華僑人口調查，結果為三十六萬餘人，這次調查目的是作為發給華僑證的依據。

二〇二一（民國一一〇）年七月緬甸政府公布，總人口五千七百〇六萬餘，華人為一百六十五萬，約占總人口百分之三。以華人籍貫分，仍以閩、粵兩省最多，雲南人居第三，餘為中國其他省分人的後裔。另外緬北撣邦果敢（Kokang）特區，約十四萬人，緬甸政府視他們為少數民族，實則他們是明朝初年沐英將軍，率大軍征雲南的中原漢民族，幾世紀來還保留著漢人的語言及風俗習慣，這部分人緬甸政府一定不列入華裔。

再者，最令筆者及研究緬甸華裔人口納悶的幾個問題，請關心者賜教：

其一：在東南亞各國中，緬甸華裔人數最少，遠不如泰國、馬來西亞、印度尼西亞，華裔人口千萬，但以國土面積除印尼是千島之國比緬甸大，泰國、馬來西亞都比緬甸小，若以物產而言，無論農、林、礦，緬甸皆是第一。再以中緬國土相連兩千多公里，華人徙緬歷史在南亞各國中最早最久，何以定居人口最少？緬甸自英國殖民始，個人身分證上已註記人種，外僑註記原國籍，如已歸化緬籍，亦註記「中國」，在人口統計時也會列入華裔，何以華人只有百餘萬？

其二：雲南人在緬甸的人口不足百萬，就筆者在緬甸的經驗，上緬甸曼德勒、撣邦、克欽邦，面積有十幾個臺灣大，到處都是雲南人，講雲南方言，何以只有百餘萬？尤其中共建政後，在五十、六十年代，一連串的政治運動，雲南因有多支反共游擊隊，受到中共的嚴厲鎮壓，所以，雲南是鎮壓反革命的重災區，雲南省政府於七十年代人口普查，有百萬計流亡緬甸，而今又過了半世紀，在緬甸的雲南人仍然只有百餘萬？

其三：緬甸是一個多民族國家，緬北的許多少數民族與雲南的少數民族同種同文，廣義而言，雲南的少數民族也是雲南人，會講雲南方言，風俗習慣大致相同，這類人長久以來遊走於滇緬邊境，如也列入雲南人，則雲南人又有多少？也是值得思考的問題。

總之，緬甸華裔人數出奇之少，原因如何，真是令人百思不解?!

第三節　緬甸華人的經濟

西元前三世紀，印度阿育王的佛教傳教士稱緬甸為「黃金之地」。到二十世紀中期，美國之人造衛星發現緬甸北部，伊洛瓦底江流域，蘊藏著大量的黃金。訊息傳出引來了許多地質學家，帶著儀器來探測，證實所言不假。伊洛瓦底江中國人稱大金沙江，是由從雲南流入的恩梅開江與邁力開江匯流而成，而這兩江都是金沙江（長江上游）的支流，在雲南境內南流過虎跳峽後才向東流叫長江。金沙江含金豐富，經億萬年的湍流沖刷，進入緬甸境內地勢平緩，沙金沉埋地下。進入二十世紀八十年代中共改革開放，大批想發財的人，將原在長江上游的淘金船切斷，用大卡車運入緬甸，再焊接成船，開始淘金，一艘船每天少則可得沙金一百公克，多則千克，比在中國淘金每日二至三克，好太多，於是，大量的淘金船進入緬甸，在九十年代多達千艘，每日入帳以公噸計。這些淘金客得到中共政府的准許，有緬甸克欽邦軍區司令核發的證據，每日以船隻所得沙金繳稅。筆者當時在密支那華校任校長，曾幾次親訪當地淘金的僑商，也曾與中國淘金客見面瞭解實情，所知甚多。淘金船的負面影響是，大量破壞自然生態，使

位於仰光市唐人街的閩籍華人觀音寺。（黃通鎰／提供）

位於仰光市唐人街的粵籍華人觀音古廟。（黃通鎰／提供）

原本清澈見底的江水，變得渾濁，淨化沙金用「沉汞法」，汞有毒汙染水源，讓魚類死亡。尤其，淘金客全為年輕男性，因生理的需要，有了錢，吸毒，找當地少數民族女子發洩，嚴重破壞原本單純善良的社會風俗，進入千禧年，引發當地人民的激烈反感，狀告中央，下令徹查，因涉賄賂，最後是不了了之。但軍區司令下令查封了淘金船，撤銷了淘金許可證，平息了風波，讓轟轟烈烈的淘金案沉寂下來，晃眼又是二十年。

華人在緬甸的經濟因無確實數據，只能概略論述；上緬甸以雲南、貴州、四川、湖南為主的華人，多從事商貿業，因緬北蘊藏著豐富的翠玉、寶石、琥珀、水晶、銀礦等，早期的華民從事其他行業的較少。到二十世紀後以木材、橡膠、水果、稻穀、中藥材等的行業興起。緬甸南部的華民自早期即以稻米、木材、開礦、工業、餐飲、土產、餉碼等業營生。茲分別簡介如下：

一、**緬北克欽邦玉石原產地帕敢（Hpakant）**：緬甸人或以前的英國人稱去玉石場帕敢之路為「綠之路」。從事玉石翡翠研究的學者或經營商賈，則把玉石場比作「聖地」，一生中總希望去朝覲一次，才算了卻一樁心願。帕敢位於克欽邦首府密支那的西北部約一百多公里的「野人山」原始森林中，距離緬甸古都曼德勒約三百五十公里，距山下的勐拱市（Mogaung或莫港市）約五十公里。

勐拱昔有「翡翠之都」稱譽，曾是玉石交易的中心，也是上玉石場發財必須補給的中繼站。但自二十世紀中葉汽車路修通，車路由市區外直上帕敢，尤其一九六〇年代緬甸軍管後，住勐拱的玉石老闆全數離開緬甸遠走他方，昔日盛景已不再。然而此地曾是第二次世界大戰後期中美英盟軍反攻緬北，與日軍決戰密支那前，勢必攻克的地方。也是一九四二（民國三十一）年中國遠征軍援緬嚴重受挫，五萬餘官兵撤退往印度必須翻越野人山，及一九四四（民國三十三）年駐印軍大反攻必經的路線。一九四四年六月中美英盟軍以一個軍的兵力，將日寇第二、十八、五十三、五十六，四個師團的部分兵力全殲於勐拱地區，提供了日後密支那焦土戰勝利的保證，也有利於中國滇西抗戰必勝的契機。

通往帕敢的路沿途崇山峻嶺，鬼魅魍魎、毒蛇猛獸、蚊蝗瘧疾、瘴癘充塞、以前僅騾馬勉強行走，到二十世紀車路修通，但路面還是坑坑凹凹，雨天寸步難行。玉礦的產區分布在霧露河上游兩岸。全區面積約數百平方公里，有老場、新場之分；老場主要由芭蕉園、帕敢、勒麻供三地組成。新場延伸到東摩、達木坎、頂巴、會卡、猛伊、摩魯、後江、葡萄等地。但商業中心以帕敢小鎮為主，是玉石原產地的集散交易中心。

據當地人傳說，玉礦的發現已有千年以上，但到明朝才小量開採，清代已有數萬人挖礦，如今有五十萬以上的各種民族，夢想發財者集聚於此，其中雲南人最多。帕敢小鎮各種生活用品一概齊全，大多是洋貨，物價恐怕是世界之最，一包洋煙原價緬幣二萬元，到帕敢要二十萬，漲了十倍，其他物品漲價二十至一百倍的都有。寺廟、學校、賓館、酒吧、咖啡廳、茶館、電影院、照相館、餐廳、雜貨店、賭場、妓院等五花八門應有盡有，有小香港之雅稱，其消費之高令人嘆為觀止。

帕敢的有名主要是玉石產量多及品質優，在二十世紀中期，產量高達世界翡翠玉石的百分之九十五，無論硬度、色澤、種類都是世界冠軍。傳統的採玉工具是鐵十字鎬、鋼錐、鐵錘、鋤頭等，但二十世紀後期有財團或資本大的商人購入最先進的挖掘機械，少則一至二臺，多者數百臺，一個集團就有幾萬人。挖到玉石必須先到緬甸政府駐帕敢「繳崗稅的機構」憑重量上稅然後編號，再暗中向山軍（克欽獨立軍）繳稅方能運走。以前用人揹馬馱，大的顧大象拖到可以分解的地方先分解，自從通車後拖到公路邊，用卡車送下山，再以汽車或火車運到全緬各地的展銷場所。玉石的交易無論在玉石場或其他地方，一律以歐元、美金計價，緬幣派不上用場。玉石場住房極簡陋，礦區濫挖、濫採，無安全防護，常發生礦難，礦坑坍塌、山崩、火災、水災是常事，最近二〇二〇（民國一〇九）年七月初的一陣豪雨，導致七十六公尺高的坑壁坍塌，兩百多人死亡。但人為的搶殺、謀財害命、戰禍極頻繁，戰禍之原因是整個礦區是克欽邦獨立軍的勢力範圍，緬甸政府軍只占據著帕敢鎮的一個小點，克欽邦獨立軍俗稱山兵經常偷襲政府軍，如二〇一一（民國一百）年山兵與政府軍發生激戰，約十萬人被強迫撤離，數百人死傷，所以有人形容「**玉石場是少數人的天堂，多數人的地獄**」。除了玉石場，還有琥珀場，摩谷的寶石場，都是可以發財的地方，當然也藏汙納垢，具有風險，然而，人為財死，千古不變，如飛蛾撲火，大有人在。

二、**緬北撣邦老銀廠：**銀的使用自古即有，古羅馬有使用銀圓的紀錄，但銀圓之所以大行於全世界，是十五世紀西班牙鑄造之「西班牙銀圓」。緬北撣邦發現銀礦的歷史已不止千年，撣邦原是中國的土司地，中國是以銀為本位的國家，使用銀為貨幣的歷史已幾千年，明朝萬曆年間與西洋貿易頻繁，從西方流入之白銀鑄成中國銀圓，在沿海浙閩、兩廣一帶已是主要貨幣，迄清王朝銀的使用達於鼎盛。清末西方帝國列強侵略中國，清軍戰敗賠款使中國銀兩大量流失，以致國窮民貧。美國立國之初也是以銀為本位，十九世紀才改為金本位。

中國銀礦儲藏豐富，遍及全國，但銀在自然界無純元素存在，通常與鉛、錫同存，要分離需要技術。撣邦老銀廠的銀礦到清朝已有好幾家規模宏大的開採者，一七六四（清高宗乾隆十一）年，雲南石屏州人吳尚賢，在緬北開設茂隆銀礦廠，擁有員工數十萬人，員工中只有少部分是定居在緬甸的華人，其餘的都是來自雲南各地的打工族，這些民工約在中秋節後雨季結束來緬工作，農曆春節時返回老家。這個銀廠的組織與管理很特殊，採用中國傳統幫會的形式，廠內員工一律平等，彼此皆以兄弟相稱呼，大爺主廠務，二爺統眾，三爺出兵（工）；若以現在的公司組織對照，大爺就是董事長，主持全部廠務，二爺相當於總經理，管理人事及內部業務，三爺相當於副總經理，負責率領並監督工人在礦廠工作。除茂隆廠外，還有華僑開設的多家規模較小的礦廠。當時採礦科技尚不發達，全靠人力，用的是中國傳統的採礦經驗。但因銀子產量多，增進了緬甸國家財富的產業，也證明了華人對緬甸人民福祉之功勞。老銀廠至清末民初還是頂盛，有一個名叫梁金山的雲南保山人，雖是文盲來老銀廠打工，因機伶學會了英語，做事勤奮得管理廠務的英國人提拔做了總工頭，發了財，富甲一方，中日戰爭前回家鄉獨資在怒江上修了惠通橋，使滇緬公路暢通，成立了金雞運輸公司，擁有數百輛卡車，自滇緬公路運送槍砲彈藥物資支援抗戰。老銀廠因戰亂、銀礦枯竭等因素，現已蕭條。

英國殖民緬甸後，先將緬甸劃歸印度，所有工商業，不問大小，幾乎全部操在英國人和印度人、巴基斯坦人的手中，其中重要的企業如石油、礦產（主要是銀、錫）、木材都由英商獨占。次要的產業則由印度與巴基斯坦人壟斷。粵、閩華人為了生存只好以米業、營造、土產、典當、釀酒、餐飲業方面找出路。好在英治時代，社會治安良好，也有充分的自由，自由競爭，事業的成敗，完全要靠經營者自己的才能和努力。

一九四八（民國三十七）年緬甸獨立後，約有十餘年的黃金時期，粵、閩華人在稻米、木材、礦業、工業、餐飲、土產等的表現頗佳。上緬甸的雲南人在茶葉、土產的經營，玉礦、寶石的開採與加工，銷售也有好成績。

三、**稻穀碾米業**：緬甸是世界上有代表性的農業國家，曾被譽為「世界米倉」，二十世紀中期與泰國、越南同是世界三大米倉，年產大米總量五百一十五萬噸，出口二百一十萬噸，二戰後全緬有碾米廠一千二百多家，百分之九十由華人經營，華商以現金向農民直接收購稻穀，以自設之碾米廠碾成白米，直接裝船出口，華商信用良好，深獲緬甸農民賞識。緬甸全國農地八百一十萬公傾，稻穀只一年一熟，以傳統方式耕種，已吃不完，如以農機耕作、改良農藥、肥料、改善灌溉水源，一年可變二熟，甚至三熟，其產量將增加數倍。稻米是全球國家主要糧食，根據聯合國糧農組織二〇二〇（民國一〇九）年報告：全球的大米出口量前五名是印度、越南、泰國、巴基斯坦、美國，緬甸早已被除名。現今緬甸大米產量僅能維持人民自食，已無剩餘出口。

四、木材加工出口：緬甸原始森林很多，分布在緬北撣邦、克欽邦、緬南德林達依地區，種類繁多，但以柚木為主，原是柚木的故鄉，其產量、品質都曾是東南亞之冠。在英國殖民時期，上品均掌握在英商之手，次品由印度商人經營，華人只占第三位，二戰前華僑木板廠有八十五家，戰後增至百多家，但經營銷售都是印度人強。緬甸獨立後，實行木材國有政策，首先英商所有木業公司收歸國營，成立國營木材局直接營銷，但華商投資很多，一九六二（民國五十二）年二月，軍政府沒收了所有木廠，遣散了木廠內的華人，一夕之間事業頓成泡影。

五、石化礦產業：自十三世紀，由陸路到緬甸的華人，已發現緬甸產石油，就到產地仁安羌當礦工，以土法開採石油。十九至二十世紀初，所產石油居全國出口總值的第二位，英治時代由英國掌控的緬甸石油公司煉製分餾成汽油、煤油、柴油、重油、機油、瀝青等。重油再分餾出石蠟、製成各色高品質蠟燭，銷售全國，甚至外銷。印度、大英國協是石蠟的大買主。緬甸人到佛寺拜佛以點蠟燭，供鮮花、水果為主，燃香的不多。在那個電燈還不普及的時代，點蠟燭照明是比用其他易燃物好太多。

在緬甸石油盛產的年代，華人幾乎壟斷了石油產品代理商的職務，因華商信用好、勤儉、以現金交易，乾淨俐落。緬甸獨立後，實行國有化政策，政府以六千二百五十萬盾，收購了英國在緬甸石油公司股權的一半，華人代理商只好離開。一九六二（民國五十二）年三月，軍政府沒收石油公司全部財產歸國家經營。然而，緬甸的石油產量到第二次世界大戰後，不知是礦源枯竭還是經營不善，現在是石化產品進口國家。

緬甸的礦產非常多，除上述的金、玉、銀、石油外，鎢、錫、鉛、銅、鋅、銻、鎳、錳、鐵、煤等蘊藏量不少。華人對開採礦業曉有興趣，但政變後，完全改觀。二十世紀在伊落瓦底江中游的兩岸幾個省發現了大量的樹化玉，顏色多，硬度高，種類特多，大小都有，大的直徑幾公尺，重量超過百公噸，小的直徑只有數公分。因數量太多，可以說遍地都有，觀光客可以隨便撿拾帶走，海關不攔阻，也不必繳稅，筆者就撿來了數種，最大的一塊將近一噸。靠近緬甸邊境的雲南瑞麗鎮，是緬甸樹化玉集中展售的地方，價格公道，樣品繁多。此地也是玉石原石，或加工成品大量銷售處，其他如蜜那、琥珀、紅藍寶石等，應有盡有，任君選購。

六、紡織業：緬甸不是產棉花的國家，但民族手工織布業，歷史悠久，紗籠（Sarong，褲子）是國服，無論男女老幼一律穿紗籠，各色各樣紗籠齊全，各少數民族服色鮮豔，均是婦女親自編織，已蔚成民族特色。但機器織布紡織業起步較晚，英治時代以從西方工業國進口洋布為多，緬甸獨立後，實施扶植紡織業政策，於是，紡織工業迅速發展。但紡織需要機器，華商資金充裕，有能力向國外購買機器，所以，紡織機半數以上是華商的，製衣廠也多由華商設立。一九六二（民國五十一）年尼溫發動政變後，全部沒收，華商辛苦創辦只十餘年的紡織工業，所有投資付諸東流，真是痛心疾首。

七、餐飲業：餐飲業菜餚極為重要，粵菜是中國名菜之一，緬甸全國各地大小酒樓餐館極多，生意興隆，華人是一個對吃有品味的民族，不管婚喪喜慶，找個理由就大吃大喝一頓。與酒樓餐館關係密切是茶室，廣東人經營餐廳，福州人開茶室，可以互補。外國人也愛吃中國菜，逢年過節或緬甸政府招待國賓，粵菜酒樓就一位難求。緬甸獨立後，餐飲業並未收為國營，酒樓茶室門庭若市，座無虛席，真是一枝獨秀。緬甸政變後，因百業蕭條，沉寂了一段時間，後來政策鬆綁，餐飲業又逐漸復甦，現在雖已無政變前景況，但仍是多數華人賴以謀生的行業。

八、餉碼（Farm System）業：餉碼業在中國是一種古老的行業，緬甸的餉碼業範圍廣泛，包括典當、租賃、賭、酒、煙銷售、牛、羊、豬屠宰等等。緬甸政府規定每年的四至六月為喊碼（公開招標或下碼）時期。凡有意角逐者從四面八方湧到，有華人、印度人、緬人、巴基斯坦人，於登記繳費後，有場內公開競爭，當場看鹿死誰手。有場外和碼者，需交和碼費，和碼會合縱連橫，看地位、膽識、而訂和碼價，華商一般將和碼費捐給華校作教育經費。

緬甸政府對餉碼業的規定，在英治時代按種類年限不同，有一至三年的經營權，在經營期中，有法律保障，如受侵害，業者有權將之逮捕送警察局法辦，線民亦可告密，請求逮捕送辦，業者需酌情給線民獎金。緬甸獨立後實行社會主義，一九五六年將大部分餉碼業收歸國營，最先收的是當舖，次收的是酒類，最後收的是牛羊豬的屠宰業，但不是很徹底，在各少數民族地區，因有獨立軍，政府執行困難，等於有名無實。尤其是賭業，緬北撣邦賭業盛行，愛賭是人的天性，禁制不易。再因撣邦治安不佳，叛軍、土匪猖獗，交通不暢，豪賭風盛，即使政變後鎖國的年代，也無法禁絕。

一九六二（民國五十一）年軍人政變後，在財產國有化的政令下，沒收了所有企業，大鈔作廢，華人掃地出門，幾十萬華人離開家園，奔向海外。走不了留下來的，新僑民雲南人有家歸不得，粵閩籍的老僑民早已無家可歸，緬化是唯一的選擇。華人猶如打不死的蟑螂，雖受影響，再經一甲子，華人在各行各業中又闖出了一片天。

第四節　緬甸華僑對國家的貢獻

國父孫中山讚譽「華僑為革命之母」，絕非溢美之詞，而是有歷史根據的。當國父倡導革命，在海外奔走時，各地華僑均熱烈響應，出錢出力，甚至犧牲生命。黃花崗七十二烈士有二十八位是華僑青年。茲將緬甸華僑的愛國事蹟簡述如後：

一、響應國父孫中山革命創建中華民國

一八九四（清光緒二十）年十一月二十四日，孫中山先生在檀香山成立「興中會」推展革命大業。一八九九（清光緒二十五）年七月二十日，保皇派康有為在加拿大維多利亞市成立「保救大清皇帝會（Chinese Empire Reform Association）譯為中華帝國改良協會，又名「中國維新會」，後改「帝國憲政會」鼓吹君主立憲。一九〇五（清光緒三十一）年八月二十日，孫中山在日本東京結合興華會、光復會、興中會等革命團體成立「中國同盟會」，提出「驅逐韃虜、恢復中華、創立民國、平均地權」的政治綱領，十六字內涵民族、民權、民生，即孫中山的「三民主義」。同盟會成立後幾乎集全中國留日菁英，聲勢壯大，引起保皇派的極端不快，康有為密謀刺殺孫中山，清廷更急於緝捕孫中山。革命黨與保皇黨為壯大勢力極力向海外發展，東南亞是

華人最多的地區。革命人士湘籍秦力山曾留學日本，於一九〇一（清光緒二十七）年再流亡日本，在日本創辦《國民報》，是留日學界第一份宣傳革命的報紙。一九〇二（清光緒二十八）年，與章太炎等在上海創辦《大陸月刊》，竭力駁斥康梁保皇言論。一九〇四（清光緒三十）年，康梁往印度活動，返國途中經緬甸仰光，遊說緬甸僑領莊銀安請其出任保皇會會長，此年適有秦力山、唐才常，因策動漢口舉義失敗，潛逃香港再轉新加坡宣傳革命。於一九〇五（清光緒三十一）五月五日抵達仰光，得僑領李竹癡、陳甘敏介紹，認識莊銀安，兩人愛國心切，一見如故。秦力駁康梁保皇派只是宮廷變法，純係騙局，根本不可能，莊聽後始大徹大悟，立即宣布脫離保皇黨加入革命黨，與保皇黨斷絕關係，緬甸保皇會遂宣告解體。秦力山居仰光期間，撰「敬告緬甸之同胞」文，宣傳反清革命，並參與改革仰光中華義學，親撰「說革命」二十四章，刊於「仰光新報」，奠下緬甸僑胞支持孫中山革命建國的理論基礎。一九〇六（清光緒三十二）年春末夏初，秦力山抵緬北臘戍宣傳革命，後經緬甸華僑領袖徐贊周介紹轉往雲南迤西干崖土司地開辦學堂，教育少數民族子弟，向土司宣傳革命理念，介紹土司刀安仁、騰衝張文光、劉輔國等加入同盟會，為雲南的革命大業創下契機，一九〇六（清光緒三十二）年十一月十一日，秦力山不幸染瘴毒逝於干崖，享年二十九歲，使革命大業損失一位幹才。

一九〇七（清光緒三十三）年有雲南同盟會會員楊秋帆，因遭清廷通緝，逃亡緬甸至仰光，雲南督撫函英國駐緬甸總督緝拿，幸得緬甸華僑張石水與僑領徐贊周營救脫險轉往日本。一九〇八（清光緒三十四）年四月二十九日，中國同盟會在雲南與越南邊境河口發動起義失敗，領導人黃子和、杜韓甫逃亡緬甸至仰光，與楊振鴻、胡漢民、居正、僑領徐贊周等成立同盟會仰光支部（總部在新加坡），並創辦「光華日報」宣傳革命，此乃同盟會向緬甸僑胞宣傳革命的第一張報紙，僑胞爭相訂閱，深受僑胞的歡迎和支持。新參加同盟會的緬甸華僑青年，以滇籍騰衝人張成清表現最積極，除擔任撰稿，還親赴緬甸各地僑社進行革命宣傳，一九〇八（清光緒三十四）年，張成清在緬甸中部大城曼德勒與一批雲南青年組成「雲南死絕會」，宣言雲南應當與北京清王朝斷絕關係，並且揚言要協助安南、緬甸、印度的革命志士，反抗帝國主義的侵略和統治，有一次集會到會者約萬人。這種行動引起統治緬甸的英國殖民當局的強烈反應，以叛亂罪逮捕張成清殺害，死時年僅三十歲。次年，同盟會領導成員黃興、呂志伊親來仰光和曼德勒找尋張成清遺體葬處，但終未尋獲，後來有章太炎寫了「張成清傳」，紀其革命事蹟。

一九〇九（清宣統元）年三月，王群攜同盟會本部委任書抵仰光，商組緬甸同盟會分會，僑領徐贊周、莊銀安、陳仲赫、陳鍾靈相繼加入，並為發啟人，只有短時間就有會員三十七人，遂在仰光白塔公園舉行成立大會，會址暫設「益商學校」，選出莊銀安為會長、盧喜福為副會長、陳裁春為財政、沈繼昌為會計、林鐵漢為書記、徐贊周等三十三人為評議員。十月孫中山派吳應培等來仰光募款並加強鼓吹革命，此前同盟會會員已發展到四百多人，很快增至八百多人，十二月會員自動捐款緬幣二千八百盾，爾後有陶成章、胡漢民等先後到仰光籌款，會員均踴躍捐獻。且同盟會組織已發展至全緬各地，並創刊覺民書報社、振漢書報社、緬甸公報、覺民日報等在全緬各地宣傳革命思想。一九一一（清宣統三）年三月二十九日，辛亥廣州之役，造成八十餘位革命志士犧牲（史稱黃花崗七十二烈士），緬甸華僑青年李雁南為其中之一。

一九一一（清宣統三）年，陽曆十月十日（陰曆八月十九日），武昌起義成功，十月二十七日（陰曆九月六日），同盟會會員張文光、刀安仁、劉輔國在雲南騰衝起義成功，起義是孫中山先生領導，同盟會緬甸仰光總機關直接指揮。十月三十日（陰曆九月九日），蔡鍔、唐繼堯、李根源等在昆明發動重九起義成功，雲南宣布脫離清王朝獨立，接著四川、貴州等十七省響應，佳音傳至仰光，緬甸同盟會全體同志，舉行大會，決議公開組織「籌餉局」，選舉徐贊周（閩籍）、何蔭三（粵籍）兩位為局長，選舉陳朝初、陳植汗、陳守金、陳德源四人為財政，即日起展開募款，進行極為順利。十一月十三日同盟會發表告緬甸僑胞書，僑胞捐款更為踴躍，只數日就籌得愛國捐緬幣三十餘萬盾，十二月八日緬甸同盟會將愛國捐折成中國銀兩七千九百兩，滙交上海都督陳其美先生收。

十二月二十五日孫中山先生返國抵滬，十二月二十一日，各省代表在南京舉行中國有史以來，第一次國家元首選舉，孫中山被選為臨時大總統，議定一九一二（民國元年）年一月一日（陰曆十一月十三日）宣誓就職，發表「就職宣言」，公告一月一日為中華民國元旦，於是亞洲第一個民主共和國中華民國正式誕生。緬甸同盟會聯合各華僑商務團體，在仰光舉行慶祝大會，全緬各地僑胞此日也熱烈慶祝，可謂盛況空前。

二、支援蔣中正領導北伐統一中國

中華民國誕生後，國運多舛，先有北洋軍閥首領袁世凱，藉南北議合統一國家之名，騙取了中華民國臨時大總統職位，實包藏禍心，妄想稱帝，消滅中華民國，決定將民國五年改為「洪憲元年」。孫中山只好領導革命黨發動二次革命，討伐袁逆，然因武力懸殊以失敗告終。一九一五（民國四）年十二月二十五日，幸得唐繼堯、蔡鍔、李烈鈞三傑發動雲南護國起義，氣死了袁世凱，保住了國脈。然而，袁死後，又出現張勛復辟，軍閥割據，連年兵災戰禍，國無寧日，民不聊生。孫中山意識到必須培植革命武力，以戰止戰，遂於一九二四（民國十三）年在廣東創立「黃埔陸軍軍官學校」，培訓國民革命軍。一九二五（民國十四）年孫中山在北京逝世，一九二六（民國十五）年七月九日，由黃埔軍校校長蔣中正繼承孫中山遺志，任國民革命軍總司令，率軍校師生在廣東誓師北伐，揭開統一中國序幕。

初期，北伐軍進展順利，可謂勢如破竹，一九二八（民國十七）年五月，進軍至山東濟南，日本軍閥眼見北伐即將成功，中國統一在望，五月三日為阻止北伐軍通過濟南城，製造了中國賀耀祖軍與日本駐軍的衝突，日軍蠻橫，殘殺南京國民政府談判代表，並砲擊濟南城，造成民眾死傷，這次糾紛稱為「五三慘案」亦稱「濟南事件」。消息傳到緬甸，僑胞義憤填膺，立即成立「抗日救國團」，展開籌募抗日救國捐，未及一月即募得緬幣三十二萬餘盾，匯回中國，此乃緬甸華僑再次為中國的統一大業，支援政府抗日的愛國行動。

日本帝國主義的大陸政策，要征服世界必須先征服中國，濟南事件只是武力侵略中國的開始。一九三一（民國二十）年七月，日本軍閥又在東北製造「萬寶山事件」，更藉此事件煽動其殖民地朝鮮人排華。當這些消息傳到緬甸，引起華僑公憤，緬甸各界立刻召開反日大會，會中一致決議，對日經濟絕交；一不搭日輪、二不買日貨、三不與日商交易。緬屬各地僑胞均同聲響應，充分顯示了中國人的志節。日本對海外僑胞的抵制毫不在意，不旋踵又在東北製造「九一八事件」，緬甸僑胞得悉，更是憤慨，隨即組織「緬甸華僑反日救國總會」，雖值世界經濟不景氣，還是發動募捐，籌得愛國捐緬幣二十餘萬盾。隨後有緬華青年自動組織「青年救國義勇軍」三隊，分別來自仰光、勃生、渺洺三個緬南的城市。三隊共一百六十餘人，於一九三二（民國二十一）年四月搭郵輪抵達中國首都南京，但是，這批義勇軍被政府告知，東北已經淪入日寇之手，政府要忍辱負重，不即行軍事抵抗。國民政府為嘉勉義勇軍，每位頒發獎狀一張，囑其返回緬甸，五月九日、五月十九日分兩批搭郵輪返緬，這次緬華青年的愛國行動，曾刊於報端，足見緬華青年愛國絕不後人。此時雖東北淪陷後，因張學良的易幟，中華民國的統一基本實現。

三、傾力支持抗日戰爭贏得最後勝利

一九三七（民國二十六）年七月七日，日本軍閥在盧溝橋啟釁，中國政府知道和平已經絕望，犧牲已到最後關頭，為了國家民族的存亡，決定抗戰到底。緬甸華僑聞訊，發起組織「緬甸華僑救災總會」，於八月五日正式成立，隨即發動募捐，僑胞踴躍捐獻，尤其在上海「八一三」之戰後，緬甸僑胞為支應政府長期抗戰之需，由救災總會組成常期月捐推行小組，規劃徵收月捐辦法，分別向各公司商店職工、華僑學校職員、社團工作人員，按月徵收月薪百分之十，同時在各社團或宗親會辦公室設立救國儲金箱，任人自動捐獻存儲。各行各業都組成振災委員會，徵收物資、藥品，還組特別捐委員會，利用紀念日集會時，擴大推展募捐運動。並分頭勸導僑胞，節約婚喪喜慶費用，捐作救國賑災之用。也經常舉辦義賣、公演、書畫展覽等活動，籌措善款，充作抗日救國之用。緬甸華僑救災總會分為八個支會，一百九十四個分會，分布在全緬各大小城鎮，所有捐款由總會統收統匯。總會設常務理事七人，兩人為正副會長，另五人由華商商會、興商總會、福建同鄉會、廣東同鄉會、雲南同鄉會各推舉一人。自一九三八年八月五日至一九四二年三月八日，日軍攻占緬甸首都仰光止，捐款共計緬幣三百八十九萬九千七百二十八盾十三安，統由救災總會匯往戰時陪都重慶，國民政府財政部收訖。另有緬甸華僑婦女救災會募得緬幣二萬七千餘盾，舊衣服八十大袋計一萬一千三百多件，交由海利輪船運送回祖國救濟災民。

除捐款捐物外，一九三七（民國二十六）年八月，緬甸華僑技工青年一百五十八人，以土木技工為骨幹，經短期語言訓練後，由粵籍黃富求為隊長，搭輪船回國，參加抗戰行列，被分發在陸軍特種工兵團服務。同年十月二日成立「緬甸華僑抵制日貨總會」，在全緬各地設立分會。九月二十五日在仰光成立「緬甸華僑紅十字會」，當日即募得醫藥品八十大箱，衣服四百八十大袋，運送回國。後續又募得藥品二百五十箱，衣服三百七十二大袋。還招得具醫技專長青年三十九人，組成「緬甸華僑救護隊」，捐得「緬甸華僑號」救護車一輛，經半年語言與戰地政務訓練後，搭輪船返中國為傷患官兵服務。一九三九（民國二十八）年五月初，再成立「緬甸華僑精神總動員委員會」，經常舉辦集會以振奮僑心。特請中國航空協會仰光支會，將捐款緬幣四萬九千一百九十一盾，於當年雙十國慶日，作為該會發動全緬僑校獻機為蔣中正委員長祝壽，飛機命名為「緬甸學生號」。

緬甸華僑梁金山獨資捐建雲南滇西跨怒江鐵橋，取名「惠通橋」使有抗戰生命線之稱的「滇緬公路」，運送物資自緬甸撣邦臘戌進入中國，直達大後方昆明。又獨設「金雞汽車公司」，擁有大小卡車數百輛，在滇緬公路上搶運抗戰必須物資，出錢出力為國效忠，功在抗戰，是為社會謀福利的僑界翹楚。

梁金山原籍雲南保山城北金雞村人，該村之有名乃因「三國志」所載，蜀漢建興年間丞相諸葛亮親帥大軍，南征七擒蠻將孟獲，由此地渡瀘水，深入不毛（即八莫，雲南人稱新街）使孟獲心服永不反蜀漢，奠定西南邊陲治安。因之保山一帶有關諸葛丞相的古蹟甚多，且成為自漢以還的邊關要鎮。自古保山縣因位在怒江東岸，土地肥沃，水源充沛，氣候溫濕，農業非常發達，以城郊的八個鄉鎮為最，民國年間保山縣一縣的田賦占雲南全省一百一十九縣的百分之十三。今日雲南著名小粒咖啡豆即產於此。

梁金山幼時家貧，十幾歲隻身赴緬甸謀生，在撣邦老銀廠賣苦力，因是文盲只能在最基層工作。老銀廠是英國人經營，他努力學習英語，經過數十年的艱苦奮鬥，成為老銀廠的總工頭，銀廠有近萬華工，因梁金山行事公正，體恤華工，深受擁戴，極得英國老闆的信任，此後「日進斗金」，信譽卓著。他發跡後回饋家鄉，聘請英國工程師，自緬甸購入造橋材料，建了惠通鐵索吊橋，橋長約百公尺，寬約四公尺，可以通汽車。後又設立金雞汽車公司在滇緬公路上運送抗戰軍需物資。

梁金山因對抗戰有功，曾被推舉為緬甸華僑代表之一，出席國民政府在首都南京舉行的中國國民黨第四次全國代表大會，在武昌舉行的國民黨臨時全國代表大會，因不識字，請人代簽名傳為佳話。他的功勞還有團結緬甸華僑、爭取僑資、推展僑教、發展交通、蒐集日寇情報、強運外援物資等，所以國民政府許多會議，都邀請他出席。他待人接物誠懇謙虛，但具純樸農民作風，篤信觀音菩薩，時刻將「觀音老母」掛在口頭。

有關梁金山一生傳奇的故事很多，他於花甲之年後，回故鄉養老，行善好施，惜一九四九（民國三十八）年底雲南省省主席盧漢變節投共，保山地區土共猖獗，土匪作亂，他被搶劫，幾乎傾家蕩產。中國淪共後又被列入華僑資本家的黑名單，遭到清算鬥爭，家中四周被挖翻了一層，連廚房、廁所的地磚都被挖開，搜查有無埋藏金銀財寶，他在經歷了許多折磨，最後被逼而死，還不到古稀之年。

一九四一（民國三十）年十二月八日，日本海空軍偷襲美國遠東基地珍珠港，引發太平洋戰爭，美國向日本宣戰，第二次世界大戰全面燃起，日軍大舉南侵，一九四二（民國三十一）年初，日軍攻入緬甸後，緬甸英軍以「棄緬保印」錯誤戰略，節節敗退。之前，在美國主導下美英中蘇等二十六國組成同盟國以對抗德義日軸心國，蔣中正任中國戰區聯軍統帥，應美英之請，派遣遠征軍十二萬入緬作戰。三月一日，蔣委員長親臨緬甸撣邦臘戌視察，特召見緬甸救災總會正副會長李文珍與吳文舉等十餘人，除嘉勉緬甸僑胞對中國抗戰的貢獻，並指示將救災總會餘款撥充緬甸僑胞因戰禍疏散總會經費。

註：日軍於一九四二（民國三十一）年一月中旬由泰國分南北兩路侵入緬甸，南路於一月三十一日陷緬南大城毛淡棉，三月八日陷首都仰光，北路於四月二十九日陷緬東大城臘戌，兩路匯合於五月一日陷緬甸中部古都曼德勒，五月八日陷緬北密支那。並入侵雲南滇西隴陵、騰衝。日寇僅三個多月就占領全緬甸，僑胞大批逃難入滇，未及逃離者只好在日本侵略軍統治下，忍辱偷生，所有愛國團體解散，緬甸僑胞支援抗戰義舉宣告停止。中國遠征軍於一九四二（民國三十）年一月入緬，即與強敵纏鬥，初期雖克敵制勝，然因英軍「棄緬保印」戰略錯誤，致使中國遠征軍苦戰四十二天，傷亡逾萬，只好部分撤回中國，抵抗自緬入侵滇西的日寇，另一部分穿越緬北野人山死傷數萬，轉進印度整訓，直到一九四三（民國三十二）年十月二十四日，中國駐印軍由印度雷多開始向緬北反攻。一九四五（民國三十四）年一月二十日，遠征軍收復滇西淪陷的全部國土，將日寇澈底趕出國門。三月八日駐印軍新三十八師攻克緬北臘戌，二十日英軍攻克曼德勒，四月二十八日日寇撤出仰光，向緬南敗退，五月三日英軍進入仰光。四月三十日中國駐印軍第五十師與英軍第三十師在緬北皎脈會師，駐印軍勝利完成在緬甸的作戰任務，準備凱旋回國。中國遠征軍在緬甸戰役中傷亡十餘萬，戰後建烈士紀念碑十一處，一九五九（民國四十八）年所有紀念碑被緬政府剷除。

四、滇籍緬甸僑胞對家鄉的貢獻

雲南地處中國西南邊陲，位居雲貴高原，是亞洲的心臟，然因全境百分之九十五為山地，交通極為不便，因教育不普及，人才缺乏，文盲特多，全省有二十六個少數民族，二十世紀前期仍過著刀耕火種的生活。民國建立後，雲南在唐繼堯、龍雲統治下約三十年，處於半獨立狀態，經濟落後，主政者為了維持軍備，鼓勵人民廣種鴉片，提高經濟效益，實則毒品泛濫，人民受害。

另則自元朝在雲南設立土官（土司），用「以夷制夷」管理地方，集行政、司法、軍政於一身，人民賴以維生的土地被地主壟斷，人民溫飽不易。迄二十世紀雲南仍是最貧窮，需中央補貼的省分。一九四九（民國三十八）年中共建政後，初期政治運動頻繁，直到一九七六（民國六十五）年文化大革命結束，一九七九（民國六十八）年實行改革開放政策，先以沿海大城市為試點，有了成功的經驗，進入新世紀中央決定實施「西部大開發戰略」，以十大重點為目標：一、改善交通。二、充足電源。三、振興工、農業。四、發展觀光。五、整頓市容。六、發展教育。七、提倡環保。八、活絡經濟。九、整理文化遺產。十、訂招商引資優惠辦法三十項。自一九九九（民國八十八）年開始辦理首屆「世界雲南同鄉聯誼大會」，爾後每兩年在不同地級城市輪流辦理，藉機凝聚同鄉力量，招商引資。提出「愛我故鄉、開發雲南、振興中華、攜手邁向新世紀」的遠大目標。

緬甸雲南鄉親，響應非常熱烈，有返鄉修路、建工廠、種果樹、辦教育、設立獎助學金、投資珠寶玉石加工買賣等。雖然雲南鄉親在海外大企業家不多，但都盡力，對故鄉的進步與繁榮做出了貢獻。進入新世紀，緬甸軍政府政策鬆綁，華文教育有了發展契機，上緬甸是雲南籍僑民最多的地方，他們堅持著雲南先民刻苦耐勞、節檢勇毅的精神，在經營土產、木材、玉石、寶石、琥珀、樹化玉等方面有了成績，先後在仰光、密支那、曼德勒捐資改建了雲南會館，設立了敬老、撫幼基金。尤其大力投資華文教育事業，廣建華文學校，培植華裔後進，鼓勵有志升學青年出國深造，而今，已有很多的滇籍緬華青年在世界上許多國家事業有成。更因中國國力崛起，大西進政策的成功，雲南因天然資源豐富，有動植物王國之稱譽，更有多種天然資源列中國第一，尤其地理位置在雲貴高原，省府昆明是亞洲的心臟，進入南亞的橋頭堡。緬甸雲南籍僑胞無論在經濟、文化教育方面都有槓桿的作用。

跨入千禧年後雲南僑民最多的緬甸與泰國，雲南鄉親大力發展提升教育品質，在緬北、泰北各地區的多所華文學校，提供獎助學金，讓鄉親子女接受中華文化，選送優秀青年回中國、臺灣各大學院校深造，學習專業技能，也赴歐美國家留學。緬、泰兩國的雲南同鄉會主導在緬甸仰光、曼德勒、密支那、泰國之曼谷、泰北清萊、清邁改建了外觀宏偉、設備新穎、多功能的雲南會館。尤其雲南省主管僑務的單位，對緬、泰鄉親的聯繫與服務及熱忱、親切，對教育的著力也多。臺灣各縣市的雲南同鄉會因主事者大部份是早年赴臺升學的僑生，緬、泰地區是其第二故鄉，占有熟悉此兩國僑情之優勢，近年為聯誼服務鄉親先後成立了各地區，華文母校校友會，結合同鄉會，經常辦各類活動藉以聯誼力量整合，與官方的僑務委員會、教育部，勞動部、移民署等，民間的僑聯總會、僑協總會、中華救助總會、及各社團、宗教團體都互動良好，對緬泰鄉親子女赴臺升學、定居、旅遊盡力協助、發揮著極重要功能。

中國遠征軍援緬陣亡將士紀念碑手描圖。

資訊站

全緬原有紀念碑十餘座。一九五九年被緬政府鏟平，現已不存。

因中國十萬遠征軍於第二次世界大戰時赴緬甸抗日，犧牲五萬多人，抗戰勝利在全緬各地建有紀念塔十餘座，一九五九年（民國四十八年）因緬甸媚共，將所有紀念塔搗毀，緬北密支那是中日重要決戰地，筆者在此書中有專文報導。密支那建有紀念塔三座，此圖為遠征軍第十四師陣亡將士紀念塔，筆者生長於密支那市，讀小學時常去祭祀，留下深刻印象，六〇年代筆者在仰光讀中學，手繪此圖作壁報並為紀念。2023年清明節由華人捐資重建「中國遠征軍紀念碑」豎立在密支那北郊六英里的華僑墓園，彌補了1959年被毀三座紀念碑的遺憾。

第五章　緬甸華文教育滄桑史

第一節　萌芽時期的華文教育（清朝末年至民國初年）

華人足跡遍天下，海水到的地方，便有中華民族；同時有中華民族的地方，也就相伴著帶來了或多或少的中華文化，華人多處，中華文化的氣息濃，少處，便淡些，這是自然的現象。因之，前往世界各地的華人，都知道不但自己是華人，必須使自己的子女也是華人，不致變成「番仔」，替外國人添丁。為防弊端，最好最有效的方法就是接受中國的文化教育。華人初期是將子女送回家鄉讀書，由祖父母管教，但受到種種因素所限，實非上策，遂決定在海外華人鄉親聚居的地方創辦私塾，發展華文教育，使自己的子女，讀華文書，所以，只要有幾家華人，便會有一間規模或大或小的華文私塾設立。這並非中國政府之力，純粹係華人自力自動創辦的，緬甸與東南亞國家的私塾是同樣的。報紙乃傳播訊息，表達輿情的媒介，更可溝通民意，增進知識，在海外的華人莫不注意及此，故華人多的國家或地區，也必有華文報紙發行，報紙與華校教育配合發展，相輔相成，在海外發揚中華文化，便相得益彰。

緬甸的華文教育相較於東南亞的泰國、馬來西亞、新加坡、印尼幾乎晚了一世紀，就筆者的研究，原因是上緬甸的華人以雲南人為主，雲南人來來去去，長時期以來帶家眷定居緬甸的不多，少數家庭有學齡兒童的都送回家鄉受教育。撣邦果敢特區的漢人是設立私塾最早的，約在清朝康熙年間。其他地區如曼德勒、臘戌、密支那，直到清朝末年，才在雲南會館設立私塾，教三字經、百家姓、千字文等啟蒙教材，講的都是雲南方言，老師來自家鄉，當孩子長到十來歲就送回家鄉升學。密支那育成學校是一九二七（民國十六）年，由騰越（騰衝前稱）私塾改名而來。

緬甸南部的粵閩華人於清朝初年開闢仰光（原名大光Dagon），一七五五（清乾隆二十）年，第四貢榜王朝開國君主雍笈牙出兵勃固和西里安，占領大光後，將之改名仰光（Yangoon），約於咸豐年間設「伍氏家塾」，讀中國傳統私塾教材。一八八五（清光緒十一）年，英滅緬甸王朝，加速推廣西化教育改變緬甸社會，到一八九一（清光緒十七）年英國殖民政府承認的西方教會學校計有四千三百二十四所，另有八百九十所一般緬甸學校，但還沒有一所華文學校。

清朝末年朝政腐敗，西方列強加速蠶食中國，孫中山先生領導的革命救國風起雲湧，在仰光的華人，因受潮流的激勵，應時代的需求，遂於一九〇〇（清光緒二十六）年，創辦了「中華義學」，象徵華文教育的新紀元。接著華僑益商學校成立，一九〇八（清光緒三十四）年孫中山在泰國成立同盟會總部，次年在仰光設立支部，會址就設在華僑益商學校內，以覺民書報社為革命活動宣傳機構，僑胞因受到革命思潮的鼓舞，同時看到全緬各地西方教會學校林立，無論校舍、教材、教師、管理都是一流的。此後，有能力的華商紛紛成立華文學校，支持孫中山領導的革命運動，一九一一（民國前一）年，廣州三二九之役，壯烈犧牲的七十二烈士之一的李雁南先生，即為緬甸僑生。然因緬甸華人人數相較東南亞其他國家少，經濟力強的華人也少，華文教育比東南亞各國的發展不但遲，數量少也不普及。不過緬甸華僑愛國心切，對祖國的支持與貢獻絕不後人。

第二節　成長時期的緬華教育

一九一二（民國元）年孫中山領導的革命成功，中華民國建立，華僑對時代的認識，為之一新，僑社風氣也因而轉變，華僑對子女教育也較前重視，國民政府亦感於緬甸僑胞對革命大業的支持與貢獻，對僑教事業多予輔導，一九一七（民國六）年，仰光成立了「緬甸華僑教育會」，在會長楊子貞先生領導下，以團隊力量推動華文教育。迄一九二一（民國十一）年，全緬華文學校已近五十所。仰光郊區九文臺的「華僑中學」，於一九二一（民國十）年十二月十五日開學，校地寬敞，校舍宏偉，純中國式的建築，設備齊全，教師多數聘自中國，學制小學七年，中學四年，不分初高中。直至第二次世界大戰，日軍入侵緬甸，華僑中學師生亦隨逃難僑胞，遷往雲南保山，繼續上課，至日本投降，戰爭結束，學校再遷回仰光，華僑中學開辦二十多年，為緬甸僑社作育許多人才。

因僑教人力物力有中華民國政府做後盾，華校如雨後春筍，發展迅速，英國殖民政府也不

緬甸獨立後位於仰光市唐人街的「中華民國小學」及「粵僑公立育德中學」。（黃通鎰／提供）

干涉，至一九四〇（民國二十九）年日軍侵入緬甸之前，全緬華校總數已達二百五十餘所。此時期的華校特色是，學校以小學為主，華校重心在仰光及緬南地區，均由粵、閩籍人士主導，廣東人辦的學校聘粵人為教師，以粵語教學，福建人辦的學校聘閩籍教師教學，講福建話，上緬甸雲南人辦的學校聘滇籍教師，講雲南方言，只有極少數華校講普通話（北京話），教材均用中國通用的為主。

這種現象不止是緬甸，東南亞各國，甚至較先進的日本、美國，也是如此，僑胞們辦學校是由私塾開始，目的是「保種」，防止子孫失去家鄉方言及傳統文化。後來發現許多西方教會學校，辦得有聲有色，可以培養各種人才，有些事業有成的家長，將子女送進教會學校，果然眼界大開，但也顯出崇洋心理，尤其信了西方宗教，與中國儒家思想忠孝為本，慎終追遠的傳統越走越遠，僑胞們遂決定集資創辦中國式的華文學校，加強以儒家思想為中心的民族精神教育，以防止子女西化、洋化。

第三節　二次世界大戰後的緬華教育

第二次大戰前緬甸的華文學校，省籍分明；廣東人辦粵語學校，福建人辦閩語學校，雲南人辦滇語學校，聘請自己省籍的教師教學，用的是方言，當一九四二（民國三十一）年日軍進侵緬甸時，很多粵、閩籍僑民逃難進入雲南、貴州或四川，發覺語言不通，生活極為不便，故戰爭結束，復員回緬甸，僑校次第復辦，乃決定聘請懂北京話（普通話）教師教學。另一原因是，一九四四年中國駐印遠征軍與美英盟軍反攻緬北，所到之處，節節勝利，每攻克一地，底定之後，便派一政工幹部，創辦一所「華夏學校」，讓在戰爭期間的失學僑童就讀，華夏學校教師多是知識青年，以普通話教學，如緬北的杰沙、密支那、八莫都有華夏學校，迄今尚在。繼後又在撣邦臘戌創辦中華學校，克欽邦勐拱設耀湘學校，八莫設華強學校，都由遠征軍優秀政工幹部主持，他們有能力，有熱情，教學認真，各校辦理成績斐然，深深影響全緬甸的華文學校。只幾年，緬甸華人語言逐漸統一，回到中國任何一省語言無隔閡之苦，僑民語言互通，也化解了許多誤會，增進了感情，促進了合作，對事業、婚姻都有好處，這是二戰後緬甸僑社、華校最大的進步。

戰爭結束，華僑復員第二故鄉緬甸，看到的是經三年戰禍洗禮滿目瘡痍的家園，百廢待舉；以克欽邦首府密支那為例，經一九四四（民國三十三）年五月至八月，盟軍主力中國駐印遠征軍與死守密支那的日軍八十三天的焦土巷戰，市區約十平方公里上的建築物，彈孔累累，無一完好，靠近伊洛瓦底江的基督教堂原是密支那的標的建築，戰後只剩下一堵布滿彈孔的牆壁。僑胞們除個人行業，由各人自謀重建外，而迫不及待的莫過於，要盡快恢復已停廢了四、五年之久的教育。全緬各地克難的華文學校開始重建，首都仰光熱心僑賢創辦了華僑公學，使失學僑童有了復學機會。不久又有華英學校、民眾學校、育新學校、華夏學校等相繼恢復開辦，到一九四五（民國三十四）年底，全緬華校復校者已有四十七所，學生復學者六千七百餘人。戰前頗具規模的華僑中學，於日軍敗退時夷為平地，教學設備盡燬，幸得中國國民黨海外部駐緬甸辦事處，贊助緬幣一萬盾作為復校經費，乃於一九四六（民國三十五）年十一月一日開始上課。仰光華僑女子中學，於進行復校時，正逢盟軍統帥，領導中國八年抗戰，贏得勝利的蔣中正委員長六秩華誕，緬華僑胞公議決定，為響應獻校祝壽，將華僑女中改名「中正中學」。由於復辦的華校很多，僑胞的經濟尚未完全復甦，辦學校面臨了經費困難、教師不足、教材缺乏的問題，雖經中華民國駐緬甸總領事尹祿光先生竭力協助，組織「緬甸教科書供應委員會」，翻印舊課本欲免費供應全緬華文學校，卻苦於紙張無來源，只得由各印刷廠設法翻印發售，以應急需，然因紙張昂貴，成本高，導致教科書書價提高，但總算有書可讀了。迄一九四九（民國三十八）年統計，全緬各地復辦與新創的華校已達二百五十餘所。

第四節　緬甸獨立後的華文教育

因第二次世界大戰中華民國戰勝日本對世界卓有貢獻，隨著日本無條件投降，中國已擠身為世界五強國之一，一九四六（民國三十五）年一月聯合國成立，中國任安全理事會常任理事國，有否決權，海外華文教育正逢發展的大好時機。緬甸的華教雖經歷戰爭的洗禮，戰後很快復甦，在質與量方面都有提升，正前景可期。然而非常不幸，自一九四七（民國三十六）年，國共內戰燃起，迨一九四九（民國三十八）年，情勢逆轉，中國淪共，十月一日中共在北京建政，國民政府播遷臺灣，甫獨立的緬甸緊跟著英國之後，於十一月七日宣布承認中共政權。同時中華民國駐緬甸大使涂允壇變節投共，大使館文武官員只有少數未變節，緬華社會受到的嚴重衝擊，可謂前所未有。隨之而來的，又是一小撮中國國民黨海外黨員，出而組織所謂「民革」，發表宣言，公開叛黨。時轉勢移，原先已滲透潛伏在僑社各角落的共特，此時便揭開面紗，暴露其真面目，公開活動，首受威脅的，便是僑校。共特利用僑胞意識形態淺薄，使盡各種威脅利誘手段，陰謀劫奪僑校，赤化僑胞子女。仰光頗有盛名的華僑中學甫復校三年，便首當其衝，被共特煽動大鬧學潮，結果遂由該校女教師李國華為首，結合親共分子劫持投共，李婦則自任校長，充當赤化僑校的馬前卒。

一九五〇年代是緬華社會赤焰最盛的時期，亦是共特與左傾親共分子最囂張的時刻，仰光地區心向中華民國的反共華僑，為維護忠貞僑校，與之展開猛烈鬥爭。因駐緬甸大使館已被赤化，共特有了靠山，有恃無恐，其手段之猖獗與狠毒，是千方百計，無孔不入，一旦到手，必舉行群眾大會，羅織貪汙、帳目不清等莫須有的罪名，要求清算校長，用中共出版課本，懸掛中共五星旗，或更改校名。一般華文學校或人民團體，要維護正義，已非對手。所以，緬甸華僑忠貞文教界人士，認為必須組織團體，團結一致以對抗。乃於一九五一（民國四十）年成立「緬甸華僑文化教育促進會」，簡稱緬華文教會，作為聯繫中心。仰光地區的教會華英學校、華僑中正中學、中華民國學校、民眾學校等，已先後落入赤色分子手中，但經忠貞董事和反共愛校師生，奮起鬥爭，經歷一番激烈的爭奪戰之後，終於收回控制權，將赤色分子的陰謀徹底粉碎，在校內重新懸起國父孫中山先生遺像，和青天白日滿地紅國旗。爾後，這些反共立場堅定的華文學校，校務蒸蒸日上，學生每學期增加，一九五四（民國四十三）年華僑中正中學增辦了高中，華英學校、民眾學校增辦了初中，因時勢所趨，激起了緬華僑社的反共情緒，更增實了華僑崇德中學的發展。但原來頗具規模的華僑中學已無法收回，成了赤共的大本營。

至於緬甸各地的華校，也都先後展開了激烈的鬥爭；如下緬甸的毛淡棉，原有「培植學校」，被共幫奪取，已無法收回，便由忠貞僑領出而發動創校，易名「培本學校」，專招收忠貞反共僑胞子女就讀。伊江三角洲的中華學校，赤色勢力已伸入該校企圖奪取，該校教師鄒濤先生堅持採用中華民國課本，懸掛中華民國國旗暨國父遺像，竟遭赤色分子毆打，激起當地僑胞公憤，遂起而合力另行創辦「華僑商業學校」，作為對抗以收容反共學生。其他尚有緬南勃生愛國中學、暨榜興華學校，緬中曼德勒光華中學等都是經激烈鬥爭後，另易名的學校。

但在爭奪學校的鬥爭中，有經過鬥爭，校名不改分裂成兩校，全緬有十餘校，如緬北克欽邦密支那的育成學校，在爭奪抗戰前的老校址，於協調會上，親共分子事先安排暴徒打傷了校長寸育錚及張興仁老師，分裂後育成小學遷往財神廟荒野地，堅決反共，育成中學占據了老校址，標榜中立，實則親共，兩校直到十餘年後，緬甸發生軍人政變，沒收了育成中學，育小倖存。緬南的土瓦中山中學，良黨的知本學校，於鬥爭破裂後，忠貞反共華僑雖另起爐灶，創辦新校，但堅持延用原校名不改，這種分裂後同校名的全緬十餘校，為意識形態堅持抗爭。又如緬北杰沙的華夏學校，原是中國駐印遠征軍孫立人將軍於反攻緬北時創辦的，中國淪共後不久，就被共幫劫持，一年後，原任校長李博華先生，是孫將軍部下優秀的政工幹部，聯絡當地忠貞僑胞，爭取收回，共幫懷恨在心，竟指使暴徒，殺害李校長伉儷，於行兇時，李夫人當場死亡，李校長受傷。在緬北的九谷，有一所九谷小學，當赤燄方熾，共特恃勢到處肆虐時，該校校長王植先生，毋視威脅，不顧危險，堅持拒絕採用共黨課本，而且每日清晨，率同全校師生，高唱中華民國國歌，升青天白日滿地紅國旗，校內則懸掛國父孫中山遺像與蔣中正總統肖像，竟被共特刺殺身亡，王校長為反共教育犧牲了寶貴的生命，也證實了共幫對付反共華僑手段之卑鄙與殘暴。

然而，因中共建政後的十年間，為清除國內的反共勢力，掀起一波接一波的政治運動，目的是利用暴力剷除反共勢力，與緬甸接壤的雲南幾乎天天有難民冒生命危險逃亡入緬，助長了反共的力量。而因意識形態分裂的緬華僑校或人民團體，雖壁壘分明，但已大勢底定，忠貞僑領對學校掌握得緊，共幫無隙可鑽，如撣邦（Shan State）的東枝中華中學、皎脈（Kyaukme）的緬北中學、當陽（Tangyan）的當華中學、緬中彬木那的建華學校、眉苗（Maymyo，今並烏倫 Pyin Oo Lwin）的華僑學校等，董事會中忠貞僑領多，雖有附共分子，當各地僑校紛紛發生爭奪學校時，仍保持中立。也有華校共幫絕不放過者，但勢力不如反共者大，雙方協議採取中立，這類華校教科書則採用南洋新加坡版。教師不限制，但不能在學校中宣揚共產主義。

一九六一（民國五十）年緬甸軍人發動政變前，緬甸華僑文化教育促進會，簡稱緬華文教會調查統計，將緬甸全國分七大區；仰光、緬中、緬西、緬東、緬南、緬北、三角洲，共有具規模的華文學校二百一十三所。其中持反共立場的一百零三所；含緬北四十五所、仰光二十七所，三角洲十所、緬中六所、緬南六所、緬西五所、緬東四所。標榜中立的四十二所；含緬西十四所、三角洲十三所、緬中十一所、緬南二所、緬北一所、仰光一所。親共的六十八所；含仰光二十三所、三角洲十三所、緬北九所、緬中八所、緬西八所、緬南四所、緬東三所。

根據調查數據，緬北地區，反共的占百分之八十一點八，最多。仰光地區的反共、親共差不多，只有一所中立。三角洲地區，反共、中立、親共的幾乎相等。由這項調查也顯示，可以窺見緬甸全國，反共勢力緬北最大，亦即親中華民國僑胞緬北最多，可能是緬北靠近雲南，滇籍新僑民最多。仰光地區雖有中共大使館，但親中華民國僑胞也不少，兩者旗鼓相當，鬥爭最激烈。而三角洲地區老華僑較多，意識形態不嚴重，僑胞反共、中立、親共立場不甚明顯。

密支那各僑團僑校在育成小學慶祝民國四十七年雙十國慶大合影。（黃通鎰／提供）

為仰光華僑中正中學教學樓，於民國五十三年被軍政府沒收。（黃通鎰／提供）

第六章　緬甸軍人政變的前因後果

第一節　尼溫將軍發動軍人政變

緬甸在獨立的前一年，一九四七（民國三十六）年二月十二日，翁山和撣族、克欽族、欽族、果敢地區的領袖簽署《彬龍協議（Panglong Conference）》（克耶族、克倫族沒有參加但同意簽署），大家同意加入緬甸聯邦，撣邦、克欽邦、果敢地區並取得自治地位。四月九日舉行制憲會議議員選舉，在二百六十二席中，「反法西斯人民自由同盟」贏得二百五十五席，另七名當選人是獨立參選的共產黨分子，愛國黨等其他黨派均落選。五月十八日，由吳耶領導制定的憲法草案，送至反法西斯人民自由同盟大會討論，總共有八百名代表參加，翁山在大會上致詞，會議決議一九四八（民國三十七）年緬甸獨立。六月十日召開制憲會議一致通過緬甸獨立案，並決議脫離大英國協，英國首相艾德禮對此決議雖感失望，也只好接受。

緬甸獨立憲法規定，簽署加入聯邦的五個少數民族邦沒有立法權、收稅權或邦的財政權。這五個少數民族邦是；撣邦、克欽邦、欽邦、克耶邦、克倫邦，孟邦、若開邦尚待表態。緬甸聯邦的制度，比較像蘇格蘭與英國政府的關係。六月十六日翁山派丁杜特、吳努（當時名德欽努，任自由同盟副主席）赴英國談判移交政權事宜。然而，愛國黨領袖吳素對於翁山獲勝非常不滿，他自認在陪同翁山前往倫敦會談之前遭暗殺受傷，但受到不公平對待，於是決定在英國允許緬甸獨立前，以武力奪取政權。七月十九日上午十點半，他派三名槍手闖入仰光國會大廈向內閣會議人員掃射，翁山及七名閣員不幸身亡，但不影響緬甸於一九四八（民國三十七）年獨立計畫。（一說刺殺翁山的幕後黑手是國防部長尼溫。）

一九四八（民國三十七）年一月四日，緬甸脫離大英國協獨立為主權國家，稱為「緬甸聯邦」（Union of Burma），總共設七個邦和七個省（按面積大小，七邦依次是：撣（Shan）、克欽（Kachin）、若開（Rakhing）、欽（Chin）、克倫（Kayin）、孟（Mon）、克耶（Kayah）。七省是：實皆（Sagaing）、馬圭（Magwe）、德林達依（Tanintharyi）、勃固（Bago）、伊洛瓦底（Ayeyarwady）、曼德勒（Mandalay）、仰光（Yangon））。因反法西斯自由同盟一黨獨大，於臨時政府結束時舉行大選，再獲大勝，吳努出任聯邦政府內閣總理，尊翁山為緬甸國父。聯邦政府設虛位總統一人，由國會兩院選舉產生，第一任總統依憲法選舉國會中席次最多的撣邦蘇瑞泰擔任，任期五年。總統之下置國會、內閣、司法三部門。國會為兩院制，分國民代表議院（The Chamber of Depaties），相當於美國的眾議院，除克倫族保留二十席，其他席次依法律規定由民選產生；民族議院（The Chamber of Nationalities），由各民族之代表組成，相當於美國的參議院，議員一百二十二席，其中七十二席為非緬族的代表，撣邦最大席次最多，克欽邦次之，兩院議員任期均為四年。然而內閣總理吳努只是一個眼光短淺的政客不是政治家，無能力建立起一個穩定的領導中心。原以翁山為首的「德欽黨」已改組為「緬甸民主社會黨」。獨立後的自由同盟，事實上已土崩瓦解，四分五裂，各派自立門戶，自謀發展以爭取政權。所幸緬甸聯邦政府體制大致仿照大英國協，所有施政方法，頗能遵循民主軌範，亦能重視民意，各少數民族邦亦能遵照「彬龍會議」協議，團結在聯邦政府下運作，使緬甸有了十餘年勉強安定的時間。

緬甸軍人政變的前因：緬甸早在二十世紀初年，共產唯無主義就已進入仰光大學校園，一九三九（民國二十八）年翁山二十四歲，尚在仰光大學就讀時期，思想就極端左傾，與一夥愛國分子成立研究馬克思的團體，並擔任總書記，這個團體研究緬甸史者，認為是緬甸第一個共產黨細胞（翁山蘇姬著，《翁山傳》，一九九六年，時報文化出版。）。二次大戰時翁山等愛國人士在仰大鬧學潮，推動反英獨立運動，被殖民政府通緝，翁山脫逃離緬奔向中國就是要投奔在延安的共產黨，只是事與願違而去了日本。一九四六（民國三十五）年共產黨內部因意識形態的摩擦，分裂為「赤共」與「白共」，但其勢力在整個獨立運動中影響都很大，甚至與一九四七（民國三十六）年翁山被刺殺有關。所以，緬甸獨立後的執政者，在中共建政後看到中華民國駐緬大使變節投共，就緊跟英國與印度搶搭巴士，與中共建交，似乎是一種自然趨勢。由於緬甸政府向中共親善諂媚的行為，中共政府常邀請緬甸政府要員、人民團體或政黨的領導人訪問中國，接受小恩小惠，當然中共領導人劉少奇、周恩來、陳毅等也不時訪問緬甸。當時緬甸的軍方最高領導人（三軍總司令）是尼溫中將，憲法中明訂軍人不得干政，但尼溫是與翁山一起向英國爭取獨立的三十位革命志士之一，他雖是華裔但已深度緬化，從不承認自己的身分。自也不甘落後，已多次受邀赴中國昆明、北京、南京、上海等地接受中共的恩惠，名曰觀光，實已中了共產黨的毒，相信槍桿子出政權的道理。尤其尼溫屬下的中高級軍官，更是頻頻找機會與共產黨接觸，大家都只是等待機會發動政變，走向以中共馬首是瞻的獨裁鎖國路子。

政變的近因：一九五七（民國四十六）年，吳努在緬甸聯邦總理任上，撕毀了《彬龍協議》，否定了各邦民族自決權。一九五八（民國四十七）年五月，執政的自由同盟分裂，分裂之初，雙方仍然各打著自由同盟的旗號，相互指責；一派以總理吳努為首稱「廉潔派」，表示要肅清貪汙分子，使自由同盟成為清潔的黨；另一派以國防部長吳巴瑞（U-Ba Swe）為首的叫「鞏固派」，意謂要清除不穩定分子，加強組織，以鞏固自由同盟。到六月四日國會開會，吳巴瑞首先提出不信任案，當場展開一陣激烈的辯論後，決定六月九日投票表決。吳努為謀確保其政權，乃不惜代價，決定以兩名閣員相酬為條件，換取左翼政團「民族統一陣線」的支持。屆時投票結果，吳努派得一百二十七票，吳巴瑞派獲一一九票。而民族統一陣線的四十票全投給了吳努，扣除這部分吳努只有八十七票，輸給吳巴瑞三十二票。這樣的結果引起吳巴瑞的嚴重不滿，吳巴瑞失敗後，兩派分道揚鑣，分別組黨，各奔前程。鞏固派仍襲用自由同盟原名，廉潔派則改名為「聯邦黨（Union Party）」。這一分裂，牽一髮而動全身，國會中原屬自由同盟的議員，以及內閣閣員，自動分成兩派，各歸所以。總理是吳努，占了優勢，凡屬吳巴瑞鞏固派的閣員，同時提出辭職。於是，自中央到地方，以至鄉鎮基層組織，都起了分化。這一分裂，起了兩大效應；一為嚴重削弱了自由同盟本身的力量；另一方面，給予軍人干政的機會。尼溫將軍藉口自由同盟分裂，國會變質，國會已不再是原來民選的國會和內閣，要求政府應予改組，國會兩院應予解散，進行大選，以取決於人民。尼溫公開毛遂自薦，提出要求，由他負責組織看家內閣，籌備大選。這極明顯的是軍人干政，違憲違法，吳努不同意，左翼民族統一陣線，更強烈反對，直指尼溫是軍人干政。雖幾經周折，但軍方志在必得，在軍方強力壓迫之下，惟有曲從尼溫。吳努便於九月將政權移交給尼溫為首的軍人臨時內閣。

依照緬甸聯邦憲法規定，看家內閣不得超過六個月，一九五九（民國四十八）年二月國會開議時，尼溫竟提出辭職，理由是六個月內無法完成全國大選之準備工作。其實，早在政變的前幾年，尼溫任國防部長期間，為了改變緬族人在聯邦軍隊中的勢力，大量在軍事院校中培養緬族軍官，加強徵召緬族青年入伍，刻意建立以緬族為主的聯邦軍隊。尼溫藉機聲言他辭職後，軍隊將有調動，許多地區因叛軍的騷擾，將無法進行選舉。其實是尼溫以退為進，加上恐嚇的手法，不願放手既得的政權，司馬昭之心，昭然若揭，志在迫使國會修改憲法，以延長其看家內閣時間，得以鞏固政權。果然如願，國會終於通過修改憲法，延長看家內閣為一年，直到一九六〇（民國四十九）年二月六日舉行全國大選。經過一年多的執政，這批軍人大權在握，食髓知味，已權力中毒，這便是政變的近因。

一九六〇（民國四十九）年二月的大選是兌現了。選舉結果，吳努的聯邦黨大勝，獲一百六十一席，吳巴瑞的自由同盟慘敗，僅得三十席，連他本人和副黨魁吳覺迎也落選。其他中立派獲八席，若開邦民族團結黨獲六席，民族統一陣線僅得一席，比照上屆四十席，失掉三十九席，證明緬甸人民對左傾政治的厭惡。

一九六二（民國五十一）年二月二十七日國會開會，選舉聯邦政府中席次占第二位的克欽邦省瓦弄先生為總統（撣邦席位最多的蘇瑞泰已任總統五年卸任），新總統將履任消息甫傳出，吳努剛接任內閣總理，三月二日拂曉，尼溫發動政變，奪得政權。新總統尚未移接，現任總統吳溫貌（Mahn Win Maung）、總理吳努，和所有閣員，以及重要議員，民族院議長蘇瑞泰（前總統）、高等法院院長吳敏登等，頓成政變軍人的階下囚。政變中蘇瑞泰第五子蘇美美（Sao Mye Thaik）在其自宅防衛，被擊斃命，是唯一不幸的死亡者。不到兩個小時的軍事行動，便大功告成，政權就落入軍頭尼溫手中。當時吳努尚在睡夢中，被士兵叫醒，僅穿著內衣褲便被擁上吉普車疾馳而去，從此緬甸淪為軍人專政約半世紀。

緬甸軍人奪權政變後的第一步，就是廢除已行之十餘年的憲法及解散國會。尼溫指派上校以上的十七名軍官，組成「聯邦革命委員會（Union Revolutionary Council of Burma），縮寫URC）」，成立革命政府，推尼溫為主席。公告憲法已廢止，國會兩院已解散。中央政府要改組，取消責任內閣制，任命革命委員會委員，出任中央政府各部會首長，全國各邦區、專區，至各縣市均組織安全委員會接替原機構，一律由軍官擔任，上尉以上的軍官都有擔任各級行政主管的資格。此後，事無大小，均需軍人核准，概以軍人的旨意行事。大街小巷都可以看見趾高氣揚的大小軍官高據要津，原有的各級公務員，僅備差遣奉命行事。本來佛教普及，民主、自由的緬甸，一時成為不折不扣的「軍主國家」。

一九六二（民國五十一）年四月三十日，革命委員會宣布「緬甸社會主義道路」（The Burmese

Way to Socialism）新政策，將以緬甸國情方式進行社會主義政策，目標是建立一個社會主義國家，消滅人剝削人的經濟制度。新的社會主義經濟，應基於普遍參與及所有制經濟計畫，以謀求人民之幸福。國家、合作社和集體聯盟應擁有生產工具。新經濟體系應縮小所得差距，促進國家的團結。革命委員會領袖願與各政黨領袖舉行會談，希望他們能組成一個政黨，由軍方領導，但意見不為各黨領袖所接受。五月十七日，仰光大學學生聯盟發起反軍政府示威，縱火焚燒軍人車輛，毆打軍人。於是，軍政府限制學生集會，晚上不得外出，引起學生更不滿，鬧事更激烈，警察無法制止，七月七日電告軍部，軍隊開入仰大校園，包圍文學院，向學生開槍。報載：學生死亡十五人，傷二十七人，實超過百人，此即緬甸二十世紀轟動世界的「七七」慘案（當時筆者正在仰光讀高中，慘案發生時，與友人在文學院旁高樓租屋聽到槍聲，約一小時見十幾輛軍車運走死傷學生）。仰光大學事變雖被軍方鎮壓，但引發曼德勒大學學生響應，軍方再以高壓手段，鎮壓、逮捕學生，方使風波平息。政變第二年七月十九日烈士節（紀念翁山被刺殺的日子），自由同盟主席宇巴瑞，以在野黨黨魁的身分，到大金塔旁的烈士崗獻花致祭，禮畢發表演講，主張軍人應還政予民及呼籲軍政府，盡快釋放於政變中被逮捕下獄的吳努等一干人。然而，軍政府不但不理，八月九日再逮捕吳巴瑞等十一人，其中有《英文民族報》社長吳魯勇。並宣布解散緬甸所有政黨，此後一黨專政。

緬甸聯邦體制，組織本來鬆散，全國政黨林立，尼溫政變後，紛紛組織武裝部隊配合各少數民族獨立軍和中央對抗；尼溫想藉和談方法，各個擊破，放出風聲願為國家的和平與各路叛軍和談，並保證其來回安全。

第一個響應的是「紅旗緬共德欽梭」，他於八月十八日，率領代表團搭飛機自克欽邦密支那飛抵仰光。談判剛開始，尼溫要他們先繳械，即刻通知山上的部隊解散，這簡直是要他們無條件投降。德欽梭則強烈要求軍人還政於民，舉行大選，尼溫指他們是叛軍，德欽梭反指你們是利用政變搶奪政權，才是實足的判軍。談判破裂，不歡而散，四天後，這批紅旗緬共搭機返克欽邦，轉入地下打游擊，但盛傳被埋伏的政府軍消滅。

第二個率代表團來談判的是「白旗緬共德欽丹東」，他們自雲南搭中共飛機至曼德勒，一說聽到紅旗緬共之事，不想再赴仰光；另一說，中共認為尼溫實行社會主義，和中共一樣，只要要求尼溫政府，容納緬共合力為緬甸社會主義而奮鬥，不必去談判。於是，沒有接觸，就飛回雲南了。

第三個來談判的是撣邦代表，領袖是曾任總統蘇瑞泰的長子，談判開始，尼溫也要他們先繳械，通知山上的部隊解散；而對方則依據《彬龍協議》要求獨立建國，雙方意見相差十萬八千里，談判必然破裂。

此後，叛軍占據各邦，政府軍占據要點，不斷發生衝突，國已無寧日。除了各邦，其他的七省，有學生的反抗，還有被解散政黨的反彈。最令軍政府頭痛的是「和尚」，緬甸和尚之多世界觸目，總數超過國防軍，他們對政變奪權也不滿，九月二十六日曼德勒的和尚發動示威，攻擊軍人的政策，指責其殺害紅旗緬共領袖德欽梭。但這許多反對力量，最後還是被軍方利用各種軟硬手段平息。

一九六四（民國五十三）年三月十九日，是暴風雨來臨的日子，是日上午十時，首都仰光市各重要街道，突然開來許多軍車，車上滿載著全副武裝的官兵，和穿著便衣的社會主義路線黨黨員。車停，荷槍實彈的士兵，紛紛下車，分赴各重要街口站崗，軍官和社會主義路線黨黨員，則三三兩兩地分頭進入各私人商店，勒令點收貨物，列表登記。當日未能清點完畢的，則將店門反關上鎖加封條，次日繼續進行清點。清點完畢在店門上各掛一塊綠底白字，上寫「人民商店」的招牌，下列編號。就如此，這間商店便不是你的了，店主等於掃地出門。到四月九日全緬甸各地，完全沒收，無一倖免。除少量現金發還店東，其餘不管貨品或用具，一概沒收充公。點收人員，乘火打劫者有之，混水摸魚者有之，強取豪奪，不一而足。到五月七日晚間，以收音機宣布，廢除紙幣面額百盾、五十盾大鈔，統限一週內兌換五百盾小鈔。這一措施，使人民不論本國或外僑，一生血汗，化為灰燼。經濟的慘重損失，導致人民自殺，街頭暴亂，使原本資源豐富的國家逐漸淪為世界最貧窮國家之一。

緬甸華僑學校分佈圖

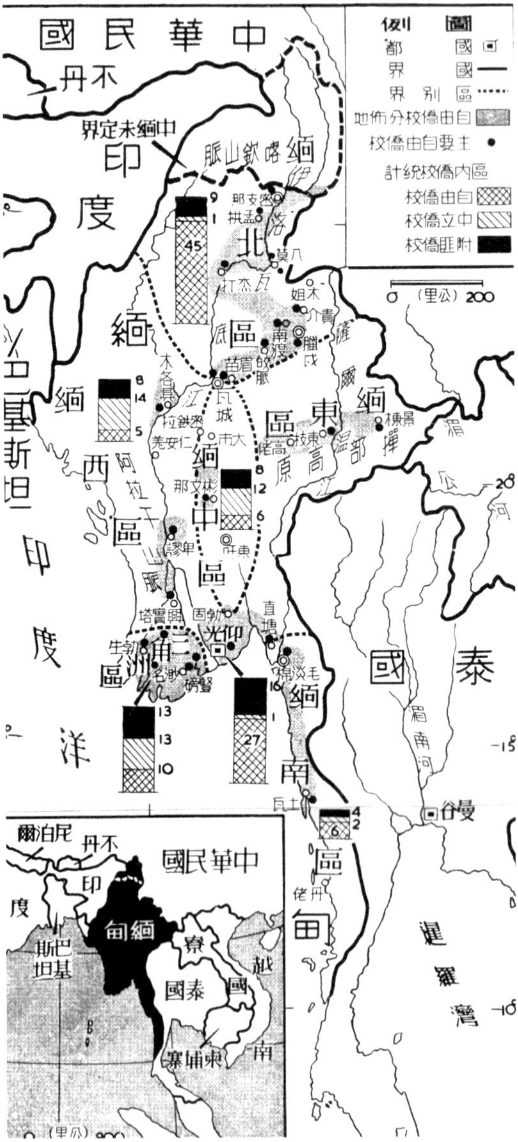

緬甸軍人政變之前華僑學校分布概況。（黃通鎰／提供）

第二節　緬甸軍人政變後的華文教育

一九六二（民國五十一）年三月政變後，軍政府教育部通令，全緬甸教師和私立學校，限期辦理總登記。其實自英國殖民緬甸時期，外國人在緬甸設立學校都採登記方式，如不登記政府也不過分干涉，緬甸獨立後亦如是。軍人政變後通令重新登記，華文學校也遵令辦理。至於教師，緬甸原無師培證照制度，資格無限制，師資素質參差不齊，尤其私立學校，教育行政當局，向不過問。政變後軍政府雙管齊下，稍有警覺者，認為必定大有文章。一九六三（民國五十二）年四月，軍政府教育部下令，所有外僑學校，一律採用緬甸學制，依照緬甸學校課程，限制各自國語文教學，每週不能超過六小時。但是，上有政策則下有對策，華僑學校的主持人，在安排課程和實際的教學時，除每天一節的華語文外，利用藝能科或減少緬文課時間，增加中文的數學、自然、史、地、公民等的教學時間，每日還是有二、三節中文課，影響不大。

一九六四（民國五十三）年四月一日，軍政府突然宣布，三百餘所私立學校，決定收歸國有，這三百餘所都是較大的學校，有華文學校也有教會學校。仰光華僑中正中學，因自幼稚園至高中學生近千，算是大學校，就在此日沒收。筆者是學校的工讀生，正讀高中二年級，記得很清楚，那天，一個緬甸官員，帶同一個警察走進學校，事前並未通知，說要接收學校，要把校牌取下，換上緬甸學校的招牌，其他一切不變，教職員原任，但課程要改為緬文。我告知住校的主任，因他不會講緬語，派學生找來另一位會講緬語的主任，經過一番交涉，還是遵照政令，換了招牌，學校就這樣被沒收了。

華僑中正中學是抗戰勝利第二次世界大戰後，仰光華僑女子中學自中國聘請江蘇籍的夏言女士來復校任校長，她提議經董事會議決，代表緬甸僑胞感念蔣中正委員長，領導抗戰勝利，拯救中華民族的功勳，祝賀他六十大壽而改名的。當中國淪共時，仰光的親共分子，要奪取學校，提出鬥爭清算夏言校長，要求學校更名，使用中共新華書店出版的課本，經反共師生與忠貞董事暨僑領的抗爭，上報仰光警察局裁決，放棄在仰光五十尺路的原校舍，發動捐款購買河濱街戰前中央大酒店二樓為校址，遷校後一九五四（民國四十三）年增辦高中，十餘年來為緬華僑社培植了許多人才。一九六四（民國五十三）年高中第八屆，初中二十四屆，小學二十四屆剛畢業。那晚我非常難過，我們這一班高二，是高中第九屆，如果改了緬文，可能畢不了業，越想越傷心。分散在不同宿舍的住宿生，約有百人，大家得知消息，都來聚集在中堂，有的學生哭泣，有的喊叫「中正精神不朽，我們要堅持，將來要復校」，大家找來紙筆，寫下許多標語，貼滿了學校每一個角落。所幸，後來經學校開會討論，決定聯名，找有力律師，向仰光教育廳陳情爭取，經過一番努力，緬甸教育部勉強同意，保留我們這一班中文學制，讓四十二個來自緬甸各地，有各省籍的學生畢業（女生十六人，男生二十六人）。於是，我們成了全緬甸最後的一班中文高中畢業班。學校請簡會元老師做導師，他原在仰光崇德高中當過主任，也在仰光自由日報社任過主筆，以「司馬牛」的筆名寫過多年的專欄，而且在故鄉福建於中國淪共前三十歲就取得縣長的任用資格。他接班導師後為我們班起了一個班名叫「重建班」，意謂將來重建母校。

一九六五（民國五十四）年春天，我們高中畢業，當年有三十三人以無國籍難民身分赴臺灣升學，分發臺大六人，師大十六人，政大五人，海洋三人，成大二人，藝大一人。後來又有六人離開緬甸，只有三人留下。我們在臺灣完成學業後，男生服兵役，成家立業，伴隨著臺灣的民主化，經濟起飛，見證了中華民國一段重要的現代史。我們的班導師簡會元老師也在我們班畢業後，與理科老師張鐵雲女士一家，先後來臺灣定居，其中謝熙校長與王育新主任，是一九六五（民國五十四）年八月廿八日被軍政府逮捕，關押了七十八天，以不受歡迎人士驅逐出境，經政府接回臺灣的，而今早已駕鶴西歸。簡會元老師來臺後，先任教職，後轉任華僑救國聯合總會，在總幹事任上退休，二〇〇五（民國九十四）年四月逝世，享壽九十七歲。

緬甸軍政府第一波沒收了三百餘所外僑學校，一年後再沒收剩下的五百餘所中小型外僑學校。至此，全國八百餘所私立學校，一掃而光，沒收後的學校，學生數少的，關門大吉。這八百餘所學校，教會學校較多，華文學校有二百五十餘所，但在華校中有一所漏網之魚，是克欽邦首府密支那的育成學校。因育成學校位於緬甸邊陲，距雲南騰衝約一百八十公里，一九四九（民國三十八）年，中國淪共後分裂為同名的兩校，一九六四（民國五十三）年軍政府第一波沒收了在市區的育成中學，反共的育成學校在距育中約一公里處的雲南財神廟及華人觀音寺範圍內，沒有向密支那教育廳登記。校長張興仁先生出生在緬甸撣邦，少有俠義廣結朋友，抗戰前赴騰衝升學，後入昆明軍校卒業，派滇緬公路運輸連排長，後升連長於滇西惠通橋保衛戰中，勇殲日軍右腿受傷退伍復員緬甸，有緬北反共強人稱譽，與密支那警察局長是結拜兄弟。當育中被沒收後，教育廳派官員來學校告知張校長，不想沒收該校，但法令難違，請他暫停一陣子，要將中學生遷到校外較偏遠的地方，分散教學，每班以十九人為限，小學生六班可在原校上課。就這樣育成學校成了全緬甸未被軍政府沒收的唯一華文學校。在校外以補習班方式教學的那些年，師生都非常辛苦，軍政府會去抽查，學生要躲避，老師常被叫去問話，所幸官員貪汙，塞點錢就算了事。倖存的育成學校改採學期制，每年仍有一、二班初中畢業生，赴臺灣升讀高中、高職、五專，在艱難的環境中延續著中華文化的香火。一九八〇年代後期，軍政府教育鬆綁，育成學校增辦了高中，迄二〇二四（民國一一三）年，創校已九十八年，畢業生小學已九十四屆、初中七十九屆、高中三十二屆。筆者是該校小學第十屆、初中第一屆的學生，一九六五（民國五十四）年赴臺升學，一九九九（民國八十八）年於臺北市立第一女子高級中學退休後，返母校任第八任校長四年。後繼的王應昌校長，亦育成學校初中第六屆畢業生，臺灣師範大學教育學系畢業，在臺退休後返母校任校長六年。現任校長尹勝邦乃育成學校小學至高中校友，高中第一屆畢業後赴臺深造，國立臺灣彰化師範大學畢業後返母校任教，經十餘年被選為第十二任校長。育成學校是緬甸克欽邦十幾所華校的龍頭，其最大的特色是位於緬北伊洛瓦底江西岸的密支那市，雖與中國雲南省近在咫尺，學制仍遵循國民政府華僑學校組織規程，教學用中華民國出版的課本，堅持使用正體字，注音符號，全日制教中文，而緬甸其他地區的華文學校只是早晚教授中文。

軍政府在沒收學校時，是連學校財產、存款全數沒收。但緬甸的華校，大多數經費短絀，每學期收支相抵，均無餘額，故接收官員得不到好處，學校用地多為租賃，學校建築市區的多是一般樓房，設備僅可教學而已，位於郊區或鄉下的，多是磚木結構，覆洋鐵皮屋頂，全無高樓大廈。然而，教會學校就不一樣，如曼德勒的天主教「叻豐中學」，積存有基金緬幣四百多萬盾（當時值八十萬美元），校長是義大利籍神父，於沒收時校長向接收的少校軍官，據理力爭，給了賄賂，看在天主面上留下小部分，那個軍官還說：「你們不誠實，而且吝嗇，這是緬甸人民的財產，應該交給革命政府」，那位已七十九歲的老神父聽了，當場氣得昏倒。其他教會學校，幾乎一文不留，軍政府這種搜刮人民財物的暴行，令人扼腕。

一九六五（民國五十四）年八月二十八日，仰光地區的反共親中華民國僑領二十七人，其中有仰光華僑中正中學校長謝熙，訓導主任王育新，華僑勵志高中校長盧偉林，粵僑公立育德中學董事長兼校長陳洪安等，以莫須有罪名遭逮捕人獄。同時反共的中文自由日報、中國論壇報，軍政府以該兩報的發行人及總經理被捕，報社無人負責為由，於九月一日吊銷出版執照而停刊。此時尚有四家親共的中文報紙，沾沾自喜，繼續出版，但到年底，出版執照也被吊銷，僅苟延殘喘三個月而已。同時停刊的還有印度、巴基斯坦、英文等各種文字的十四家報紙。

緬甸軍人政變後，在尼溫的鎖國排外政策下，華僑首遭經濟浩劫，繼遭文教浩劫。致使歷百數十年努力發展的文教事業，特別是民國成立後，尤其二次世界大戰結束後，蓬勃發展的華教，僅短短的幾年時間，就毀於暴政之下，實令人心痛。據各種媒體報導，緬甸軍人政變後的五年間，有一百萬以上的印度、巴基斯坦人離境，約五十萬的華人離緬，其中十餘萬來了臺灣，二十餘萬去了泰國，二十萬去了澳門、香港、加拿大、美國、澳洲。西方人士也有十多萬回國。緬甸人早年留學英、美國的學者、教授二百多人，不齒尼溫的獨裁作風，離開中國，爾後緬甸因人才大量流失，經濟逐漸蕭條。緬甸高等教育一直多用英文原文課本，學生英語能力有國際水準，但政變後改用緬文課本，數、理、醫、工等翻譯成緬文，因詞字不足，辭彙缺乏，只能以亂七八糟形容，大學生水準日漸低落，致使黃金之國的緬甸淪為世界上最貧窮的國家。

第三節　「六二六」反華排華事件後緬共崛起

一九六七（民國五十六）年六月二十六日，緬甸軍政府策動大規模反華排華事件，簡稱「六二六事件」。起因是中國於前一年的一九六六年，發生「文化大革命」。在緬甸首都仰光地區有支持中國紅衛兵的華裔紅派學生中，部分學生舉起造反大旗，配戴「毛澤東頭像」的胸章，上街宣傳毛澤東思想，引起緬甸人的反感與憤怒。許多軍人脫下軍裝換穿便衣偽裝暴徒，與民眾結合，約二千名暴民包圍中共駐仰光大使館，拆下使館招牌。次日，中國教師聯盟大樓遭焚毀，二十八日，暴民再攻擊中國大使館，中共援助緬甸專家劉逸先生被殺害，一官員受傷，四十二名僑民死傷。新聞傳到中國，引發北京群眾在緬甸駐京大使館前示威，焚燒尼溫將軍芻像。京師激進的紅衛兵，在廣播系統中大肆批評領導人尼溫的施政，緬甸軍政府遂將矛頭對準華人，逮捕了許多激進華人，關入黑牢。便衣軍人、巴基斯坦人、印度人趁火打劫，仰光街頭掀起燒殺搶劫，華人聚集最多的廣東大街尤其嚴重。暴亂持續月餘，死傷人數政府不公布，但傳說紛云。暴亂漫延全緬，有大批華人逃離城市往山區躲藏，或加入緬甸共產黨。毛澤東公開說：「緬甸搞反華排華，我們可以公開支持緬共搞武裝鬥爭了」，於是援助緬共武器，在雲南、貴州、四川，訓練人員，緬共從此由低谷中翻身崛起，與緬甸軍政府內戰二十餘年，迄一九八九（民國七十八）年中共改革開放後十年，退出緬甸政治舞臺而止。

如回顧共產黨搞「世界革命」的歷史，中共領導人毛澤東訪問蘇聯獨裁者史達林，兩人都認為一定要全力推動「無產階級世界革命」，為達成赤化全世界的目標，蘇、中兩國共產黨要分工，蘇共負責歐洲與美洲國家的共產黨奪權革命；由中共負責培植亞洲與非洲國家的共產黨，待其壯大後，發動奪權革命。所以，一九四九（民國三十八）年中共奪權成功建政後，自一九五〇（民國三十九）年始在緬甸、泰國、印尼、馬來西亞、柬埔寨、菲律賓等東南亞國家，培植共產黨人，祕密送到中國接受訓練。一九六六（民國五十五）年毛澤東在中國發動文化大革命，其目的不但要剷除黨內威脅自己地位的人，也要大量輸出共產唯物理論，搞世界革命，堅持走武裝鬥爭，槍桿子出政權，奪取國家政權的道路。

一九六八（民國五十七）年初，在中國培訓的緬共人民軍，從中緬邊界殺入緬甸進行武裝奪權；另一批從緬北進入雲南再到四川培訓的緬共人民軍叫「四川老兵」，又稱羅相為首的克欽邦緬共人民軍。另一批自滇南撤入雲南再轉到貴州培訓的稱「貴州老兵」。這幾股武裝力量在緬北匯合，與南部的緬共取得了聯繫，在緬共中央的領導下，緬共人民軍迅速就發動了強大的攻勢，與緬甸政府軍的戰鬥進入白熱化，奪權雖未成功，但此後，中緬兩國的關係降到了冰點。其實，緬甸共產黨早已存在，一九四八（民國三十七）年緬甸獨立，緬甸新的聯邦政府與緬甸共產黨因政見各異，被執政的「反法西斯自由同盟」除名，排出政府之外。以吳努為首的新政府成立伊始，緬共聯合克倫族等獨立軍，就向緬甸政府發起武裝進攻，五〇年代初，緬甸國防軍約有二萬人，分散在全國各地，守衛首都仰光兵力不足萬人，反抗軍已經逼近首都仰光周邊，仰光已垂手可得。但此時，緬共和主要武裝克倫族發生了歧見，緬甸政府有了喘息的機會，速向印度政府求援，借來了五個營的兵力，乘機反攻，擊退了緬共與克倫族等武裝進攻。潰散的緬共其中一部分退向緬北，躲入雲南，得中共默許轉至四川學習培訓。同一時期，另一批緬共也撤到雲南，得中共允許，轉往貴州學習和就業，實則培訓。這兩支武力，經中共安排協商於一九六七（民國五十六）年底組成緬共人民軍，再吸納了排華事件後逃來的華僑青年，及文化大革命期間，下放邊疆農村的知識青年（知青），很快壯大了緬共人民軍的陣容，敢與緬甸國防軍火拼。排華事件後，緬甸軍政府釜底抽薪，換發身分證，華人只能拿到「綠色的居民證」，在就業、購買不動產、外出等多方面均受到限制。尤其軍政府擴大限制華人社團組織集會，直到一九八〇年代才稍微放寬，但還需先申請經批准後才能進行小規模集會。這段時間是緬甸華人社會最黑暗的時期。

第四節　撣邦果敢特區的華文教育

緬甸撣邦果敢（Kokang），正式名稱為「撣邦果敢自治區」，或撣邦第一特區，首府老街，因中部有一座麻栗壩山，又叫「麻栗壩」。果敢之名源自英國統治緬甸時，命名為Kokango，所以音譯為果敢，果敢人自稱「果決勇敢」。全境面積約三千平方公里，地理位置在撣邦的東北邊，東方與雲南的鎮康縣南傘鎮接壤，東南鄰雲南耿馬傣族自治縣，南方是佤邦（Wa State）自治區，北面是雲南的龍陵縣與潞西市，西北與克欽邦相望。全境由山、河、平壩組成，山地占總面積約百分之九十，遍布高山深壑，最高處海拔約二千四百公尺。薩爾溫江由西邊自北向南流過，南邊有南定河與佤邦相對。地勢北、南、西向中間傾斜，主要平地是老街，海拔約一千公尺，面積約八十平方公里。果敢特區分為紅星、興旺、西山、東山（老街）、滾弄、清水河六個行政區。果敢的住民以果敢族（漢族）為主，約占百分之八十七，其他民族有撣、苗、佤、緬、崩龍、傈僳、克欽、德昂等多種民族，常住人口約十四萬，暫住人口約三萬。通用果敢語（漢語西南官話雲南方言），少數民族因與果敢族通婚，可以說已深度漢化。住民的姓氏以楊、李、羅、王四大姓，張、魯、周三小姓為主，但在冊者有二百八十六個姓氏。這些姓氏也都是中國人的姓氏。果敢人的飲食習慣與雲南漢人一樣。過相同的節慶，如隆重過農曆春節，過年不論貧富都要敬宗祭祖、拜天地、給壓歲錢，清明節上墳敗草，中元節自七月初一至十四日，家家在客廳擺湯飯祭祀祖先，燒冥包送亡，中秋節團圓吃月餅等，其他婚嫁喪葬禮俗，與雲南漢人一樣。果敢人的宗教以儒教、道教、佛教為主，近代信基督教的也有。

如追根溯源，所謂的果敢族，其實是明朝末年，清軍入主中原，明滅時永曆帝朱由榔率領其殘兵南逃經廣西、貴州，進入雲南的果敢地區，一六六一（清順治十八）年十二月，清軍追兵臨緬王國都阿瓦城下，緬王為保自身，以明永曆帝交換清軍退兵之條件，將明帝交降將吳三桂押解回昆明斬殺，但是，當時跟隨永曆帝一起進入果敢的文武官員及隨從百姓，仍留在果敢各山寨生息繁衍，融入早已生活在此地的漢族，形成了果敢族，其實他們是道地的漢族，只是在緬甸被稱為果敢族。果敢原是雲南鎮康州的土司地，一八四〇（清道光二十）年第四代土司楊國華被清政府冊封為世襲果敢縣長，一八九七（清光緒二十三）年，大英帝國逼清政府在北京簽訂不平等《中英續議清緬條約附款》，將果敢地區劃入英屬緬甸版圖。緬甸獨立後果敢地區的人民變成了緬甸的公民，但是，他們仍然使用雲南方言，因與雲南鎮康縣南傘鎮口岸接壤，兩地居民可憑「邊境通行證」自由出入。

一九四七（民國三十六）年緬甸獨立前一年的二月十二日，因緬甸獨立領導人翁山將軍，在撣邦彬龍市與撣、克欽、欽等各民族簽訂《彬龍協議》，鎮康州果敢地區土司楊振材代表參加，所以，緬甸獨立後，果敢隨著撣邦加入緬甸聯邦，有了族稱與法律地位，在國會中保有一個席位，楊振材成為聯邦民族院議員。一九五〇（民國三十九）年楊振聲出任緬甸聯邦內閣總理吳努政府下議院議員，但是，因吳努政府撕毀了彬龍協議，各少數民族邦開始鬧獨立，果敢也不例外，緬甸國防軍以武力鎮壓叛軍，內戰頻仍。一九六二（民國五十一）年緬甸軍事強人尼溫發動政變成功，推翻了吳努文人政府，廢除了聯邦憲法，開始獨裁鎖國，一九六二（民國五十二）年楊振材遭尼溫軍政府逮捕，其弟楊振聲隨即建立武裝與政府軍對抗，反抗勢力雖很快被壓制，但戰爭並未結束，由原反軍政府戰爭演變為果敢內戰。一九六八（民國五十七）年後緬共得中共支持，控制了緬甸東北邊的果敢與佤邦地區。一九八三（民國七十二）年三月十一日，彭家聲在緬共支持下，發動兵變成功，占據了果敢，同年五月，彭家聲在首都仰光，與軍政府協商停止內戰，取得果敢「民族自治、經濟自主、軍隊自主解編為緬甸邊防軍」三大協議。彭也宣示要逐漸根絕種植罌粟（鴉片），以其他農作物替代。此後，緬甸軍政府同意彭家聲統治的果敢，稱為「緬甸撣邦第一自治特區」。時值緬共自一九七四（民國六十三）年始大搞宗派內鬥，使緬共中的中國知青大受影響，不少人退伍回家，到一九八七（民國七十六）年雲南昆明、保山、德宏的知青老兵絕大部分都回國了。一九八八（民國七十七）年初，緬甸軍政府透過住在仰光的，果敢前主席羅星漢先生遊說彭家聲，希望他從緬共中拉出人馬分裂緬共。彭家聲想自一九六七（民國五十六）年跟隨緬共二十年，但當緬共在撣邦東北部建立了根據地站穩了腳，自己就受到排擠，如今眼見緬共鬧內哄，再跟著已無前途，所以決心脫離緬共另豎旗幟，一九八八（民國七十七）年三月十一日宣布脫離緬共，打起組織「緬甸民族民主同盟軍，簡稱果敢同盟軍」的大旗，與緬共分道揚鑣。一九八九（民國七十八）年改為緬甸民族民主同盟黨，成立了撣邦果敢第一特區政府，一九九二（民國八十一）年雖發生楊氏兄弟政變，一九九五（民國八十四）年被彭奪回政權。他統治果敢特區至二〇〇八（民國九十七）年，但在二〇〇三（民國九十二）年就確實做到了根絕罌粟種植的承諾。二〇〇九（民國九十八）年發生「八二七」果敢軍與緬甸國防軍的武裝衝突事件彭遭驅逐，緬甸軍政府改組果敢特區政府，由白所成擔任果敢地區臨時管理委員會主席，進行了政治、經濟、文化和軍事上的改革，二〇一一（民國一百）年三月三十日，果敢自治區政府成立，二〇一六（民國一〇五）年四月，選舉趙德強為新任果敢自治區領導委員會主席，後繼特區委員會主席是李正福。（註：彭家聲原籍四川出生在果敢，昆仲七人，皆任果敢要職，他居長，人稱果敢王，緬甸民族民主同盟軍創建者，曾任撣邦果敢特區政府主席，其子彭德仁是最得力助手，失勢後常住撣邦勐臘，二〇二二年二月十六日逝世，年九十一歲。）

果敢特區因常年內戰，經濟落後，基礎設施不足，境內交通只有主幹道柏油路兩條，一條南北向，一條東西向，區際間仍然是泥土路，每逢雨天，行走不便。航運有兩個輪船渡口，均在薩爾溫江上，也建有楊龍寨、清水河兩座人流、貨物集散口岸。近年已有半數以上的鄉村有電燈，電視已很普遍，但電力仍嫌不足。通訊網路必須依靠雲南臨滄縣南傘鎮的基地臺。首府老街設有中國農業銀行及中國郵政所。服務場所有醫院、百貨商店、餐廳等。娛樂場所不少，賭場、網吧、ＫＴＶ齊備。

經濟方面，總體而言，尚待開發階段，以前果敢的經濟收入以種植罌粟販售鴉片為主，二〇〇二（民國九十一）年停止種植罌粟，改種橡膠、甘蔗、茶葉、水果、蔬菜、玉米、稻穀等，並蓄養雞、豬、牛、羊。經濟作物以出口相鄰的雲南為主，自己加工設備與技術不夠。糧食及蔬菜仍然不能自給自足，需從雲南鎮康縣南傘鎮進口。

果敢的教育，因境內多山，交通不便，又地處邊陲，無博學鴻儒蒞臨啟發，教育水平落後。就以近百年論，也經歷了從無到有，從有到興旺，再走向衰敗，從衰敗中再復興的坎坷路。在雲南鎮康州土司治理時代，整個中國的教育是靠私塾支撐，邊陲地區學校教育尚未萌芽。一八九七（清光緒二十三）年，英國逼清政府將果敢劃入英屬緬甸，英國也不重視該地區的教育，土司使用愚民政策，人民無書可讀，幾乎都是文盲。但已有極少數家庭經濟較寬裕者，請雲南來的工匠在雨季無法工作，滯留果敢，教孩子讀三字經、百家姓、千家詩類的啟蒙讀物，免費供吃住，但雨季過去，工匠就不再教書，這算是教育的萌芽階段。

進入二十世紀，私塾增多，但還未普及，在一九四〇、五〇年代，有果敢最後一任土司楊振材的妹妹楊金秀，開始在家鄉辦學，免費供年輕人讀書，並聘請國民黨軍隊將領開設軍事訓練班，培養出有果敢王之稱的彭家聲、果敢榮譽主席羅星漢、果敢第一特區祕書長劉國璽等影響果敢深遠的人才。楊金秀人稱楊二小姐，（生於一九二七（民國十六）年，逝於二〇一七（民國一〇六）年，享壽九十歲），是果敢的傳奇人物。她是果敢土司楊文炳的次女，故稱楊二小姐，自幼個性剛烈，愛穿男裝，玩刀弄槍，成年後以能使用雙槍出名，有雙槍女俠之稱。她十九歲嫁給木邦大土司段氏家族，生下一男後，她認為丈夫，膽小怕事，做事黏黏乎乎，夫妻開始分居。緬甸獨立後，楊二小姐的兄長楊振材，當選國會議員，土司制度廢除，權力交給地方議會。一九五九（民國四十八）年，三十二歲的楊二小姐，不甘心讓出家族權力，帶著十歲的兒子從木邦段家回到果敢，爾後成了果敢實際的執政者，對果敢頗有貢獻。

一九六二（民國五十二）年，楊振材提倡辦學，在楂子樹村興辦了第一所新式小學啟明學校。一九六四（民國五十三）年後，政府插手主導，教育開始得到重視與發展，全縣村寨比較集中的地方都辦了學校，但以小學為主，教師大部分是雲南來的商人，或避難的人進入果敢後擔任教師。一九六九（民國五十八）年後，果敢分為南北兩區，緬共盤據果敢北區，南區直屬緬甸軍政府，華文教育受到軍政府一定程度的制約，北區緬共不重視教育，使果敢的教育處於低迷時期。

進入七十年代，政府在老街興辦了一所向東學校，後因要教授緬文還是中文，領導有爭執而停辦。在這期間有經濟能力的家長，選擇把子女送到中國升學或臘戍的學校升學。到八十年代緬甸軍政府政策鬆綁，教育有了進一步的發展，在彭家聲執政時期，教育再提升。

進入新世紀，基礎教育蓬勃發展，迄二〇〇八（民國九十七）年已有小學二百一十三所，中學附屬小學六所，教師四百餘人，學生二萬一千多人，其中初中生六百九十九人，小學生二萬餘人，果敢適齡兒童入學率達到百分之七十六。二〇一〇（民國九十九）年，果敢開始有師範班，初中畢業生，可以進師範班學習一年，成為果敢小學漢語教師。然因師範班的師資不足，也不夠專業，師範班的學生學不到教學技法，也缺少教育理論方面的指引，畢業生僅是勉強做到文字認識，書報閱讀等基本文化的傳承而已。到二〇一二（民國一〇一）年底，果敢的學校已增至二百二十二所，其中果文（華文）學校一百一十所，緬文學校十八所，雙語學校九十四所。設有中學的學校有東學城中學，石園子中學，清水河中學，新平街中學四所。中學生三百六十五人，高年級小學生二千六百八十七人，低年級小學生一萬七千六百餘人。在職教師六百七十三人，其中含華語文教師三百八十人，緬語文教師二百九十五人。華文學校授課的課程包括：果文（華語文）、數學、歷史、地理、體育、音樂、美術、緬甸語、英語。

目前儘管果敢的華文教育還存在著，教師缺乏、資金不足、教師薪資偏低、教學設備不夠、教學質量不高等問題。但是，占絕大部分華裔的果敢人民，已經覺醒，看到中國的崛起，中華文化已受到世界國家的重視，華語文全球化的時代已經來臨，必須支持政府的華文教育政策，讓子女有充分的機會學習華文漢語，也認知要提高華語文的程度。要有效提高華語文程度，就必須提高師資素質，增加教師薪資，充實教學設備，搞好基礎教育。有了人才，才能發展經濟，使經濟與學校人才教育形成相輔相成的良性循環，果敢才會成為富裕康樂的人間寶地。

很不幸二〇二一（民國一一〇）年二月一日，緬甸又發生軍人政變，軍政府宣布國家進入緊急狀態，敏昂萊將軍（Min-Aung-Hlaing）出任緬甸國家管理委員會主席，一人獨裁，迅即逮捕了國務資政翁山蘇姬及名譽總統溫敏（Win-Myint）和執政黨的多個領導人。隨後，全國爆發了反對軍人政變的示威，軍方對反對者採取殘酷的鎮壓。這場政變是引發緬甸近年災難性內戰的主因。內戰的導火索則是「為了清剿盤踞果敢的電信詐騙集團」。據中國中央電視台二〇二三年八月報導，電信詐騙近年來相當猖獗，騙徒通過電話或網絡，編造虛假信息冒充各式執法人員或以投資、貸款、等名義騙取無知受傷害人錢財，多地區二〇二一年始已嚴厲打擊詐騙活動，但很多詐騙團伙的「窩點」都在果敢地區，緬北與緬東至少有一千多個詐騙園區，每天有超過十萬人從事詐騙、吸毒、摘賣活人器官等非法活動，務必盡速根除。

發起者是已故果敢王彭家聲的長子彭德仁領導的緬甸民族民主（MNDAA）同盟軍。彭家聲雖在二〇〇九（民國九十八）年發生的「八二七」武裝衝突中遭緬甸政府軍驅逐攜子彭德仁離開果敢，但實力仍在，經歷十餘年後更為壯大。當見有機可用，於二〇二三（民國一一二）年十月二十七日率部殺回果敢，稱之為「十、二七行動」。同盟軍同時發表了「告全國人民書」，主旨是為了清剿盤踞果敢的電信詐騙集團及打敗政變武裝軍閥，還給緬甸各族人民自由與民主，且稱：「同盟軍將盡一切可能保護人民的利益，保護國際商人的正當投資和人身安全，並指責軍政府自二〇二一年策動政變以來，使國家陷入了無政府狀態，軍人用暴力鎮壓人民、貪汙腐化，與詐騙集團同夥，人民越來越窮，國家正處於越亂越窮的惡性循環之中」。同盟軍於控制的「果敢民族之聲宣稱：「二〇二一年政變引發的災難性內戰，使緬甸各地自政變後成立的反軍政府游擊隊有十四支宣布支持「十、二七行動」。如德昂民族解放軍（TNLA）、若開軍（AA）、克欽獨立軍（KIA）、撣邦軍等都已加入同盟軍的戰鬥。同盟軍及聯軍攻勢凌厲，一路凱歌，已攻下撣邦近百個大小據點，政府軍已有多營主動棄械投降，果敢清水河鎮已被占據，詐騙集團四大家族的白所成、白應蒼、明珍珍、魏懷仁、劉正祥、劉正茂及詐騙犯四萬多人已被分批抓捕移送中國。堅信同盟軍及聯軍將取得最後的勝利。

第五節 佤邦特區的成立與緬共終結

緬甸撣邦面積約為十六萬平方公里，占全國面積的百分之二十三點六，差不多是臺灣五倍。緬甸獨立後，出現了「果敢第一自治特區」，面積約三千平方公里，但到上世紀後期又出現了「佤邦第二自治特區（Wa Special Region of Myanmar）」，而且聲勢超過果敢特區，當然對緬甸的影響力度也大於果敢特區。佤邦位於雲南省滇南與緬甸接壤的阿佤山區（Awashan），面積約三萬平方公里，是果敢特區的十倍。一九八九（民國七十八）年四月十七日佤邦建政，正式成為緬甸撣邦境內「第二自治特區」。全邦分為邦康（Pangkham，舊稱邦桑 Panghsang）、勐冒（Mongmao，漢語取名為新地方）、南鄧（Namtit）、勐波（Mengbo）、猛片、萬宏、擁邦七區，首府在邦康（Panghsang）。佤邦的住民主要是佤族、傣族、漢族等，共有十六種民族。

佤邦的出名有兩大原因：

一是它曾經是亞洲最大的罌粟（鴉片）種植區，也是全地球最大的鴉片產區，二十世紀馳名國際的毒梟昆沙（Khun Sa，漢名張奇夫）、羅星漢在此地發跡，也在此沒落。

二是此地是緬甸共產黨的老巢，緬共於二十世紀六十年代末，在此成立了一〇一、二〇二、三〇三、四〇四，四大軍區，武器裝備精良，經過與緬甸政府軍多次的戰爭，以勝多敗少的戰績，讓緬甸軍政府頭痛多年。如一九六八（民國五十七）年元月一日凌晨，原本寂靜的夜空，轟隆隆的砲聲從滇緬邊界的緬甸境內傳出，槍聲、砲聲、手榴彈、四〇火箭筒爆破聲交織成一片，緬甸政府軍正在睡夢中，還不知道發生了什麼事，就已被緬共人民軍三〇三軍區、四〇四軍區一舉攻占了陣地，政府軍死的死、傷的傷，一下子潰散。一九六九（民國五十八）年四月，三〇三軍區已經拿下了撣邦勐古（Mongkoe）、猛牙、猛洪、南莊、棒賽（Pang Hseng）、猛基等大片土地。四〇四軍區，也攻下果敢大部分地方。到一九六九（民國五十八）年八月十九日，緬共成立三十週年紀念日時，三〇三軍區已占領了二千多平方公里土地，五萬多人口。一〇一軍區也占領了三十三個村莊，一萬五千多人口。四〇四軍區的三個營，還西渡薩爾溫江到三〇三軍區配合作戰，準備南下臘戌，創建更多根據地。

中共為何要培植緬甸共產黨？原因有四：

首先，最關鍵的理由是，要徹底消滅中緬泰邊區，仍然有一股力量，效忠已遷臺灣的中華民國政府。一九四九（民國三十八）年中共剛建政，政權還未穩固，一九五〇（民國三十九）年六月就爆發韓戰（朝鮮戰爭），剛播遷臺灣的中華民國政府，也正面臨存亡的關頭，然因韓戰爆發美國重新支持國民政府，還策動這股力量，在中緬未定界集結反攻雲南，攻克十餘縣，建立了臨時政權，並牽制了中共軍隊抗美援朝。中共明瞭要消滅這股勢力，必須借助外力，剛成立的聯合國雖是最佳場域，然而當時的聯合國，中華民國還是五常任理事國之一，擁有否決權，蘇聯老大哥雖善用否決權，但力量還不夠，緬甸是不結盟中立國，到六十年代，緬甸人吳丹（U Thant）出任祕書長，頗有聲望。緬甸獨立後，中華人民共和國和緬甸聯邦，關係非常密切，緬甸聯邦也面臨非處理不可的中國內戰中流落在緬甸境內的國軍殘部。泰緬邊區大其力之戰，緬甸國防軍死傷慘重，空軍司令員陣亡的事，還在眼前，繼後滇緬未定界中已建立了反共大學，有抗戰名將李彌將軍主持軍務，其手下有作戰經驗的將領多人，而且，天天還有來自各方的年輕人加入，力量早已遠超過緬甸國防軍，藉中共的力量消滅他們，已是最好的選擇。

其次，中共建政後已與蘇聯老大哥協議，要搞世界革命，輸出共產武裝奪權是必要的手段，在緬甸扶植武裝力量是既定赤化世界的政策。

第三、緬甸人種複雜，物產豐富，西臨印度洋，東依太平洋，具戰略價值，來日中國勢必發展海軍，要出印度洋，只有緬甸一條路。培植緬甸共產黨製造爆亂，牽制緬甸政府，可從中坐收漁利。

第四、緬甸共產黨是緬甸締造者翁山早年就成立的，但一直未能打入政府核心，掌握實權，做為老大哥的中共，於適當時間要助其一臂之力奪取政權。

所謂的佤邦特區，若追因溯源，和位於滇西的江心坡與滇南卡瓦山幾十萬平方公里的未定界地區關係密切，在明清王朝時代這些地方都是中國的土司地，一直由土司管轄（朝廷分封的土官得世襲）。但時至清末，因朝政腐敗，西方帝國主義崛起，緬甸被英帝國殖民後，英帝國政府利用軍事、政治、經濟、宗教、文化等手段，交替靈活應用，不斷蠶食京呑中國雲南邊陲的領土。緬甸未獨立前的民國時期，雖有勘界談判，然因英帝國的強勢作為，國民政府只得忍氣呑聲，讓未定界繼續存在。緬甸獨立時，單方面宣布要繼承英國殖民時期的領土。特別是二次世界大戰中，英國趁國民政府抗日戰爭最艱困階段，要脅關閉緬甸至雲南，有抗戰生命線之稱的「滇緬公路」，國民政府被迫於一九四一（民國三十）年六月十八日，與英國政府換文，暫緩處理長期以來被英國占領滇西的江心坡，滇南薩爾溫江沿岸領土的立場，這明顯是不平等協議。半年後，太平洋戰爭爆發，日本於偷襲美國遠東海軍基地珍珠港的同時，向美、英、荷、法等同盟國宣戰。戰爭初期，盟軍不堪一擊，連連敗退，日軍快速席捲整個東南亞，美英法等國的殖民地，還聲言要與納粹德國在中東會師，瓜分世界。大英帝國在東南亞殖民地最多，但士氣低落，遇日軍就倉皇退卻，尤其在緬甸戰場，採「棄緬保印」戰略，日軍每每重創英軍。這時，英國才一改以前反對中國軍隊進入緬甸保護滇緬運輸線的立場，聯合美國請求中國軍隊進入緬甸對抗日軍，於是，國民政府應美英請求，派出十二萬精銳的遠征軍入緬作戰。初戰取得了緬甸中部的仁安羌大捷，解救了七千多被圍困的英軍後，但在英軍既定棄緬保印戰略下，英軍只顧逃跑，放棄了中英聯軍在曼德勒與日軍會戰的計畫，要中國遠征軍掩護撤退到印度。而此時，由泰緬邊區侵入緬甸臘戌的一股日軍已迅速北上，切斷了中國遠征軍的退路，迫使中國遠征軍必須穿過緬北野人山的原始森林，在極惡劣的環境，加上沒有任何補給下，損兵折將近五萬人，部分到了印度，部分回到雲南。

後因韓戰的結束，美國對中華民國政府態度的轉變，一九五四（民國四十三）年，中共與緬甸的合作，終於成功，第一批滯留滇緬未定界的孤軍撤回臺灣，幾年後又有第二批撤走。此時，緬甸政府先要求中共撤出滇南卡佤山未定界地區的解放軍，中共不便拒絕，但提出中共軍隊撤出後，緬甸除了文職行政人員，軍隊不得進入未定界地區，兩國政府應盡快安排戡界談判，澈底解決兩國未定界的問題。

所以，自一九五四（民國四十三）年到一九六〇（民國四十九）年間，滇緬未定界的卡佤山，延伸到泰緬寮邊界的金三角地區，這一大片山地，成了三不管地帶，形成了毒品泛濫，賭博猖獗，武裝火拼，變成了人間煉獄也是天堂的奇蹟。一九六〇（民國四十九）年中緬進行戡界協議，中共為攏絡緬甸，心想中國北方幾百萬平方公里的領土，被俄國侵吞，尚未收回，南方只幾十萬平方公里，讓一些給緬甸又何妨？於是，滇西未定界江心破，僅收回了片馬、夷洞、崗房等地幾千平方公里。在滇南未定界地區，同意將薩爾溫江以東的卡佤山劃歸緬甸。且對撣邦與果敢的自治權，因有緬甸獨立前一年由翁山主持的《彬龍協議》民族自決，願意成為緬甸聯邦的一邦，也就默認。

然而，阿佤山這一塊約三萬平方公里的山地，緬甸政府一直以來沒有任何政治、經濟、文化的基礎，緬語、緬文、緬幣不通行，緬甸政府實在沒有能力有效管理。中共同意劃歸緬甸，當地的佤族也有意見。而佤族驍勇善戰，在國民政府時期，是由忠於國民黨勢力的佤族各部落自行管理經營，只有昆馬地區（Kun ma）的鮑氏家族等少數部落，傾向中國的共產黨政權。其間還發生過鮑氏家族受忠於國民黨勢力的壓迫，鮑氏首領的兒子鮑有祥起來武裝反抗，得到中共的武器裝備及人員培訓，才撐了下來，中共建政後鮑有祥有了出頭天。

鮑有祥是一個有眼光、有膽識、有能力的領袖人物，他看清楚佤邦要立足有未來，不能脫離緬甸搞獨立，只能成為一個自治特區。但在與緬甸軍政府談判成為特區前，有三大內部問題要解決：

一是要終結緬甸共產黨在佤邦的領導。

二是要打垮昆沙集團在佤邦的胡作非為。

三是要在佤邦根絕種植罌粟。

當成為特區後，還有許多重要政事要興辦：發展佤邦的經濟、開發電力、修路搞好交通、興辦教育培育人才、廣蓋醫院、教育人民改變生活習慣、發展農業，解決糧食不足的問題等等。

首先鮑有祥知道要藉助緬共的力量解放與統一佤邦，阿佤山地區有緬甸政府軍，也有護煙（罌粟）自衛隊，還有多股頗具戰力的游擊隊，及國民黨中國工作處幾個站的武力。一九六七、六八年間，緬共透過各種方法說服了四支游擊隊，接受緬甸共產黨領導編為緬共人民軍，組成四個營兵力，於一九七一（民國六十）年解放了北邊的勐冒，改名「新地方」。爾後人民軍擴編為五個旅，逐漸向南方推進，於一九七三（民國六十二）年，緬共東北軍區從新地方移到邦桑（後改邦康），於占領南佤縣後，成立了南佤縣政府，經過了幾年的苦戰，終於將佤邦地區基本統一。

在七十年代，緬甸的內亂主要是尼溫軍人集團與各少數民族間的衝突，緬共與各少數民族間並無太多矛盾，尤其撣邦緬共統治東北軍區的管區，各地首領都支持緬共的領導，勢力很可觀，大有可為。但不知緬共中央是頭腦發熱，還是心血來潮，下令要在佤邦地區辦農會，進行共產黨慣用的階級鬥爭，各族人民對階級鬥爭了解甚少，主政者亦未有周詳計畫，階級鬥爭的第一步是突然宣布「七五年禁種罌粟」，立刻造成社會的動盪和混亂，引起人民的反感。很不幸，七六年佤邦爆發歷史上罕見的鼠疫，溫高縣尤其嚴重，一些村寨十室九空，到九、十月間，災民四處流浪，有的甚至討飯討到滇南思茅地區，經過這次的人禍天災，佤邦人口減少很多。

本來在七四、七五年緬共東北軍區，已立定腳跟，形勢一片大好，兵員增加，與緬共中央的關係也好，而緬共中央在各民族邦的根據地，成立的地方政權也擁護緬甸共產黨的領導，乘著緬甸的內亂，可以一舉擊敗尼溫集團奪取政權。然而，歷史的發展轉了方向，緬共中央的領導人，忘了一九五〇（民國三十九）年，幾乎能奪下首都仰光，取得全國勝利，但卻失敗的教訓，大緬族主義再度抬頭，搞起內部鬥爭，最後是搞垮了自己，終致退出了緬甸的歷史舞臺。

緬共的垮臺有三大原因：

一是自身的腐敗：緬共中央重用一些只顧自己的利益，貪汙，收賄的官員，讓有作為的幹部看在眼裡，讓警覺性高的人民離心離德。

二是排外心理作祟：首先是架空了幾位有功的副司令，讓其有虛名而無實權。對中級幹部能力強的，文化高且有軍事指揮能力的，中央說他們有狹隘民族主義閒置不用。還把矛頭指向一起打天下的貴州老兵，這些老兵以克欽族為主，他們本愛喝酒，中央藉口說其生活不嚴肅，組織性不強而加予排擠。最要命的是藉莫須有的罪名，整肅中國來投奔曾建功的知青，將李如景、徐文彬、杜思遠三人打為反黨集團；李是昆明華僑補校的緬甸僑生，非常有能力，在緬共東北軍區深得軍區重用，已因功任六大隊副營長；徐是昆明知青下放邊疆，投奔緬共的褲腳兵，已因功任軍區保衛處幹事；杜是昆明知青，時任三〇三七的連指導員，是一位極優秀的幹部。緬共將其打為反黨集團後，逮捕送回中國治罪，後經雲南省高等法院判決徐文彬五年有期徒刑，杜思遠十年有期徒刑，李如景是緬甸僑生，緬共認為家醜不能外揚，讓他回家。經過這次的整肅，知青士氣大受影響，許多知青退伍的、請假的，紛紛離開。

第三個因素是，緬共對國際情勢的誤判：一九七六（民國六十五）年中國文化大革命結束，當年周恩來、朱德、毛澤東三個共產黨的主要領導人先後逝世，鄧小平實際掌握了中共的領導權，他審時度勢，放棄了毛澤東「無產階級世界革命」路線，聲言逐步停止對東南亞共產黨的經濟、武器、軍事的援助。一九七九（民國六十八）年中國開始搞改革開放，加強和世界各國發展關係。到一九八八（民國七十七）年初，撣邦果敢特區的彭家聲，決心脫離緬共另豎旗幟，成立果敢同盟軍。緬共中央想以武力對付彭家聲，命令當時任北佤縣縣長兼緬共第十二旅旅長的趙尼萊及中部軍區副司令鮑有祥率軍前去鎮壓，這一作為敲響了緬共的喪鐘，加速了緬共的垮臺。

一九八八（民國七十七）年十二月二十日，趙尼萊、鮑有祥等藉出兵前議事，認為緬共近幾年一連串犯下錯誤，佤邦民族跟隨緬共二十餘年，付出了許多佤族人的寶貴生命，如果再跟著緬共走，佤族人的興亡就會成大問題。而且果敢同盟軍是和自己一起奮戰二十年的戰友，兄弟之間怎能兵戎相見？經思前想後，在上級軍令難違的情形下，趙、鮑二人決定於一九八九（民國七十八）年四月十七日調轉槍口舉事。這期間經過了周詳的計畫與安排，四月十七日早晨天才剛亮，起義軍就拿下司令部邦桑，抓捕了緬共中央所有要員，義軍問緬共中央委員，想去哪裡？他們回答：「要去中國」，於是，起義軍答應把二百餘緬共送過南卡江，但緬共中央主席德欽巴登說自己年邁有病，請求留在緬甸，義軍不准，用籐椅做擔架抬到江邊，送過對岸。這次起義是鮑有祥坐鎮指揮，而對佤邦具歷史意義的「四一七」事件，成了佤邦新生的紀念日。起義只用極小的代價就取得了大成功，緬共從此退出了佤邦，也告別了緬甸的政治舞臺。

因起義的成功，趙、鮑成了新的領導人，隨後成立了「佤邦聯合軍（United Wa State Army）」，組織了「佤邦聯合黨（United Wa State Party）」留在佤邦的原緬共黨員集體轉黨，加入了「佤邦聯合黨，鮑有祥當選了黨主席。在佤邦聯合黨的領導下，又經過六年的戰鬥，聯合緬甸政府軍打垮了昆沙（張奇夫）集團，迫使昆沙向緬甸政府軍投降。一九九七（民國八十六）年佤邦聯合黨中央委員會主席鮑有祥向世界莊嚴承諾：「二〇〇五（民國九十四）年，如果佤邦不能禁絕罌粟，那就把我的人頭交到聯合國」。

一九八八（民國七十七）緬甸發生大規模民主運動，老邁的尼溫退居幕後，蘇貌將軍繼尼溫接掌政權，改緬甸社會主義綱領黨為緬甸民族團結黨，成立緬甸聯邦恢復法律和秩序委員會，向各邦少民族發出友善呼喚。一九八九（民國七十八）年五月，佤邦聯合黨派出代表和緬甸軍政府接觸，之後，佤邦按照果敢模式和緬甸軍政府達成口頭協定，停止內戰，接受軍政府領導，佤邦成為「緬甸撣邦東部第二自治特區（Shan State Special region 二）」，部隊名稱改為「緬甸武裝員警」，緬甸中央政府每月發給一千五百人的津貼和大米，九〇年再增加一千人，趙、鮑二人定為上校軍階敘薪。有了緬甸政府的承諾，經過準備，佤邦聯合黨於一九九二（民國八十一）年十一月十六日，在邦康（邦桑改名）召開了第一次代表大會，選出了佤邦聯合黨中央委員，通過了黨綱、黨章，黨的性質和指導理論及黨的奮鬥目標；最低目標是佤邦實現區域民族自治，發展佤邦經濟和文化教育事業，把佤邦建設成為自給自足，文明的新佤邦。最高目標是響應緬甸民族團結黨，為了實現緬甸多黨制的各民族團結、平等的聯邦共和國。

且自一九九〇（民國七十九）年取經中共就制定了第一個五年計畫，全力推行市場經濟，向既定目標邁進。佤邦把發展農業、開發礦產訂為主要工作重點。鼓勵私人投資興建水電，在緬甸各大城市創辦公司。二〇〇〇年前，佤邦財政部即在仰光市中心，購置八億緬幣的十幾層大樓一棟，作聯合辦公場所。並在全緬適當地點，投資鋼鐵廠、銀行、航空公司、電纜廠、寶石加工廠、塑膠管廠等。也參加昆明的國際貿易交易會。

二〇〇九（民國九十八）年四月十七日，佤邦成立二十週年，已有了翻天覆地的變化，從一個落後的農業社會，進入由城鎮帶動的市場經濟；建設了邦康、新地方、南鄧、猛博、猛片、萬宏、擁邦等新興小城鎮，結束了佤邦只有農村沒有城市的歷史。一九八九（民國七十八）年時，佤邦糧食只夠吃四個月。以前群眾生病多數是求神拜佛，或以鴉片治病，嬰兒出生，夭折率百分之八十。只有四家醫院，八個衛生所，一百七十五名醫護人員。僅有三百公里的旱季公路。一座四十千瓦的水電站，還是中共無償援建的。僅有二十所簡漏的小學，學生四百八十人。到二〇〇九（民國九十八）年，二十年間已有學校三百六十所，學生三萬六千餘人，初中、高中、中專職校皆有，培養了許多學生投身各行各業。醫院增至二十家，衛生所增至一百七十五所，嬰兒出生死亡率降至百分之三十以下。糧食已夠吃八個月。公路增為三千公里，且四季都能通車，實現了縣、區、鄉皆有公路。已建有八座水電站，裝機容量一萬五千九百五十千瓦。已種橡膠樹四十多萬畝，橘子、龍眼、荔枝、香蕉、芒果、梨子、茶葉等二十四萬畝。發現了金、錫、鉛、鋅、銅等豐富礦藏。真正實現了以橡膠、水果、茶葉代替了罌粟。金屬礦產成了佤邦支柱產業。尤其治安良好，各民族互相尊重、互助，過著自己安居樂業的生活，一片欣欣向榮的景象。

第七章 軍政府政策鬆綁華教復甦

第一節 華僑處境艱難佛經掩護華教

緬甸政變後在軍人極權統治下，華人的處境極為艱難，軍政府將居住在緬甸的人，分成五類；一是真緬族人，二是混血兒，三是少數民族，四是外國人歸化者，五是外國人。這五類人在緬甸的政治及法律地位有顯著差別。茲以實例證明：緬甸仰光有座名叫「總統大戲院」，是獨立後新建的，設備好，全緬一流，只放映外國片。老闆蘇君是緬籍華人，頗有企業理念，為招攬外國顧客，又在戲院對面隔街蓋了一棟五層樓的賓館，豪華裝潢、收費公道，專接待外國觀光客，卻招來了橫禍。一九六三（民國五十二）年三月政變後的第二年，賓館將竣工，被軍政府盯上，派人來勘查，藉口指他積欠稅款緬幣一百萬盾（當時值美元二十萬）。蘇君當即檢齊繳稅收據證明申訴，但無效，被移送仰光法院裁決，法院亦鄭重其事，派三位法官開合議庭，聯合審議，結果宣判，蘇君證據齊全，查察並無欠稅。此宣告一出，第二天，蘇君與三位法官均被捕，總統戲院與賓館都沒收。蘇君入獄，理由是蘇君乃華人歸化緬籍者，法官丟了飯碗，理由是協助外人破壞國家社會主義政策。

這算是較大的案子，另一個是極小案；一九六五（民國五十四）年四月，全緬華人僑校剛被沒收，有個僑生，手捧淺盤，盤中放了十多支鉛筆和十多支原子筆，在仰光大街上兜售，警察走過來，把他帶往警察局，沒收了盤和筆，人被關進拘留所一個多月，才釋放出來，理由為他是僑生，外國人破壞國家社會主義政策，已經是從輕處罰。還有一案更離譜；仰光郊區有一個緬籍的土生華裔，因小事和一個緬族人發生口角，引起爭吵，那個緬人忽然大叫；「中國人打緬甸人，大家趕快來呀」！這一喊來了十多個緬人，不分皂白，不問情由，包圍上來就打，打得那個華裔暈倒在地，還不肯放過，拿來木棍石頭，要打死他，幸好附近有一個緬甸軍官，聽到聲音，趕來制止，送往醫院急救，才撿回了小命。傷癒出院，因是打架必須移送警察局偵辦，審理結果，法官判打人者無罪，被打者有罪，理由是緬甸人信佛不會隨便打人，被打者雖是緬籍，但父母有一個是中國籍，如果祖母也是緬籍，則緬籍血統多，可享受更多緬人的權益。這種判決，簡直荒唐透頂。

諸如此類事件，真不勝枚舉。緬甸軍政府以「破壞社會主義政策」的罪名加於華人頭上，實抄襲中共「反革命」的罪條，不知造成了多少冤屈。所舉實例只是證明緬甸軍主政治排外仇外政策下，對華僑苛酷的不平等待遇而已。此外，華僑日常生活行動的自由也被剝奪，旅行居住嚴加限制，因事外出，必須寫申請書，清楚寫明時間、目的地，所走路線，所用交通工具，經當地警察局批准發給通行證，否則寸步難行。華僑居住，絕不准遷移，即使只在原址附近，也要先申請核准才能搬動。由此，不合人情世故的事屢見不鮮，如男女結婚，新娘如係外僑，日間可在夫家居住，晚上必須回到戶籍地睡覺，不照規定就違法，較諸中共極權，尤有過之。

那十幾年，華僑處在極惡劣的政治環境裡，經商的商店被沒收，掃地出門血本無歸；經營工業的，工廠被充公，老闆資金泡湯，工人失業；從事文化事業的，學校、書報社被查封，執照被吊銷，教職員、編輯、員工被趕走，社會上到處是無業遊民，再加許多無理的限制，束手縛足，幾乎動彈不得。昔日緬甸是天堂，今已成地獄，非走不可的念頭，已是大家的共識。然而，走！談何容易？本身的問題一堆，路費在哪裡？要去哪裡？真有天下雖大，但無處容身之嘆！去泰國、澳門、香港、臺灣？都非易事。奇怪的是，緬甸與中國接壤，許多人常喊：新中國已進步，已強大，但選擇去中國的則寥寥無幾，到是遠在太平洋西邊的臺灣，入境限制多，大家還是趨之若鶩。筆者在那年代身任僑聯總會理事、中華民國緬甸歸僑協會副理事長，參與緬甸華僑申請赴臺定居資格審查（主要是政治立場考察），及僑生來臺升學機票補助審核，看到有那麼多的僑胞，心向中華民國，嚮往臺灣自由民主的生活，極為感動。

緬甸軍人奪權政變後，實行一連串的鎖國措施，華文學校沒收了，報紙查封了，由國外寄到緬甸的所有中文書籍，在海關通通沒收焚燬，連一張明信片也不放過。想知道國外的訊息，不至變成井底之蛙，成年人可藉收音機，聽美國之音或中國的廣播，小孩子只有強迫去讀緬文，但大部分的華人家長對緬文缺乏興趣，認為讀英文、中文才有用途。城市的小孩去緬校讀緬文的比較多，鄉下或少數民族地區的孩子拒絕讀緬文學校，只好變成無書可讀的遊童。大一些的青少年學習做家事，否則遊手好閒會打架滋事。家長真傷透腦筋，請求以前的老師、校長想方設法救孩子。於是，補習班、家教班、早、晚班因應而生。讀書是要花錢的，補習費比以前正式上學的學費貴了許多，家長原有的商店已被沒收，大鈔已經作廢，生活本已困難，但孩子的教育也重要，家長的辛苦自不待言。孩子白天讀緬文，早晚補習，為了趕時間，通常早上三、四點天還未亮，就起床去補習班，補幾小時趕回家吃早餐，又趕去緬校讀緬文，緬校無供應午餐制度，中午趕回家吃午餐，下午再趕去學校上課，傍晚趕回家吃晚飯，又趕去補習，就這樣趕趕趕，忙得精疲力竭。太小的孩子還要家長接送，大人、小孩都累得人仰馬翻。但更可怕的是軍政府，督察隊到處巡邏，會跟蹤學生去補習班查察，如超過十九人，老師會叫去審問、罰錢，嚴重的還會牽連家長。為了安全，上課盡量分散，派家長把風，有官員來查，立刻通報，學生躲開，老師準備罰錢或被訓斥。為了掩護，補習班都會準備一本緬文或中文的佛經，躲不開就以佛經掩護，奇怪的是還真有效呢！。

這樣的日子始自一九六六（民國五十五）年，直到七〇年代底，課本用了再用，已經很破舊，但不能丟，因沒有來源，舊的還漲價，影印的已經印了再印，字跡模糊，圖片變樣，尤其原版是彩色的一再翻印，簡直看不出是什麼？為了解決教科書的問題，在臺灣的親友，曾想方設法，由泰緬邊界大其力或滇緬邊界，冒險送教科書進去，但杯水車薪，幫助不大。除了教材缺乏，教具幾乎沒有，中學教師也不夠，早年來臺灣升學的僑生，有心想回饋，但軍政府規定，凡是離開緬甸的一律不准再入境，原是外僑不能再入境也罷，原有緬籍的，離緬時必須退籍，亦視為外國人。後來開放一點點，可以去觀光，但緬甸有家的，不准回家住，要住旅館，費用以美元計，是緬幣的幾十倍。凡是在緬甸的消費，無論是坐車、搭飛機，吃飯一律憑護照以美元計算，觀光客購物，價錢非常高，不合理，不但與緬甸國民所得不成比例，恐怕是世界前幾名。

緬幣自政變後，因經濟蕭條，再經無理的廢鈔，濫發新鈔，天天跌不止，幣值已自剛獨立時一美元兌五盾緬幣，跌至一美元兌一千五百盾緬幣。自英治時代到獨立後，紙鈔只有一百盾、十盾、五盾（盾是印度的幣制單位延用）三種。輔幣有一盾、五十先令、二十五先令、十先令、五先令、一先令六種，幣值緊跟英磅，算穩定。但政變後廢大鈔，發新鈔，種類增加，尼溫極為迷信，相信星象家的話；數字以九為吉祥，或加起來是九才好，於是新鈔紙幣：除一千、五百、二百、一百、五十、二十、五、一盾外，還有五十分。更增加了九十、七十五、四十五、三十五、二十五、十五盾等，每種又因新、舊版，紙面有大小不同。進入新世紀軍政府又發行面額一萬、五千盾的。總數約四十類，恐怕是世界上紙幣種類最多、最複雜的國家。尼溫迷信再舉三例證明；他會朝鏡中的自己開槍、以人血洗澡、與一個來自阿拉干地區的年輕女子結婚。這些奇怪的行為，與佛教教義格格不入，也彰顯他具有威權主義人格。他掌權二十六年，期間經常以口頭和人身攻擊其夫人、部屬、新聞記者、外交官、教師、學生，非常好色常找年輕女子尋歡，喜與星象師為友，聽其言，舉行魔法儀式。一九七六（民國六十五）年七月，三名上尉和其他十一名軍官涉嫌謀殺尼溫，導致緬甸社會主義綱領黨祕書長山友（San Yu）和情報首長丁烏（Tin Oo）被逮捕。

第二節　政策鬆綁華文教育遍地開花

一九六二（民國五十一）年三月，尼溫政變成功，四月三十日，革命委員會宣布「緬甸社會主義路線」新政策，七月四日，成立「緬甸社會主義綱領黨」（Burmese Socialist Program Party），聲稱是融合馬克斯主義、佛教和人道主義的思想。經歷十年的鎖國高壓獨裁統治，國家整體情勢每況愈下。一九七一（民國六十）年，緬甸社會主義綱領黨召開第一屆大會，聲言決議轉型為一般政黨，宣布將起草新憲法，成立文人政府。一九七二（民國六十一）年四月二十二日公布了憲法草案，後經兩次修訂，一九七三（民國六十二）年十二月十五日至三十一日，交緬甸公民複決投票，一九七四（民國六十三）年一月三日，由尼溫以緬甸聯邦革命委員會主席名義正式頒布實施。新憲法將「緬甸聯邦」改名為「緬甸聯邦社會主義共和國」，政府組織是仿效蘇聯一黨專政集體領導的體制。經由全國各區各邦的人民，選出四百七十五名代表組成一院制的國民議會，代表絕大部分是軍人，成為全國最高立法及政權機關，任期四年。三月二日，國民議會就議員中選出二十八人，全是軍人，加上內閣總理一人，共二十九人組成「國務委員會」。國務委員會選舉尼溫為國家總統，選舉盛溫（Sein Win）為總理。這部新憲法強調各少數民族邦，沒有行政和政治主權或自治權，所以，名為聯邦，實則是軍人一黨中央集權體制。

由於表面國家體制的改變，一九七四（民國六十三）年美國以「國際控制麻醉藥品計畫」

為名，提供緬甸軍事訓練和飛機。軍政府利用其援助加強打擊少數民族獨立軍，因為他們控制鴉片的生產。但因經濟持續惡化，國債不斷增加，一九七五（民國六十四）年三月，再發行七十五、三十五、二十五盾面額紙幣新鈔應急。但僅一年半，一九七六（民國六十五）年九月五日，軍政府閃電廣播，去年發行的新鈔作廢，不兌換。民眾獲悉，有如晴天霹靂，有的甚至痛哭失聲。仰光街上幾乎店門緊閉，當日仰光大學寄宿學生數千人，無處吃飯，成群結隊在街上遊行，大呼口號，攻擊政府，於是引發暴動，縱火燒燬軍車，潑灑汽油，焚燒房屋，搗毀警察局。警察束手無策，急調軍隊入市區及校園鎮壓，大學生死傷二百餘人，民眾傷亡多人，政府不准公布。暴亂迅速擴散到全國校園，政府下令各級學校停課五十天。事後，軍政府稍調整政策，通過私人企業鬆綁，允許人民自由買賣大米及各類農產品。

一九七八（民國六十七）年一月十五日，國會議員任期屆滿改選，執政黨大勝，尼溫續任總統四年。在這一任期，國會修訂了許多法令，如「緬甸公民法」，政令較以往有鬆綁。一九八〇（民國六十九）年，美國因尼溫政府反共的立場，援助由武器改為經濟。爾後，國際貨幣基金會、世界銀行為首的西方國家，也組成緬甸援助團。但是，外國的經援，無法挽救緬甸的經濟，因軍政府欠缺靈活的經濟治理能力，使援助以失敗告終。

一九八二（民國七十一）年三月，尼溫總統第二任期將屆滿，已七十一歲的他（一九一〇年生），於一九八一（民國七十）年在黨代表大會上宣布，因年齡與健康的理由，不再連任，但將續任黨主席。一九八二（民國七十一）年十一月九日，新國會選舉山友將軍為聯邦總統。一九八三（民國七十二）年後，緬甸經濟持續惡化，通貨膨脹嚴重，國債增加到二十八億美元。一九八七（民國七十六）年十一月，聯合國給予緬甸為低度發展國家之地位，使其可獲得特別技術和發展援助，及低利貸款。

一九八八（民國七十七）年初，緬甸外債增至四十億美元，物價高漲，黑市米價是政府規定米價的七倍。貧富差距再拉大，政府官員貪汙非常嚴重，引發民怨，示威、抗議處處皆有，叛軍與國防軍交戰不斷。四月，翁山蘇姬因母親重病，自英國隻身返國探視母病，被捲入反政府運動中，更引起民眾不滿。六月，示威擴大，多城鎮發生騷亂，工人、僧侶、學生、團體齊上街頭，爆發了大規模反軍人政府的民主運動，政府軍以鎮壓方稍微平息。七月二十三日，社會主義綱領黨召開特別大會，有一千〇六十二名代表出席，黨祕書長吳艾科（U Aye Ko）承認政府的經濟政策錯誤，將採取開放政策，鼓勵私人投資，允許私人擁有土地和農場機器。大會接受了已七十八歲的尼溫辭去黨主席，山友辭去副主席及總統職位。但沒有接受副總統蘇貌將軍之辭職。二十六日，中央委員會選舉蘇貌將軍繼任執政黨主席及緬甸總統。蘇貌接掌政權後，立即更換了總理吳貌貌（U Maung Maung）和人民檢察委員會主席吳明茂（U Myint Maung）職務，任命吳吞丁（U Tun Tin）為總理，吳邵貌（U Sau Maung）為國防部長。

一九七八（民國六十七）年十二月十八日，統治中國已三十年的中國共產黨，第十一屆中央委員會第三次會議，決定實施「對內改革，對外開放」，簡稱改革開放政策，結束鎖國，將經濟建設作為國家戰略核心任務，此後經濟發展快速，緬甸軍政府有了警覺，加大了政策鬆綁的幅度。

由於軍政府政策的逐年鬆綁，嗅覺敏銳的華人，從事工商的動作加大，進入二十世紀八〇年代，各行業開始活絡。華文教育在經歷了十幾年的嚴冬低潮，開始復甦。全國有指標代表性的華文學校，如緬北克欽邦密支那育成學校，緬中曼德勒的孔教學校，眉苗的佛經學校，撣邦的果文、果邦、聖光學校，仰光的正友學校，教學逐漸正常。雖然教師、教材、設備、經費、制度等均嫌不足，但是，華校如雨後春筍般出現，只幾年全緬華校已有一百五十一所，共一千〇三班，學生總人數六萬五千餘人，華文教師一千七百八十餘位。分布如下：

一、緬北克欽邦地區含密支那與八莫，華校二十三所，共二百三十二班，學生七千九百餘人，教師二百五十餘位。

二、緬中曼德勒及並烏倫（舊稱 Maymyo，眉苗）地區，華校六所，共一百五十四班，學生七千四百餘人，教師一百四十九位。

三、緬東北撣邦地區，華校一百一十四所，共一千二百三十三班，學生四萬七千九百餘人，教師一千二百九十餘位。

四、緬南伊江三角洲地區，華校六所共四十五班，學生一千餘人，教師五十餘位。

五、仰光地區，華校二所，共三十九班，學生一千三百餘人，教師三十四位。

各地學生以幼稚園及小學人數最多，約占百分之八十五，中學只有二百五十八班，學生約一萬人。可以看出未來中學生會大量增班，教師不足，教學設備不敷，經費欠缺會更嚴重。教材問題，經協商已有緬中並烏倫佛經學校設立簡易印刷廠，翻印早年臺灣國立編譯館發行之各年級課本，以成本價售予各校教學之需。

早期來臺緬甸僑生也透過各種管道，支援自己的母校推動華文教育。筆者就曾與同時期來臺升學，在中和國中任教的趙麗屏老師，發起捐書活動，活動發起後很快得到善心回響，各類書籍從四面八方送來，趙老師商請中和國中騰出三間教室存放，我們再請輔仁大學圖書館學系毛教授帶領全班學生來義務將圖書分類打包，計約三千箱，我們找了海運公司，請僑委會補助海運費，運往緬甸。央請住在仰光與緬甸軍政府有交情，且自己有海運碼頭的撣邦果敢特區名譽主席羅星漢先生，負責接運，經過一個多月的海運時間，貨櫃到仰光又等了一段時間，海關值班官員是羅先生熟識，還送了百萬緬幣，才讓貨櫃上岸，還要經開櫃檢查，近門的都是佛經，才放行。羅先生將貨櫃放置自己的倉庫三個月，等待時機，將緬甸主要華校的校長請到仰光，筆者專程去仰光與羅先生會同來自各地區的校長，開會按地區華校數量，分配書籍文具，並當場到倉庫點交給各校負責人運回學校。因緬甸嚴禁中文印刷品入境，一旦查到就是重罪，我們能辦成這件事，除事前的評估、規劃，除要感謝捐贈的善心人士，輔仁大學毛教授師生，這其中羅星漢先生的拔刀相助，更令人敬佩。

緬甸僑生赴臺灣升學人數，也在這段時間攀升，許多讀緬甸學校中文能力不足的學生也來臺升學，造成學生素質參差不齊，引發了許多後遺症；首先是休學的人數大量增加，休學的目的課業跟不上是理由之一，但更主要的是打工賺錢匯回緬甸還債及貼補家用。此時期的臺灣經濟發達，是亞洲四小龍的龍頭，打工易，錢好賺，幣值攀升。緬甸僑生來臺，是以打工身分辦緬甸護照離境，軍政府規定，在外國打工要定期繳稅，有資金可在緬甸合法買土地、房屋。護照初時效期三年，後改五年，如不按規定繳稅，護照到期就吊銷，黑錢不能買房地產，而且要沒收。緬甸護照取得不易，只有真緬籍還要排隊等候。於是，假護照開始熱門，價錢由幾十萬緬幣到幾百萬都有，來臺灣的緬甸僑生有多人是持假護照入境的，造成滯留臺灣的「人球」問題。

但更嚴重的是護照到期無地方可延簽或換證，何況還有假護照，這批人在臺灣成了無身分證的「黑戶」，他們持過期的假護照，偷打工、偷騎車、絕不能生病，只有偷偷掉淚。「人球」事件在臺灣爆發，不但引起社會問題，也受到政府的重視，後來有剛自軍中退伍的劉小華女士的熱心奔走、請願，拜託立法委員開公聽會，藉媒體報導，經十餘年的努力，得內政部、教育部、監察院、立法院、僑務委員會的合作，本著人道關懷原則，立法頒布「泰緬」僑生身分處理要點後，讓這批黑戶取得中華民國國民身分證，解決了人球問題。

此後，教育部與僑務委員會研商，要限縮緬甸僑生來臺名額，並建議海外聯招會，在緬甸與泰北分別設立考區，分五專與大專兩組。在臺灣命題，設法攜往泰緬考試，考畢將試卷攜回臺灣閱卷，按成績錄取分發，以改進僑生程度參差問題。然而，泰國入境方便實施順利，但緬甸對外國旅客攜帶中文資料，嚴格限制，且對中華民國極不友善，只有托相關僑胞攜帶試題入境，再影印考試。緬甸考區初設在首都仰光，全國各地考生集中到仰光應試。只有短暫幾年，發生試務人員私售試題洩題事件，嚴重影響考試公平與試題保密原則。尤其考生多來自緬北，路途遙遠，需有家長陪伴，在仰光吃住也有問題，花費不少。僑校建議僑務委員會，考區移至緬甸中部大城曼德勒，聯招會同意，情況有了改善。後來緬甸軍政府政策再放寬，僑務委員會可以派官員攜帶印製好的試卷至考區考試，考畢帶回臺灣批改。為顧及考生來源，聯招會進一步同意在撣邦臘戌、克欽邦密支那增設考區，繼而又增設撣邦東枝考區，再後更進步到，委請留臺緬甸同學會，緬甸歸僑協會，選派有經驗退休教師擔當試務工作，由四考區高中互派教師監試，杜絕自己學校教師監考自己學生，有放水的嫌疑，維持了考試的公正、公平。僑生的錄取名額也一年比一年增加，僑生在臺灣的表現也越來越好。僑務委員會辦理緬甸僑教人士回國參訪，短期教師培訓也更積極。

緬甸僑教的發展與僑生來臺升學與畢業後就業，取得居留權問題也在各方深諳緬甸僑教人士的建議後，取得共識，有助僑務委員會釐訂僑教政策。二〇一四（民國一〇三）年六月，僑務委員會在臺灣師範大學進修部辦理緬甸地區僑校經營者行政管理研習班，有校長、主任四十人參與，始業式由僑務委員會委員長陳士魁先生主持，陳委員長說：「緬甸環境特殊，僑教工作能成功，都有賴華文教育者的熱忱，在座各位居功厥偉，憶起上世紀九十年代，在擔任僑務委員會第二處，即今之僑教處處長任內，曾多次參訪緬甸，看到在極度缺乏資源的情況下，當地僑胞仍不畏艱險，深度投入華文教育，辛苦地傳承中華文化，學生也都刻苦用心學習，令人非常感動。進入新世紀，緬甸正要開始起飛發展，希望大家鼓勵華裔子弟，運用華語文的優勢，把握機會成為領導人才，進而擠身緬甸主流社會，不但自己有前途，也才能把華人的語言、文化繼續傳揚下去」。

結業式由副委員長陳玉梅女士主持。她說：「陳委員長與緬甸僑教緣深，非常重視緬甸華文教育，去年還特別指派主任祕書張良民先生組成〈緬甸工作小組〉，實地走訪緬甸僑校，了解當地僑教工作推動情形。緬甸華文教育過去有許多限制，對華文教育工作者造成極大障礙，僑務委員會與緬甸歸僑協會合作，辦理師資培訓，也鼓勵來臺升學的緬甸僑生，在學業完成後返緬甸，擔任華文教師，以實際行動回饋協助當地主持僑校，推動華文教育工作。過去因一些因素，使緬甸僑生來臺留學名額受到限制，近年來在僑務委員會極力爭取下，招生名額每年已放寬至一百人，只要緬甸僑生表現好，未來僑務委員會將努力爭取更多名額」。她並向在座的僑教工作者保證，在緬甸推動僑教，絕對不會是孤獨的，僑務委員會一定做大家最有力的後盾。繼後，除五專、大學，再增設二技海青班，及產學攜手合作專班，讓來臺升學的管道多元化。近年緬甸僑生在學人數已超過千人，有不少已在研究所攻讀碩士，總體表現越來越好，且有許多來臺學成緬甸僑生，返回緬甸成家立業，在各行各業中現出成績。

二〇一四（民國一〇三）年，中華民國政府在仰光，設立財團法人國際合作發展基金會，駐緬甸辦事處，二〇一六（民國一〇五）年，更名為駐緬甸臺北經濟文化辦事處，直屬中華民國外交部，二〇一五（民國一〇四）年六月二十二日，緬甸駐臺北貿易辦事處掛牌，直屬緬甸聯邦政府。緬甸與中華民國自一九五〇（民國三十九）年斷交，相隔已六十五年，這是兩國恢復交流的重大突破。

緬甸克欽邦育成高級中學校門（黃通鎰提供）：本書作者（右起第六人）與克欽邦熱心僑教友人合影：左起第二人現任育成學校校長尹勝邦，左起第四人育成學校第一任董事長蔣恩元、左起第五人育成學校現任董事長李成潤、左起第六人曾任育成學校校長17年，董事長六年楊啓芳（已故）、右起第二人密支那雲南同鄉會現任會長暨育成學校前任董事長高仲品、右起第四人育成學校校友會前任會長陳本俊（已故）、其餘為育成學校董事會理監事。

第三節　緬北華文教育蓬勃發展

緬甸北部地區稱上緬甸，是根據一八八五（清光緒十二）年英國滅緬甸最後貢榜王朝，將各地區合併稱為「英屬緬甸」，為便於管理在上緬甸設置了四個行政區，分十七個縣；其主要範圍包括；現在的曼德勒省、實皆省（Sagaing）、撣邦與克欽邦，總面積約三十七萬六千五百〇九平方公里，占緬甸總面積的百分之五十五點七。但若回溯歷史，約有十六萬九千平方公里原是中國的國土，主要位置在撣邦與克欽邦。今撣邦面積十五萬五千八百〇一平方公里，克欽邦面積八萬九千〇四十一平方公里，兩邦面積二十四萬四千八百四十二平方公里，占緬甸總面積之百分之三十六點二，其中約十六萬九千平方公里原屬中國。

緬甸華文學校自軍政府政策鬆綁進入新世紀，二〇一四（民國一〇三）年中共駐緬甸相關人員調研，全緬華校總數已逾三百所，學生總數約十五萬，教師約三千五百位（尚不包括佤邦特區的三百六十所，果敢特區的二百二十二所）（如華校分布圖）。緬北地區有華校二百一十八所，學生一萬餘人，教師三千餘位，教師大專以上學歷者有四百八十五位，學校數占全緬甸百分之七十二點七，學生數占百分之七十，教師數占百分之八十五。如回顧緬甸華教史，自一九〇四（清光緒三十）年創辦第一所華文學校，百餘年來曾歷盡滄桑，在二十世紀緬甸獨立前的年代，至獨立初期的十餘年曾是華文教育的黃金期，華校總數約三百所，但到一九六二年尼溫將軍發動政變，一九六四年沒收所有華校，爾後華文教育進入停滯期，直到軍政府政策鬆綁的九〇年代，華教有了復甦的機遇，進入新世紀迎來了蓬勃發展期，在數量上已超過早期的黃金期。但因緬甸華教始終未被緬甸政府承認取得法律地位，軍政府以睜隻眼閉隻眼的態度，致使緬北的華教多數仍以補習班、家教班的形式為主，只有部分華校比較正規化，但教材仍缺乏系統與連貫性。

華教的興衰與華人的數量關係密切，由於緬甸華人數公布的與認知的是一項誤差很大的數字。早期的華民以粵、閩兩省居多，滇民及其他省人次之，而粵閩華人經緬政府的廢華教強迫緬化，多已失根或外移，但滇民係新移民，多集居於緬北，主要分布在緬中的曼德勒（Mandalay）、並烏倫（Pyin Oo Lwin）、抹谷（Mogok）、撣邦的東枝（Taunggyi）、臘戌（Lashio）、當陽（Tangyan）、景棟（Kengtung）、大其力（Tachilek）、皎脈（Kyaukme）、貴概（kutkai）、弄曼（Nawngmawn）、木邦（Theinni）、南坎（Nan kang）、木姐（Muse）、曼沾（Man Sam）等大小城鎮及克欽邦的密支那（Myitkyina）、八莫（Bhamo）、洋人街（雷基Lweje）、縱貫鐵路沿線的莫允（Mohnyin）、莫港（Mogaung）、和平（Hoping）等二線城市。所以，每個地區都有華校，城市大華民多華校就多，城市小華校就少。茲重點簡述如下：

曼德勒孔教學校：曼德勒（Mandalay）華人稱瓦城，孔教學校在市中心，有四個校區，進入新世紀時學生人數近萬，自幼稚園至高中，十五年一貫制，完全用臺灣出版的教科書，是緬甸親中華民國眾多華校的龍頭，也是海外聯招會的最重要據點。創校校長吳中庸先生，原籍臺灣，是二次大戰時留在緬甸的人士，有國學根柢，具書法造詣。因二戰前瓦城有「孔孟學術研究會」，以私塾方式傳揚中華文化，緬甸獨立後，孔孟學術研究會改名「光華學校」，有初中辦得不錯。一九六四（民國五十三）年光華學校遭軍政府沒收，兩年後的一九六六（民國五十五）年，風頭稍緩，為傳承中華文化香火，吳中庸先生結合光華學校校友及華教熱心人士，祕密成立董事會，公推吳先生為董事長兼孔教學校校長，以「如來孔教學校」的緬文課本掩護教授中文，教室在曼德勒七十九條街的兩間平房裡。初創時期學生不多，以小學為主，因風險很大，教學異常艱辛。直到八〇年代後期，軍政府政策稍鬆綁，增加了初中部，學生人數增加，原教室不敷使用，段必堯董事發起先由董事認捐，再向熱心僑教人士、社會賢達、學生家長募款，一九八七（民國七十六）年在瓦城北區購買校地一塊，一九九一（民國八十）年開始興建四層樓校舍，歷時一年竣工，同時增辦高中部。一九九二（民國八十一）年段必堯董事當選第二屆董事長，蔡育賢、謝傳健兩位當選常務副董事長，吳中庸因年事已高任榮譽校長，張旭、寸時達兩位為副董事長兼代校長，王陞鴻、王興富、胡定奇、張連華、尹培富、陳雲鵬等任副校長，張鑫昌為祕書長，加上董事多位，組成了龐大的董事會。隨著學生人數的快速增加，一九九四（民國八十三）年，董事會先後在東區及南區購得校地兩塊，一九九七（民國八十六）年兩區教學樓同時興建，同時落成。千禧二千年在北區承僑務委員會之命辦理二年制「簡易師範班」，特聘請早年自緬甸赴臺灣升學，國立師範大學畢業，從事教育工作，有豐富學校行政經驗的尹紹端先生任校長，培養在地師資，兼為在職教師進修。二〇〇八（民國九十七）年再購得新城校地一塊，二〇一一（民國一百）年新城校區教學大樓落成，使孔教學校在瓦城地區成為擁有北、東、南、新城四個校區的大型華文學校。近十年孔教學校設總校長一位，董事會請資深校長尹正榮擔任（尹校長於二〇二一年初逝世），各區設校長一位，盡量請僑務委員會推薦在臺灣校長退休或資深主任退休人員赴任，由僑務委員會按海外華校自聘教師每月支付生活費及年度往返機票。

曼德勒孔教學校自創校迄今，已走過半世紀歲月，從最初的篳路藍縷，逐漸走向輝煌，其間歷屆董事，家長、熱心華教的社會賢達功不可沒，許多負責盡職，奉獻教育愛的老師，更令人敬佩，尤其幾乎一生為孔教學校奉獻犧牲的吳中庸校長（已逝世）暨段必堯董事長（已逝世）是學校的靈魂人物，實居功厥偉。然而，歲月更替，環境變遷，新世紀來臨，中國國力崛起，以國家力量在海外推展華文漢語，曼德勒市的華文學校除孔教學校外，新增了明德學校、福慶語言電腦學校、昌華學校、新世紀學校、雲華師範學校、育才學校、CSK漢語培訓中心等具競爭力的華教機構，在華校生員有限的制約下，孔教學校的學生人數已大幅減少，迄二〇二二（民國一一一）年已不足四千人，但孔教學校仍堅持用臺灣出版的教材，但早年國立編譯館發行的教材內容，與緬甸現行的華教有嚴重脫節現象，而現在臺灣出版的教材，過分強調本土化，去中國化，亦不適合緬甸華教，未來攸關華教極關鍵的教材如何走向令人擔心?!

曼德勒雲華師範學院：進入新世紀的千禧年，隨著中國經濟的崛起，中共政府高度關注海外華人的生存和發展，著力發展華文教育，開創中華文化增強國際影響力。曼德勒雲南同鄉會第十屆理監事會決議創辦「雲華師範學院」，理事長李先瑾先生率全體理監事暨熱心華教人士，發動募捐，籌集資金，購買曼德勒五十五條街土地一塊，為興建雲華師範學院奠下基礎。至第十三屆理監事會在尚興璽會長領導下，得熱心華教的僑領們的慷慨捐輸，在中共駐緬甸大使館、駐曼德勒總領館的指導，二〇一二（民國一〇一）年雲華師範學院硬體設施完成。

雲華師範學院是一所集教學和文化交流為一體，以培養華校語文、數學教師為目標。設幼稚園、小學、初中、高中十五年一貫制的學校。主旨是開展華文教育，傳揚中華文化，促進中緬友好，重視德、智、體、群的教育理念，以「面向當地、傳承祖籍、放眼世界」的辦校方針，努力構建開放、文明、多元、互動和諧的校園，

學院占地一萬三千三百五十五平方公尺，六層橢圓型教學大樓，實驗室、電腦室、音樂廳鱗次櫛比，彩塑跑道和多個燈光籃球場、排球場供教學之用，校園綠樹成蔭，環境優美。採用語音、電腦、投影儀和智慧版等現代化多媒體教學。學校緬文部已經政府教育部批准合法註冊，名為「雲華緬文私立中學」，學院實施全日制的中、緬、英三語教學，將華文教育和緬文教育體制接軌，目標是把雲華師範學院打造成由中華文化主導的中、緬、英文化交流基地。

二〇一七（民國一〇六）年九月，中國駐緬甸大使館召開「緬甸華校代表座談會」，洪亮大使致詞時說：「雲華師範學院不單是曼德勒華人華僑的學校，而是全緬華人華僑的，學校可以冠上《緬甸雲華師範學院》名稱。今後如緬甸國情和政策允許，希望雲華董事會能拓展空間、擴大視野，把「緬甸雲華師範學院」升級為「緬甸雲華國際大學」。雲華師範學院創校迄今只有短短的十餘年，還有很大的提升空間，基礎有待進一步夯實，機制需進一步完善。雲南

同鄉會理監事會要謹記洪亮大使的叮囑和鼓勵，在現任第十五屆蔣恩悌會長的領導下，早日達成「雲華國際大學」的宏偉目標，為緬甸的華文教育創造新紀元。

距曼德勒省不遠的並烏倫市（昔稱眉苗），有兩所親中華民國的華校；華文佛經學校與年多學校，創校已有半世紀，都辦到高中。佛經學校還設有臺灣教材翻印的印刷廠，但在大環境變遷下，還能維持多久，實難預料。並烏倫縣轄的摩谷地區，因盛產寶石，酷愛寶石的華人雲集於此，大小華文學校林立；最大的千佛寺中華佛經學校，新寨子明德學校，各校學生人數約一千五百人。其他學校有；皎邊愛華中小學校、涑北慶華學校、皎邊幸華學校、仰東本緬果文學校、冰孔水洞中信小學、冰孔小街子興華學校、冰孔包場中興學校、冰孔箐門口培育學校、地皮灣聖光學校、德盼炳果民學校、和諧漢語培訓中心等十一所。

南撣邦東枝是撣邦的首府，精華地帶，華文教育原來就有基礎，雖受軍政府的毀滅性打擊，但當政策鬆綁，如雨後春筍般華校紛紛冒出，現有大小華校三十三所名稱為；興華學校、果文學校、榮民達學校、榮光小學、東華語言電腦學校、海格強華學校、彬龍猛穩佛經學校、彬龍基督教晨星學校、聖明小學、萬興晨光小學、東宜光華學校、東宜明德學校、南湖村果邦小學校、通普村果華小學校、翁德比村果光小學校、青竹村果青小學校、果榮學校、孟乃果忠學校、孟乃東山建華學校、孟邦學校、貴興弘華佛經學校、瑞良瑞華學校、南站明華學校、南站文華學校、南站明光學校、南站果興學校、班雲振華學校、萊卡華文學校、樹人學校、寶華佛經學校、科芫僑光佛經學校、科莨新光中小學校、勐更佛經學校等。

這許多華文學校都是二十世紀九〇年代先後建校，教材早期有用臺灣版的，新加坡版的，反正買到什麼教材就用什麼教材，由於條件的限制，形成了教材多元、混亂的特殊情況，缺點是師生們無法有系統的學習到中華文化知識。進入新世紀，中共僑辦編寫的漢語教材十二冊，免費贈送各校，許多華校改用了新教材，但小學常識科因涉及歷史，多數華校仍然堅持用新加坡版或臺灣國立編譯館舊版教材。這麼多的華校只有興華學校、果文學校、彬龍猛穩佛經學校、勐更佛經學校、東華語言電腦學校，五所規模較大，學生約千人，其他的都很小，有十七所教師人數不到十人，學生人數約百名，上課時間以緬文學校放假的時間為主，一週三十節。平日是早晚教學，避開緬校上課的時間，一週只上二十節。學校的主政者是當地的同鄉會，有福建同鄉會、廣東同鄉會、雲南同鄉會、福州同鄉會。可喜的是都用普通話教學，各同鄉會之間互動不多，無華教統一的組織。

撣邦臘戌市，是撣邦北部政府所在地，是緬北地區政治、文化、經濟、交通中心，也是緬甸縱貫鐵路緬東北的終點，第二次世界大戰時，有中國抗戰生命線之稱的「滇緬公路的起點」，距果敢自治特區，佤邦自治特區不遠。是多民族聚集地，人口約三十萬，文化教育極普及，因歷史上是中國領土，市區劃分以「保」稱之，沿襲中國舊制。此地現有華文學校約百所（不含果敢、佤邦特區），臘戌市因與果敢、佤邦自治特區接壤，緬甸軍人政變時期雖也受影響，但藉果敢是緬甸獨立時憲法中明訂的自治區，果民是緬甸少數民族（實主要是漢民族），而且還有羅星漢、張奇夫（昆沙）、彭家聲、佤邦鮑有祥，幾位讓緬甸政府既尊敬又頭痛的人物，華文學校未致毀滅性的地步。

果文中學：是臘戍地區的龍頭學校，一九六六（民國五十五）年政變風頭稍緩，臘戍果文小學補習班誕生，六八年補習班更名為「果敢漢族語文學校」後正名「果文中學」，設小學、初中部，當年成立第一屆董事會，公推羅星漢先生為董事長，八七年增辦高中部，請羅先生兼高中部首任校長。八九年第一屆校友會成立，九四年星漢教學大樓竣工起用，爾後各部增班，迄二〇〇六（民國五十五）年高中部每年級三個班，計九個班，每班學生平均五十人以上。創校已半世紀的果文中學，占地五英畝，有教學樓兩棟，平房多間，除教室外，有學生宿舍兩棟，教師宿舍十餘間，還有電腦教室、科學實驗室、圖書室、禮堂、餐廳等。學生人數保持約兩千人。教學課本高中部以臺灣版本為主，初中、小學是臺灣、中國兩版並用。校訓是「禮義廉恥」，教學目標德、智、體、美四育並重。因辦學績效顯著，二〇一一（民國一百）年獲中國國家僑辦批准，掛牌「海外華文教育示範學校」。半世紀來校友已數千，遍及世界各地，來臺深造者甚多，畢業校友在各行業表現突出，在臺灣成立了果文學校在臺校友會。

臘戍地區除果文中學外，學生人數近千或破千的學校有：果邦學校、聖光中學、黑猛龍中學、明德中學、果民學校、雙龍學校、聖恩學校、怒江果族學校等八校。其他較小型學校有：果強學校、金星學校、聖輝學校、公卡聖光學校、果慶學校、果榮學校、聖民學校、果華學校、果育學校、果昌學校、果雄學校、果興學校、果聯學校、果菁學校、果星學校、果勇學校、果益學校、永生學校、果猛佛經學校、果文緬華學校、花光學校、萊莫復興學校、猛英德宏學校、邁宏回光學校、晨光學校、弄曼和平學校、以馬內利學校、南富主光學校、邦康學校、象海真光學校等三十所。

撣邦當陽是個山城，位於北撣，是緬甸通往佤邦、泰國、寮國、中國的必經要道，距臘戌市約一百一十三公里。一九四九（民國三十八）年前，這裡長滿了麻竹，住民均是擺夷（傣族），總人口不足萬，漢民族不到五百人，一九四九（民國三十八）年中國淪共，大批中國漢人逃來避難，人口驟增，原住民傣族逐漸遷移城外，只幾年成為漢人為主的城市，總人口超過八萬。一九五〇年代，雲南人楊春芳、丁德三、楊固天、秦希伯、董生濟等發起創辦了「當陽華僑中學」，聘請了自中國來避難的飽學之士為教師，培育了許多優秀的學生，先後赴臺灣深造，如名醫馮長風、名畫家楊源棟、救國團重要幹部俸煥文等。一九六四（民國五十三）年緬甸軍政府沒收了當陽華僑中學改為緬文第二中學，同時在地的所有華校也走入歷史，幸有原當陽華僑中學教務主任趙銑老師領導成立了首家華文補習班，繼後多家補習班跟進，大家在艱險中延續著中華文化的香火。一九九六（民國八十五）年撣邦獨立軍指揮官張奇夫整合了所有補習班，在其指揮部萊莫山，創辦了幹訓學校，請陶大剛先生任校長，以軍事管理，但時間不長，因時勢變遷，幹訓學校解散，再以補習班型態教學。一九八〇年代後期緬甸軍政府政策鬆綁，撣邦各地華校復辦，當陽孔聖中學開辦。進入新世紀當陽地區計有大小華校十七所，其中孔聖中學、華文中學兩校學生都近一千五百人。其他的十五所規模較小。學校名稱為；華燕小學、南燕中學、健華小學、棒呀村小學、曼嘎村泰華學校、利民小學、弄劶華康小學、明德學校、南木昔南華中學、南帕嶺華文小學、勐穩培華學校、勐銳興華小學、弄帕同心小學、東洪華小學校、弄坎華小學校。

撣邦皎脈地區有大小華文學校十所，其中緬北華文佛經中學，前身是緬北中學，已有半世紀多的歷史，學生超過千人。另九所規模較小；大同中學、崇華佛經學校、拱蒙小學、開英小學、拱木坎小學、棒合小學、底亮小學、猛俄佛經學校、蠻憫小學。

撣邦貴概地區有大小華校十四所，最大的猛穩學校學生人數逾三千人，另兩校聖光、迪波勒亞佛經學校，學生人數近千。其餘十一所規模較小；漢族佛經學校、曼賴聯合小學、猛育文峰學校、石灰窯華興學校、恩育中學、新明學校、棒羅文峰學校、育才學校、明盛學校、光明學校、智光學校。

撣邦大勐穩（Tarmoenye，又稱大勐宜）地區有華校十三所，其中大勐宜語文學校有學生兩千多人，其他十二所規模較小；蠻丙中小學校、雲山學校、貝子寨分校、老寨民治小學、老勐穩旭光學校、民眾學校、小河曙光學校、勐洪中心學校、智光學校、白花寨串青小學、楊柳寨柳青小學、雲青小學。

撣邦其他城鎮還有許多華文學校；

景棟地區的龍倫學校、來龍學校、臺新學校、勐賓學校、勐礦學校、中文會話培訓中心等，其中以中文會話培訓中心學員最多，約八百人。

在緬甸與泰國交界的大其力鎮，有大華佛經學校學生約兩千人，恩盈中文小學，學生兩百餘人。

滾弄（kun long）地區有華校十五所，因山地制約，以小學為主，規模不大；忠心小學、青華小學、培菁學校、果林學校、新民小學、果星小學、果民學校、育華學校、旭光學校、榮光學校、黑河（Heho）果興小學、丙也鄉興隆小學、丙也鄉唐民小學、中心學校、果清學校。木邦地區有華校七所；果族學校、南華學校、新民學校、恩信學校、從興學校、果毅學校、南取里弘德學校。

木姐地區華校有十所；華僑佛經學校，學生約兩千人最大、果泰學校、棒賽（九谷）漢文佛經學校、勐古育才中心學校三所學生近千，蠻賴聯合學校、華僑新村分校、明德學校、戶納明德學校、黑勐龍小學、恩果學校六校較小。

南坎鎮有華校兩所；五戒民德佛經學校、華僑佛經學校，兩校學生均逾千人。其他還有曼沾猛穩佛經學校學生近千。曼東育華學校、南木渡猛穩五戒佛經學校、南渡（Namtu）華僑學校、南渡勐英學校、南山勐穩佛經學校、南渣拉鎮（Namsalap）有果他小學、恩典小學、果立小學、果興小學、果文小學。全區有華校十三所。

緬北克欽邦面積八萬九千〇四十一平方公里，是緬甸僅次於最大邦撣邦的地區，約兩倍半臺灣大，全境多山，著名的野人山橫跨中國、印度、緬甸邊界，第二次世界大戰時，中國遠征軍初期因英國「棄緬保印」錯誤戰略，遠征軍約五萬人，犧牲在野人山。中美英盟軍一九四四（民國三十三）年自印度反攻緬甸時在克欽邦與日軍決戰，最後贏得了勝利，並將入侵中國滇西的日寇全殲，確保了抗戰的勝利。中國遠征軍孫立人將軍於抗戰勝利時在克欽邦密支那、八莫、莫港、杰沙等地創立華夏學校四所，在經歷無情歲月，時代變遷的摧殘，迄今只有密支那芒墾華夏學校尚存，但已奄奄一息，其他的已經被歷史淹沒。克欽邦現有華校如下：育成學校、育群小學、育智小學、育華學校、育才小學、育德學校、育僑小學、育傑小學、華興學校、僑興學校、德智學校、和平華文佛經學校、南馬華文佛經學校、莫允存真學校、莫允智光學校、芒墾華夏小學、帕敢昔木寶光佛經學校、帕敢昔木同卡興邦小學、莫罕大同佛光學校、莫港華僑佛經學校、南底華文佛經學校、沙磨華文佛經學校、八莫華文佛經學校、八莫七英里中興佛經學校、洋人街華僑佛經學校、八莫自強華文學校等二十六所，學生總人數萬餘人。

育成學校是克欽邦所有華校的龍頭，唯一有高中部的華校，創校於一九二七（民國十六）年，已近百齡。其前身是密支那騰越會館的私塾，初為小學，二次世界大戰時，受戰禍停辦了三年，抗戰勝利後有三年以「臨時學校」為復校過度期，一九四九（民國三十八）年國共內戰，國民政府遷臺，中共建政，學校分裂為擁護已遷臺國民政府的育成小學，及標榜中立實則親共的育成中學。一九五九（民國四十八）年增辦初中，正名育成學校，一九六四（民國五十三）年緬甸軍政府沒收全緬華校，育成中學走入歷史，育成學校則倖存，是緬甸唯一未被沒收的全日制華文學校，在當時的風頭上，小學部照常上課，中學部遷出校外，化整為零，以補習班方式教學，約十年風頭稍緩，中學部遷回校內，一九九一（民國八十）年增辦高中部，一九九六（民國八十五）年新購密支那南區瑞仰丙中學部校區，一九九九（民國八十八）年筆者應育成學校第一屆董事會聘請返母校任第八任校長，並承僑務委員會之命在校內設立兩年制簡易師範班，培育克欽邦師資，兼在職教師進修。筆者任校長四年，大力興革校政，來臺灣募款，增設軟硬體教學設備，提升教學品質，吸引全緬學生到育成就讀。其間並與曼德勒孔教學校、並烏倫佛經學校合作，印刷臺灣早期國立編譯館發行的教材，供應全緬甸親中華民國華校使用。還協助僑務委員會恢復已中斷的緬甸海外僑生聯合招生試務。繼任的王應昌校長，亦育成學校初中第六屆校友，來臺後臺灣師範大學教育系畢業，教職退休返母校任校長，任職六年，大力改善學校硬體，建佛光教學大樓。現任校長尹勝邦乃育成學校小學至高中第一屆校友，來臺灣升學國立彰化師範大學畢業返母校服務。迄二〇二四（民國一一三）年，育成學校小學畢業已九十四屆、初中畢業七十九屆、高中三十二屆，校友總人數破萬，是全緬甸在臺灣校友最多的學校。一九六九（民國五十八）年即在臺灣成立校友會，已歷半世紀。二〇二〇（民國一〇九）年育成在臺校友會，已向內政部立案，立案後首任理事長楊名權，育成初中第二十七屆畢業，來臺升學，國立臺灣大學醫科畢業，是臺灣名醫。第二任理事長王興惠，育成初中第十七屆畢業，臺灣師範大學社會教育學系畢業，中學教師退休。（根據校友會章程理事長任期三年，得連任一次）

緬甸南部稱下緬甸，華文教育重鎮在仰光，一九六二（民國五十一）年軍人政變前，曾主導全緬華教，政變後親中華民國的僑領多赴臺灣定居或移民。親中共的僑領回國的或移民也不少，一九六四（民國五十三）年華校全被沒收，一九六六（民國五十五）年中國開始文化大革命，大量輸出共產主義，支持緬共與軍政府內鬥。一九六七（民國五十六）年「六二六」排華事件後，中緬關係惡化，對華教熱心的人士只好沉潛自保。進入八〇年代，雖然政治鬆綁，華人還是顧慮重重，不敢放手發展華教。所以，緬甸南部的華教比北部復甦較晚，發展規模也遠比緬北小。另一方面緬南地區以老華人居多，緬化程度深，華文漢語使用的環境不多，必要性不強，許多華裔子女的母語是緬語，連祖籍語都已聽不懂，因受大環境與父執輩觀念的影響，孩子學華文漢語的意願不高，已經有兩三代人對中華文化斷層。

二十世紀末，隨著中國的崛起，中緬貿易頻繁，緬甸人民的日常用品幾乎都由中國進口，仰光的華人利用廟宇或宗親會館，開辦了華文「佛經補習班」，有些再以補習班轉型成學校或較具規模的語言中心；如福星語言與電腦學苑、東方語言與商業中心、是較正規的學校，這兩校均於二〇〇九（民國九十八）年，二〇一三（民國一〇二）年升格為中共輔導核批的「孔子課堂」，華人婦女協會幼稚園、九龍堂天后宮華文學校、舜帝廟華文學校、天后宮佛經華文補習班、三山福州同鄉文化藝術中心、正友商業語言中心、慶福宮佛經學校、晉江公會館補習班、永定會館補習班、甘馬育觀音廟補習班、甘馬育建德堂分社補習班、永盛永華宮補習班等。除學校型補習班或語言中心有規定的收費，較規範的師資，上課時間避開與緬甸正規學校上課時間，一般補習班，多在晚間或假日授課，收費低廉，甚至免費具有慈善性質。再往南部的緬甸各城鎮，如勃生（Pathein）、毛淡棉（Mawlamyein）、瓦溪碼（Wakema）、東吁（TAUNGOO）、卑謬（Pyay）、興實達（Henzada）、丹老（Myeik）等地，華人緬化更深，雖也辦了各種華文補習班，規模小，學生少，師資和硬體設施也簡陋，多屬家教班的型態，收費很低，學生的學習意願也不高。但還是勉強使沉寂多年的華文教育香火不致熄滅，只要生機尚存，總有一日會盎然發展。

跨入千禧年後，緬甸華文教育無論質與量都有顯著的提升，因撣邦有果敢自治特區與佤邦自治特區，這兩個特區在緬甸有法律地位，華人也比較多，籍著「果族」名譽全力發展華教。而撣邦原是中國的土司地，在英帝國殖民緬甸初期，清朝末年國勢孱弱，被大英帝國強勢劃入緬甸，緬甸獨立時又值中國內戰，國府失利，大片國土自然歸入緬甸，但是此地區受中華文化影響深遠，只要有機會華文教育就會蓬勃發展。撣邦大城臘戌素有「緬甸華文教學橋頭堡」的稱號，尼溫軍人政變前小學、初中就有幾百所，現在軍政府教育鬆綁，華文高中如雨後春筍出現，二〇〇一（民國九十）年聖光中學克服困難升格辦高中，黑猛龍學校和明德學校、貴概猛穩學校，皎脈緬北華文佛經學校、皎脈崇華佛經學校、曼德勒明德學校也升格為高中，到二〇一〇（民國九十九）年，南渡漫沾猛穩學校、木姐九谷華文佛經學校、東枝興華學校也辦高中。加上曼德勒孔教學校，雲華師範學院，並烏倫佛經學校、年多學校，及仰光中正中學、正友中學，緬北克欽邦的育成高中，臘戌的果文、果邦高中，只十幾年全緬甸高中已有幾十所，每學年高中畢業學生超過千人，有機會出國留學升大學的很多。由於緬北華教的蓬勃發展也影響緬南，隨著華文漢語的普及，寄望緬甸南部華文教育的春天早日到來。

近年赴臺升學僑生人數大幅增加，一則是隨著中國的崛起，華文普受世人的重視，緬甸軍政府對華教政策的再鬆綁，取消中文書籍入境的限制。再則是臺灣近年少子化嚴重，值此少子化與高齡化衝擊與影響之際，而國家經濟建設又需要人力發展，故政府除了制定青年人增產報國策略之外，更應思考從境外學生擇優內化蔚為國用，作為補強國家人力不足之發展動能。故自實施南進政策後，鼓勵東南亞地區的華裔青年來臺升學。二〇二〇（民國一〇九）海外聯招會與僑務委員會核定錄取的緬甸僑生名額為四百三十人，但有強烈意願來臺升學者超過三百人，創歷年赴臺升學人數的新高。雖因疫情肆虐，加上二〇二一年二月政變雙重影響，令僑生們心存悲觀，但危機就是轉機，後得華僑救國聯合總會理事長鄭致毅先生大力呼籲，請政府要以彈性處理緬甸僑生赴臺升學，得多位立委、教授、僑生在台校友會、政府官員的支持，又得緬甸果文中學八區校友會暨董事會，奔走協助，香港龍門勵學基金會董事長倫景雄先生慨援經費，緬甸寶運集團、緬甸臺商總會的協助，使分散在緬北地區的三百多名僑生，實現了赴臺升學的願望。據二〇二二（民國一一一）年的資料，緬甸地區約有千名僑生登記想赴臺升學，亦得諸多善心人士的奧援，於二〇二二（民國一一一）年九月有八百六十八名抵達臺灣進入各級學校就讀，再創緬甸僑生來臺升學人數的新高。又據僑委會消息二〇二四（民國一一三）學年緬甸僑生赴臺灣升學人數將再攀升。人數急速增加的主因是，二〇二三年十月緬北果敢地區發生內戰，很快波及全緬北，二〇二四年初果敢軍宣稱：同盟軍及聯軍攻勢凌厲，一路凱歌，政府軍已有多營主動棄械投降，所以軍政府宣布全緬適齡男女青年要強迫入伍增加兵源，引發眾多華裔緬籍青年外逃避戰及赴台升學的意願。

第四節 中華民國政府與民間重視緬甸華教

一九一二（民國元）年中華民國創立後，孫中山稱譽「華僑為革命之母」之同時，提出國民政府要設立常設機構扶植海外華僑。鑑於緬甸華僑愛國，即開始扶持緬甸僑團、僑校的發展，因此，在英殖民緬甸時期，緬華僑教已有績效。然而，因日軍侵緬，受戰禍影響僑教停止，部分僑校隨僑民遷入國內繼續施教，僑務委員會對因戰爭失業的僑校教職員，給予工作安排或生活濟助。一九四二（民國三十一）年初，國民政府派遠征軍精銳入緬抗日，犧牲了幾萬健兒，戰後輔導僑民復原、僑校重建更是不遺餘力。

一九四八（民國三十七）年一月四日，緬甸脫離大英聯邦獨立，國民政府特派時任外交部次長的葉公超先生為「慶賀緬甸獨立」特使，駐仰光總領事許紹昌為副使，與隨員多人搭乘專機於一九四七（民國三十六）年十二月三十一日下午飛抵仰光，一九四八年元旦，葉特使先參加中國國民黨緬甸總支部，紀念中華民國成立三十七週年元旦大會，同時歡送緬甸聯邦首任駐華大使吳敏登，即將啟程赴華履新。一月四日葉特使率團參加了緬甸獨立大會並致詞。葉特使還參訪了僑團、僑社、僑校，宣示了政府的僑務、僑教政策暨蔣中正總統對緬甸僑胞的關懷及感謝，葉特使等於一月八日返國時，緬甸新政府以獨立之晨在祕書廳，所行升旗典禮之第一面緬甸聯邦國旗，贈與中華民國政府作為紀念。

一九四九（民國三十八）年底中國淪共，國民政府遷臺，一九五〇（民國三十九）年初，蔣中正總統復行視事，特任粵籍葉公超先生為政府遷臺後首任僑務委員會委員長，在三年任期內，雖國家處於艱難時期，對僑務的奠基與拓展卓有建樹，後因回任外交部長，一九五二（民國四十一）年鄭彥棻先生繼任僑務委員長。因鄭公是粵籍學者，海外華僑以粵籍居多，他深受僑胞敬重。召開了「第一屆全球僑務會議」，會中主要通過了《華僑文教工作綱領》，成立了「華僑救國聯合總會」，並在全球許多國家設立分會，協助政府推展僑務、僑教工作，訂十月二十一日為華僑節。

一九五五（民國四十四）年九月一日，僑務委員會又召開「全球華僑文教會議」，落實了「發展華僑學校教育、發展華僑社會教育、發展僑報業務、鼓勵僑生回臺升學」四大方案。還修訂公布了政府遷臺前，有關僑教之三種法規：《國民中小學規程》、《僑民學校立案規程》、《僑民學校董事會組織規程》。鄭委員長任職七年，成功地應用政府力量聯結海外華僑力量，全方位發展僑教、僑務，並且提出推展僑教、僑務三信念：「無僑教即無僑務、有僑教須有僑師，僑教、僑務要生存互助力行創造」，立下規矩與典範，奠下日後僑務、僑教推動的基礎，因此享有「僑教之父」美譽。

緬甸僑教、僑務，因中國淪共，河山易幟，駐緬大使變節投敵，緬甸聯邦政府迅速承認中共政權，仰光的大使館被霸占，中共利用僑貸攏絡僑民等因素。再加反共救國軍，占據中緬未定界發展武力等事件，以吳努為首的聯邦政府，視已遷臺的中華民國政府為極不友好國家，致使僑務、僑教發展陷入至極的艱困期。但是，僑務委員會及執政的中國國民黨，還是透過各種管道扶持僑團、僑教的推展。對僑教方面最大的幫助是教科書的免費供應，將臺灣國立編譯館印行的正中版課本，送到緬甸的反共自由僑校讓學生借讀，不但保存了中華文化傳承的香火，也使緬甸僑生同步使用國內一樣的教材。在經費方面雖政府財政困難，也盡量支持僑校、僑團度過難關。緬甸僑生來臺升學始自一九五四（民國四十三）年，來臺後中學生安排在華僑中學，或員林實驗中學及北中南三所高職就讀。大學生都進臺大、政大、成大、師大深造，由政府或救總給予公費照顧生活。

一九六二（民國五十一）年緬甸發生軍人政變，推翻吳努文人政府，走社會主義路線，開始鎖國，僑民紛紛單程離境，不能以任何理由再返緬甸，直到二十年後的八〇年代，政策稍有鬆動，因中華民國政府官員為安全考量不敢涉足緬甸。但為服務僑胞，僑務委員會，商請緬甸在地僑領蔡武榜先生以旅行社名譽服務全緬僑民，楊天乙先生服務仰光地區僑民。至九〇年代蔡先生離職，改請緬甸華僑旅運社總經理郭伯鴻先生繼任，中緬旅行社經理謝子能先生協助。

一九九六（民國八十五）年八月二日，僑務委員會祝基瀅委員長任上，第二處處長陳士魁先生邀請中央研究院曾志朗院士、國立臺灣師範大學國文學系教授張孝裕，國立臺北師範學院教授蔡義雄，國立中正大學教授柯華葳，臺北市立五常國民小學教師江月娥，由陳處長及僑務專員張淑惠女士帶隊，啟程前往緬甸中部大城曼德勒孔教學校，自八月五日至十六日為緬甸地區華文師資培訓兩週。此次破冰之旅，是中華民國政府遷臺四十七年以來，高階官員第一次訪視緬甸僑教。於行前曾多方面作了憑估，參與培訓的華文教師計一百五十四位，其中來自仰光中正高中六位，餘均為上緬甸地區華校教師。

根據承辦單位孔教學校統計，當時上緬甸華校有一百二十一所，教師一千三百二十五人，學生四萬八千九百一十人，因此，每十位教師中，僅有一位能參與培訓，學員深感參加機會太少。其實，上緬甸華校已逾一百五十所，教師一千七百多位，學生總數六萬餘人，只因多是幼稚園及小學，規模不大，加上交通不便，未能獲得培訓資訊，無法選派教師參加培訓，不無遺憾。此次培訓時間只有兩週，乃僑務委員會主導，聘請教育專家為講座，課程事前經詳細規劃，臨時再作了微調，使學員收獲豐碩，咸盼將來再有培訓機會。培訓結束，舉辦了成果展及僑教座談會，因陳士魁處長於訪視僑團、僑校舉辦座談會，聽取僑胞心聲後先返臺，僑教座談會，請張淑惠專員主持，學員踴躍建言，重點如下：

一、培訓時間太短，課程未能充分吸收消化，建議延長培訓時間。

二、培訓方式，建議學員集中住宿，膳食統籌、可免交通奔波；分科分組研討，收效更大。

三、僑教師資缺乏，建請僑務委員會鼓勵臺灣退休教師，赴緬任教或擔任學校行政，傳遞教育經驗。

四、圖書、教具、教師手冊嚴重缺乏，請僑務委員會商請臺灣出版社捐贈，讓師生參閱，幫助僑校發展。

五、緬北土地遼闊，僑校很多，建議分區辦理培訓，教師不得重複參加，使更多教師有研習機會。

六、如在臺灣舉辦教師培訓，以曾在緬甸研習者優先錄取，藉以鼓勵僑師踴躍參加當地研習。

七、建請僑務委員會充實研習會之教學設備，如使用投影機等教學輔助工具，可增強教學效果。

八、此次培訓得僑務委員會陳士魁處長暨張淑惠專員率專家講座躬臨，予緬甸僑界莫大的鼓舞與振奮。今後，緬甸僑教不再是被政府拋棄的孤兒。緬甸治安良好，軍政府政策已逐漸開放，僑界殷盼中華民國高層官員，適時訪視緬甸，瞭解僑情，關懷僑胞，給予精神鼓勵，增進僑胞對國家的向心力。

因有僑務委員會陳士魁處長，率五位教授赴緬甸曼德勒孔教學校，首次師資培訓破冰之舉，開啟了緬甸地區僑教工作的重要里程碑。一九九七（民國八十六）年七月，僑務委員會委請國立屏東師範學院何福田校長，親自帶領余兆敏、馮蓉珍、李武仁、江月娥、丁旭幼五位教授，赴緬甸撣邦臘戌辦理第二屆教師培訓，教授們步下飛機就受到當地華校師生與僑團、僑社領導的熱烈歡迎。在培訓期間教授團受邀參訪了幾十所華校，親睹了僑胞們在極艱困中發揚中華文化，心繫中華民國的精神，敬佩萬分，決心支持僑務委員會的德政繼續辦理師資培訓工作。

一九九七（民國八十六）年七月，國立屏東師範學院接受僑務委員會委託，在學校辦理第一期一整年緬甸地區教師培訓。開訓典禮由何福田校長主持，邀請僑務委員會長官蒞臨指導。培訓班採學季制，一學年共分四季，每季十三週，上課十二週，另一週為預備週。每季修習二十個學分，全年共修習八十學分。教學目標在培養全能的師資。因此，所開的科目非常廣泛，分教育學科及學術學科兩大類；教育學科包括：中小學各學科教材教法、班級經營、輔導原理、教學原理、教育心理學等。學術科目分：國學概論、文、史、地、詩詞、書法、注音、數學、自然、體育、音樂、美勞、團康等。培訓學員，不論性別，需有高中以上程度，年齡在十八至三十歲之間，且有一年以上華文教學經驗，並有志於從事華文教育者。學員選拔請緬甸各華文學校，每校以選派一位為原則，出境證照自行辦理。培訓採全公費，由僑務委員會補助緬甸到臺灣來回機票及書籍、講義及在臺培訓期間的生活所需。該期培訓順利來臺者共三十七人。

師培班於結訓前的一九九八（民國八十七）年四月二十一日，何福田校長邀請僑務委員會前任委員長毛松年先生，蒞校專題演講。因毛先生曾於緬甸已與中華民國斷交後的民國四十年代，在經濟部任職，國民政府派他出席在仰光召開的遠東經貿會議，藉機與緬甸僑領接觸，對僑胞愛國情操印象深刻。一九七二（民國六十一）年，毛先生出任僑務委員長，正逢緬甸軍人政變鎖國期間，接待了很多攜家帶眷來臺定居的僑領僑胞，訴說緬甸軍政府的惡行惡狀，深被感動。今有首批緬甸僑校教師來臺培訓，受邀為講座，特以「從資源談人」為題，勉勵培訓教師。毛先生以談「資源的重要」開場，將資源分為自然資源、植物資源、生物資源三大類，並特別強調緬甸資源豐富，但不知善用資源，以致經濟落後，國家貧窮，進而引出「人的重要」。但強調人才需要教育來培養，並將「人能」分為四種；「體能、智能、德能、群能」，引經據典，深入淺出，特提示要發揮人能，應從教育與文化雙管齊下，使學員獲益良多。其間筆者也曾受邀為講座，談教育行政的實務。

因第一期辦理成功，第二期於一九九九（民國八十八）年二月中旬至六月底賡續舉辦，為期一學期，這一期的教學目標以培養國語文教師為主，另加專業科目及教育實習。其學員選拔方式同第一期，惟年齡放寬至四十歲，順利來臺培訓學員計三十五人。

一九九八（民國八十七）年八月，國立屏東師範學院再接受僑務委員會委託，由副校長林顯輝教授率九位教授，分兩組每組五位，分赴緬甸曼德勒及撣邦臘戍，為期兩週的第三屆教師培訓。為應緬甸地區僑界的需求，培訓課程以國語文、史地及自然學科、音樂為主。林副校長率教授團於八月一日啟程，攜嚴重超重的行李，搭華航班機飛抵仰光，郭伯鴻與謝子能兩位先生接機，所有行李順利過關。當晚宿仰光，次日早搭緬航班機飛曼德勒，亦郭、謝兩位送行，行李全托運。抵曼德勒機場，孔教學校董事長段必堯、副董事長寸時達、王德善三位先生及幾個曾在屏東師範學院培訓的教師接機，下榻密支那育成高中董事長蔣恩元昆仲經營的統一賓館。隨即參觀孔教學校東、南兩區正興建中之四層樓新校舍，午餐後在段董事長等陪同下往郊外景點參觀。晚餐由吳中庸老校長做東餐敘。八月三日開訓，瓦城地區有四十四所華校，二百位教師參加培訓，還有三十位未報名旁聽教師。

八月五日撣邦臘戍地區開訓，此地有大小華校百餘所，參加培訓教師極為踴躍。在培訓期間，林副校長及講座們抽暇在聖光中學校長魯金文，果文中學校長王世才，臘戌地區邊防特別警察司令何紹昌主席，何雲棠副董事長等陪同下，參訪了臘戌地區幾十所華文學校，所到之處都受到熱烈歡迎。

八月十五日，為瓦城（曼德勒）地區培訓學員結訓典禮，僑務委員會焦仁和委員長親臨主持。焦委員長、許振榮、陳士魁、兩位前後任第二處處長，由郭伯鴻總經理陪同，已於十四日飛抵瓦城，當日參訪了瓦城及並烏倫（眉苗）地區的華文學校和風景區。結訓典禮時焦委員長先頒發仰光、瓦城、臘戍、密支那地區資深優良教師獎狀、獎金及紀念品。焦委員長致詞特別強調；「即將來臨的二十一世紀，是中華民族的世紀，中華文化是博大精深屬於世界的文化，請緬甸僑界人士大家共同為發揚中華文化而努力」。典禮最後由屏東高工音樂老師王寶旭，帶領全體學員獻唱梅花、中華民國頌，焦委員長，吳中庸老校長暨多位蒞臨貴賓，都感動流淚。

焦委員長是政府遷臺半世紀以來第一位訪視緬甸的特任官，之前曾訪視緬甸密支那、臘戍的僑務委員會副委員長洪冬桂女士，也是最高階的官員。因有諸多官員的不辭辛勞，還有幾分冒險的蒞臨訪視，給緬甸僑胞莫大的鼓舞，堅持擁護中華民國，矢志傳揚中華文化，華校使用臺灣出版的課本，用注音符號及正體字教學。

二〇〇八（民國九十七）年適逢中華民國總統選舉，代表國民黨的候選人馬英九先生與蕭萬長先生，以高票當選中華民國第十二任總統、副總統，這是中華民國第二次政黨輪替執政。馬總統就職後，全球海外僑胞異常興奮，緬甸僑社、僑校尤其盼望僑務委員會盡快安排高級官員前往訪視。二〇〇九（民國九十八）年九月五日，任弘副委員長親率第二處僑教科長榮幼娥、僑務委員會駐泰國代表處蔡亢生組長、中國國民黨海外部祕書長羅富貴、中國國民黨海外部主任郭昀光、緬甸歸僑協會理事長趙麗屏、緬甸留臺校友會會長藺斯邦等，訪視緬甸僑社、僑團、僑校，受到熱鬧歡迎。二〇一〇（民國九十九）年十二月十日，僑務委員會委員長吳英毅再率領政府官員親訪緬甸，吳委員長是繼一九九八（民國八十七）年八月，焦仁和委員長訪視緬甸後第二位蒞臨緬甸訪視的特任官，事實證明中華民國政府對緬甸僑胞、僑校華文教育的關心與重視。

進入新世紀後，國立屏東師範學院何福田校長暨教授們，還賡續多次赴緬北及泰北師資培訓，二〇一三（民國一〇二）年陳士魁先生膺任僑務委員會委員長，何福田教授雖已離開國立屏東師範學院，從教職退休，仍心念緬甸與泰北華文教育，邀約了蔡義雄、呂祖琛、林萬義、陳迺臣、劉信吾、鄭崇趁六位教授，撰寫「教育入門」專書，全書分十四講，含蓋了瞭解教育、教育演變、教育原理、教育任務、教育行政、教學設備、教學資源、優良教師、訓育與輔導、因材施教、品德教育、學習心理、親師生的合夥關係、教育的實踐等，真是一本為師實用的入門手冊。何教授親撰三講；瞭解教育、親師生的合夥關係、教育的實踐、並作序。又特請陳士魁委員長，泰北華校教師公會亦泰北光復高中校長顏協清，及時任泰北建華綜合高中校長的筆者，和捐款助印的中國廣東東莞臺商子弟學校董事長，臺商企業家葉宏燈先生分別作序。何教授囑筆者編輯，歷時一年，於二〇一三（民國一〇二）年出版，免費分贈緬甸及泰北所有的華文學校教師及行政人員參閱。

二〇一四（民國一〇三）年何福田教授再應世界華語文教育學會，董鵬程祕書長邀請，執行教育部二〇一四（民國一〇三）年開拓華語文教育產業海外需求計畫，與僑務委員會前任處長亦僑務委員會派駐泰國代表處，僑務組組長田雛鳳先生與筆者等，分赴緬甸與泰北多所華文學校訪視，並簽訂合作協議書。由以上事實說明何福田教授多年來協助政府推展緬甸暨泰北華文教育可謂居功厥偉。

如回顧緬甸僑生赴臺升學，因中華民國與緬甸國情特殊，政府委請當地僑團以保送方式辦理。自小學、初中、高中職、到大學，人數不設限，抵臺後很快取得身分證。但隨著中華民國與緬甸國情的變化，溯自一九八八（民國七十七）年，僑委會首次以「聯考方式」，招收緬甸僑生赴臺讀五專及高職，由當時緬甸華僑旅運社負責有關工作，試場先設在仰光後改曼德勒。一九九五（民國八十四）年海外聯招會，以「學科測驗」，招收緬甸僑生入讀大專院校。次年始辦「學力鑑定測驗」與「學科測驗」合併舉行。一九九八（民國八十七）年測驗試場分為曼德勒、密支那、臘戌、東枝四考區，試題卷在臺灣製作帶去緬甸施測。此年海外聯招會首次在緬甸宣導招生政策。二〇〇二（民國九十一）年因緬甸軍政府禁止華裔子女赴臺升學，招生停辦。二〇〇三（民國九十二）年恢復考試，但五專及高職停辦。僑生名額限定二百五十人，且在緬測驗只是初試，來臺後要複試才分發。二〇〇八（民國九十七）年，第二階段來臺後複試，改為赴泰國曼谷應試，次年應華校要求改回緬甸曼德勒，仍分四區初試。二〇一三（民國一〇二）年，廢學力鑑定測驗改只需學科測驗。二〇一四（民國一〇三）年後，放寬緬甸僑生人數，次年再放寬多項限制，尤其取消財力證明及在臺擔保人，赴泰國面試簽證等均是德政。

二〇一六（民國一〇五）年，中華民國駐緬甸辦事處成立，緬甸僑生赴臺升學手續大為減化，可比照其他地區僑生赴臺升學一般辦理。同年辦理了緬甸第一屆臺灣教育展·次年續辦第二屆臺灣教育展。二〇一八（民國一〇七）年，新增緬甸華校師資培育專案，試務測驗時間自每年三月提前至一月。賡續舉辦第三屆臺灣教育展。二〇一九（民國一〇八）年，辦理華校招生宣導巡迴講座，開放個人申請制。顯示政府的緬甸僑生赴臺升學政策再放寬很多，僑生暨家長、緬甸僑界都對中華民國政府心存感激。

為跟上全球腳步，緬甸教育部正積極規劃執行「三十年長期教育發展計畫（Thirty Year Long Term Education Development Plan）」，針對學前教育，小、中學及高中教育進行體制、品質及提昇研究等多項改革計畫。自二〇二二（民國一一一）年實施新學制；學前教育（幼兒教育）一年、小學五年（原為四年）、國中四年、高中二年（中小學計十二年），與東協國家銜接，亦與臺灣教育接軌，更有利緬甸僑生赴臺升學。

中華民國政府自二〇一六（民國一〇五）年，實施「新南向政策」，隨著臺緬已互設辦事處，兩國實質關係已更為密切，二〇二〇（民國一〇九）年雖逢新冠病毒（Covid-19）肆虐，二〇二一（民國一一〇）年緬甸赴臺學生增至約四百人，二〇二二（民國一一一）年再增至約九百人。據來自緬甸僑界的消息，二〇二三（民國一一二）學年、登記的人數再大幅增加，僑務委員會將增加錄取名額。因此，隨著在臺就學的緬甸僑生人數不斷增加，未來走出校門的人數也會攀升，如何輔導就業，適才適所，使僑生們實現赴臺升學的理想，也對社會、國家作出貢獻，是政府與在臺民間諸多僑生相關社團責無旁貸的任務。尤其僑生們畢業後多數想長期留臺發展，但事涉國籍法、勞動基準法等，而許多法令似乎門檻太高，要求太苛，或已過時，籲請僑委會通盤檢視僑生政策，協調教育部、內政部、勞動部等相關部門，斟酌國情，充分發揮提攜年輕人的善意，使僑生們更受惠。

臺灣民間對緬甸僑胞或華文教育，貢獻最多的首推中國災胞救濟總會，二〇〇〇（民國八十九）年，因客觀環境改變更名「中華救助總會」簡稱救總。救總成立於一九五〇（民國三十九）年，中國剛淪共，國民政府初遷臺灣，首任理事長是黨國元老谷正綱先生，祕書長是方治先生。因緬甸政府承認中共政權，與中華民國斷交，有許多難民逃離中國，流落緬甸，救總就擔負起難民救援的責任，後來又設置難民子弟清寒助學金，接運幫助學子來臺灣就學。尤其一九六〇年代緬甸發生軍人政變，沒收私人財產，關閉所有華文學校，實施反華、排華政策，有大批的僑胞、僑生選擇來臺灣定居及升學，都得到救助總會的照顧，曾任救總祕書長、理事長、董事長的張正中先生，就多次訪視緬甸僑社、僑教。直到現在還選派退休種子教師赴緬甸協助推展華文教育，而在臺灣就學的僑生也享有獎助學金的恩惠，總之，一甲子來受惠於救總的眾多緬甸僑胞、僑生都銘記感恩。

除中華救助總會對緬甸僑胞或緬甸華文教育的貢獻，我們不能忘了，成立已逾一甲子的華僑救國聯合總會，他是僑生的家，歷任理事長、祕書長都愛護僑生備至，想方設法籌設獎助學金，幫助僑生完成學業，為僑生急難濟助。二〇二一（民國一一〇）年二月初，緬甸再發生軍人政變，關閉了所有學校，華僑救國聯合總會於四月二十日舉辦「緬甸僑生因應政變座談會」，邀請立法委員、教育部、僑務委員會、及相關大學院校、緬甸留臺校友會、緬甸各華文學校在臺校友會等派代表出席座談會，提供意見，經彙整後陳政府相關單位參辦，立委們也在立法院提出質詢，終獲突破性結果，使二〇二一（民國一一〇）年緬甸軍人政變後，僑生赴臺升學有了彈性，讓約四百名有志赴臺升學的緬甸僑生達成了來臺灣升學的願望，更為後續的緬甸僑生赴臺升學開闢了一道善門。

宗教界則有高雄佛光山，捐助善款，幫助密支那育成高中更新學生宿舍、學生餐廳、興建佛光教學大樓，二〇〇九（民國九十八）年元月，並由佛光山開山星雲大師，親題「佛光教學大樓」牌匾賜予。基督教暨天主教會也大力支助緬甸發展華文教育，如臘戌的聖光中學，就是典型的教會學校。臺灣靈鷲山開山長老心道法師，千禧年後也在撣邦捐款興建華文學校。臺灣花蓮慈濟功德會，也對緬甸華文教育作出貢獻，並在緬甸南部農村協助農民改良農業，增加產量。

緬甸歸僑在臺灣有十幾萬，僑務委員會早已輔導成立「中華民國緬甸歸僑協會」為緬甸歸僑服務，多年來歸僑協會的理監事也常協助僑務委員會及海外聯合招生委員會，赴緬甸辦理師資培訓及海外聯招考試。二〇二〇（民國一〇九）年因發生全球傳染性新冠肺炎疫情，許多行業倒閉，尤其是餐飲服務業最為嚴重。緬甸僑生多數家境清寒，在臺求學需以打工賺取學費及生活費，因疫情打工受影響，連帶影響就學與生活，緬甸歸僑協會及緬甸留臺校友會，各緬甸華校在臺校友會均發起募捐，為一千多緬甸僑生解燃眉之急。又如雲南同鄉會，現任理事長及理監事絕大部分也是早年來臺升學緬甸僑生，因緬甸在地僑胞以雲南籍居多，逢緬甸軍人政變，對在臺雲南籍占大部分的緬甸僑生亦特別照顧。早期還有「香港莒光文化服務中心」曾醒明、吳福基、溫繼耀、曾樹華等先在泰北大力捐資協助難民村發展華文教育的同時，也捐款協助緬北地區的華文教育。

在個人方面，早期來臺升學事業有成的緬甸僑生，如已逝世的姚四川、新北市元復醫院院長劉耀勛；尚健在的豪展醫療科技公司董事長莊明輝、都茂機電科技有限公司董事長魯發訓、臺北榮民總醫院退休馮長風醫師、根深企業有限公司董事長王根深、南山人壽公司經理黎順發、楊氏診所楊名權醫師等，長期捐贈緬甸僑生獎助學金，對學弟妹鼓勵很大。筆者因從事教育，深諳僑生困難，半世紀來為緬甸僑生赴臺升學或濟助在臺僑生，出錢出力，不敢居功。當然還有許多熱心的學長姐也常伸援手，愛心善行令人敬佩。又如曾為緬泰地區學生人球奔走的劉小華女士，成立了「泰緬人權促進會」，為緬泰僑生歸化中華民國國籍取得身分證奔走辛勞二十年，其間還籌款認養緬甸撣邦臘戌地區清寒貧困孩童百餘人就學。二〇一七（民國一〇六）年，臺灣政大畢業的林語珊女士，發起成立「緬甸華文教育服務團」，籌募善款，帶領志工前往緬甸，舉辦臺緬師培交流、電腦培訓課程、資助貧童就學、運送公益書籍物資、更新學校照明設備、裝設學校淨水器、開辦經營偏鄉華文學校等，幫助緬甸華文學校追求更好的教學品質。同時還照顧已在臺求學的緬甸僑生，為他們舉辦「留臺緬甸僑生文學獎」，聘請專家評選優秀作品，頒發獎狀、獎金鼓勵後進。近年又有「香港龍門勵學基金會」董事長倫景雄，提供緬甸僑生獎助學金，讓許多已來臺灣就學的緬甸學子解決了經濟的困難。二〇二一年初緬甸軍人政變後，經政府核准的緬甸僑生約四百人，其在緬甸國內及赴臺灣機票均是香港龍門勵學基金會贊助。

總之，臺灣宗教界、民間各種團體及個人的善行義舉極為強大，多年來對世界上許多不幸遭遇天災的地方捐助善款、贈送醫藥器具、民生物資，不勝枚舉。如曾在二十世紀八〇年代，發起「送炭到泰北翻轉了難民村」的壯舉，留下典範。所以，發揮愛心助緬甸發展華文教育，照顧在臺就學緬甸僑生安心讀書，完成學素，大家都樂而為之。

第五節　中共在緬甸的孔子課堂

中共自改革開放二十年後，經濟逐漸有了基礎，文化的發揚也受到重視，進入新世紀的二〇〇二（民國九十一）年，決定在海外設立孔子學院，以國內著名大學為窗口，與世界各國的大學合作，作為其文化大外宣重要的一環。然而教育的基礎是中小學，遂決定在孔子學院之下設立孔子課堂，與中學合作，迄二〇二二（民國一一一）年已在世界各國設立了超過一千所的孔子課堂。

緬甸是中國鄰邦，兩國人民交往頻繁，但因華文教育在緬甸一直無法取得法律地位，進入國家主流教育系統，緬甸的大學又因軍政府不定時關閉，中共也無法與之合作設立孔子學院，

臺北駐緬甸經濟文化辦事處官員訪視撣邦臘戍聖光中學。（黃通鎰／提供）

僑委會陳士魁委員長、何福田教授（後排右二）等教授團合影。前排右一為董鵬程先生（財團法人興華文化交流基金會董事長）（黃通鎰／提供）

官辦中小學的外語是英語，華文無法進入中小學，要設立與中學對應的孔子課堂，只好變通，民辦私立華文學校是唯一的選擇。

緬甸現有三所孔子課堂；這三所學校都是緬甸華人自辦的民營華校，沒有緬甸政府的官股，以培養語言與電腦科技人才為宗旨。分別與中國雲南師範大學、中國福建華僑大學華文學院、中國雲南大學民族研究院為合作對象。茲簡介如下：

中國在緬甸成立的第一所孔子課堂，是曼德勒福慶學校孔子課堂。該校是一九九三（民國八十二）年十一月，緬甸軍政府教育政策鬆綁後，由曼德勒地區熱心教育事業的閩籍華人創辦，定名為「曼德勒福慶宮托兒所幼兒園」，教師五人，學生數十人。其宗旨是「弘揚中華文化，留住祖籍的根」，創校之初規模不大，二〇〇三（民國九十二）年創校十週年，董事會擴大，讓其他省籍熱心教育的華人參與，走向屬於全僑，改名曼德勒福慶學校。再經十年校舍不斷擴建，校務往制度化精進，二〇一三（民國一〇二）年創校二十週年，已發展成緬甸中部頗具規模的學校，設有幼兒班、成人基礎會話班、初級、中級班。

第二所是仰光福星語言與電腦學苑的孔子課堂。學苑創立於二〇〇二（民國九十一）年九月一日，選舉閩籍僑領蘇一新先生為董事長，定名「福星語言與電腦學苑」，宗旨是學習華文和電腦操作，課程設有漢語基礎班、HSK鑑定輔導班、電腦班。在董事會及師生的努力下，學生大幅增加，又面臨教室不夠。二〇〇四（民國九十三）年，得熱心華文教育的僑商雷啟泉先生，捐出自己的一層樓為教室，學苑以購、租、借方式擴大了教學場所。二〇〇八（民國九十七）年，中國僑辦授予「華文教育示範學校」。二〇〇九（民國九十八）年十二月十八日，中國國家漢辦批准，簽訂協議，與中國福建省華僑大學合作，成為緬甸仰光第二所孔子課堂。

第三所孔子課堂，是仰光的東方語言與商業中心的孔子課堂。與雲南師範大學合辦，經中國國家漢辦批准，簽訂協議，於二〇一三（民國一〇二）年十二月十一日舉行揭牌儀式。東方語言與商業中心的課程，是以漢語教學，HSK鑑定為目標。設有自幼兒園至成年人的各類漢語學習班，因現在是資訊時代，各行各業都需要電腦，不懂電腦就謀生不易，所以，電腦技能的教學也是該中心的重要課目。

抹魯教學點
杰沙教學點
克欽邦
Kachin
八莫佛經學校
實皆省
Sagaing
望瀨華文教學中心
撣邦
Shan
旺邦教學點
曼德勒福慶孔子課堂
Shan
洞繆教學點
欽邦
Chin
曼德勒省
Mandalay
馬圭省
Magwe
馬圭教學點
旺蘭教學點
克耶邦
Kayah
密鐵拉教學點
勃固省
Bago
東郭枝教學點
克倫邦
Kayin
伊落瓦底省
Ayeyarwady
仰光省
Yangon
孟邦
Mon
德林達依省
Tanintharyi

漢語教學點分布圖

緬甸曼德勒福慶學校孔子課堂。

圖片來源：選自《緬甸曼德勒福慶學校二十週年暨孔子課堂五週年校慶特刊》，乃筆者二〇一三年赴該校參訪時，於簡報中所贈，該特刊主編李祖清先生與筆者有同鄉之誼，他承諾授權可使用書中所有文字及圖片。

第八章　緬甸華文教育的振興

第一節　緬甸政府對華文教育的態度

緬甸是一個很特殊的國家，與中國國土接壤幾千公里，但卻受中華文化影響最淺。緬人篤信小乘佛教，和尚可以吃葷，可以娶妻生育兒女，中國的出家人是不能的。人類學家研究緬人的遠祖是羌族，是中華民族共同的祖先，緬人稱「同胞」為「胞波」，與漢人相通，但緬人受印度文化影響很深，其風俗習慣與漢民族差異很大。

緬甸自公元十世紀蒲甘王國統一國家後，即與元明清三朝戰爭不斷，迄十九世紀大英帝國殖民緬甸期間，英國殖民政府仍不斷擴張領土，在滇緬邊界屢發戰端。一九四二（民國三十一）年日軍侵緬，中國政府派遠征軍入緬作戰，傷亡極大。一九四四（民國三十三）年再有中國駐印軍配合美英反攻緬甸，殲滅日寇，又在中美英蘇四強，埃及開羅會議仗義執言，戰後助緬甸獨立。但二戰結束，緬甸如期獨立，中國發生國共內戰，一九四九（民國三十八）年中共建政，剛獨立不久的緬甸政府，迅速承認中共政權。當國軍第八與二十六兩軍殘餘部隊，退入滇緬未定界，尋求反攻復國，緬甸政府不但借助中共力量，驅逐這支義軍，還在聯合國告狀，利用國際壓力，逼迫國軍撤回臺灣，且將中華民國列入最不友好國家，又對居住在緬甸心向中華民國政府的僑民百般刁難。凡此種種，真是說不完，道不盡。

說到緬甸政府對華文教育的態度與做法，一言以蔽之，就是「排斥」，即使進入二十一世紀，隨著中共的改革開放政策，經濟迅速崛起，華文漢語已受普遍重視，中華文化已被世界大部分國家接納，列入主流教育體系，美國、日本、韓國、泰國、印尼、蒙古、澳大利亞、紐西蘭等國家華文教學已自第三外語升格為第二外語。迄今中共已在海外設立五百多所孔子學院，一千多所孔子課堂，然而緬甸卻無一所孔子學院，也無一所緬甸政府承認並主導的孔子課堂，目前的三所孔子課堂，都是緬甸熱心華文教育的華裔所辦的私立民校，完全得不到緬甸軍政府的任何經費補助或政令支持。而且，在上世紀六十年代，軍政府沒收華人財產，封閉所有華文學校，扼制華文教育，強迫華裔緬化，由政府主導排華、反華暴亂。進入新世紀，教育政策雖有鬆綁，但限制仍多。

緬甸基礎國民義務教育尚稱普及，但義務教育的唯一外語是英語，而非華語。純緬族人會說華語者甚少，反而緬甸少數民族會講華語的很多。二〇一五（民國一〇四）年後中華民國政府與緬甸政府雖已互設辦事處，但實質功能不大。緬甸因內戰頻仍，各邦少數民族擁有自己的武裝力量，經常與中央政府對抗。二〇二一（民國一一〇）年二月一日，軍人集團再一次政變，摧毀了翁山蘇姬所領導，本已非常脆弱的文人政府，對反軍人示威抗議的民眾，施於無情的鎮壓，傷亡者已近千人。二〇二三年又發生緬北撣邦特區，果敢同盟軍與政府軍的內戰，至二〇二四年八月戰火已遍及上緬甸大部分地區，平民百姓傷亡，流離失所，逃難鄰近國家者眾。緬甸經濟本已蕭條，再加新冠肺炎病毒肆虐，醫療設備嚴重不足，衛生習慣不佳，疫苗缺乏，全緬各地確診人數日有增加，人民生活在天災、瘟疫、人禍交相摧殘的環境中，真是苦不堪言。就筆者的觀察與瞭解，短時間內緬甸社會秩序恢復正常的機會不大，聯合國想出面協調，但擁有否決權的五常任理事國，各有盤算，意見分歧，心有餘而力不足，仍持觀望態度，苦的是無辜的緬甸人民。軍政府既得利益者，還沉醉在內鬥之中，人謀不臧，佛祖也救不了國家。

所幸緬北臘戍地區的果敢與佤邦兩個特區，以「果文」名譽有法律地位，能公開透明合法地推展華文漢語，兩區已設有華文學校四百餘所，再加上撣邦其他鄉鎮的果文學校總數約七百所，對華文教育的推展起到了很大的作用。再者緬甸政府的華文教育政策較上世紀已大為鬆綁，華人是極重視子女教育的民族，雖困難很多，總會想方設法克服艱難，以多元教學方式，如電腦技藝班、音樂美術班、雙語教學班等，籍以傳授中華文化。就總體而言，華文教育的寒冬已過，距春暖花開的時節已不遠。

第二節　緬甸華文教育的困難

緬甸的華文學校在進入二十一世紀後，隨著華人經濟的發展，在量與質兩方面都有改變，這股動力主要來自華人社會族群的變化，在二十世紀前五十年，緬甸的華人族群以粵閩兩省人為主，華文教育也由這兩省人士主導。但自一九四九（民國三十八）年中共建政初期，施行一連串的政治運動；一九五〇（民國三十九）年三月開始「鎮壓反革命」，目的是清除國民政府時代的基層公教人員，含縣市長、地方鄉鎮保甲長，各級學校校長、教職員等。同時實施「土地改革」，應用政府公權力，沒收私人土地使之國有化，重分配給人民。一九五一（民國四十）年實施「三反、五反」，再應用公權力，沒收私人財產重分配給人民。這三大政治運動持續到一九五九（民國四十八）年，發起「大躍進、人民公社」，口號是「超英趕美」，實則搞民粹神話。一九六六（民國五十五）年八月，先由毛澤東發起，四人幫推波助瀾後主導，鼓動全國學生名曰紅衛兵搞「文化大革命」，目的是奪權、整肅異己。這批缺乏文化素養，無知冒進，血氣方剛的青少年，高喊「造反有理」的口號，進行一場史無前例的反傳統、反文化的大破壞運動。在這樣的暴政下，與緬甸為鄰的雲南省，是這一連串政治運動中的重災區，逼迫各族人民攜家帶眷流亡海外，只十幾年就翻轉了緬甸華人族群的人數。雲南人，尤其是邊境少數民族，與緬甸的少數民族，同源同語，雖與緬甸的老華人謀生、生活方式不盡相同，但對中華文化重視「慎終追遠」，以「儒學思想」為本的觀念是相同的。再經歷了半世紀的人口繁衍，現在緬甸的華人社會，雲南人口已占三分之二，經濟實力已超過五分之四。尤其緬北的果敢與佤邦兩個特區，是漢民族為主，已有法律地位，無形中帶動了緬北地區的華文教育。但是，就整體華文教育而言還是面臨著許多的困難，茲簡述如下：

一、華文教育法律地位未定。

二、華文師資嚴重缺乏。

三、教學設備簡陋。
四、教學方法陳舊。
五、生源極不穩定。
六、學校管理思維保守。
七、教材不足，要設法改善。
八、家長對華文教育的認知分歧。
九、教育經費非常拮据。

一、華文教育法律地位未定

緬甸自一九四八（民國三十七）年一月四日獨立迄今已七十餘年，但對境內已存在超過百年的華文教育，一直持睜一隻眼閉一隻眼的態度，國會也好，政府也罷，從未討論華文教育的法律地位問題。所以，在緬甸華文教育無國家法律的保護，任其自生自滅。但是緬北的果敢與佤邦兩自治區是例外。緬甸法律上稱果敢居民為果敢族，佤邦居民為佤族，其實兩地的居民是以漢族為主，設立的學校教的是華文漢語（少部分是純緬語），果敢特區現有各種類型學校二百餘所，佤邦特區現有各類型學校三百六十餘所，這五百六十餘所學校，是有法律地位的。但這兩個特區總面積約三萬三千平方公里，約占撣邦的五分之一，只占全緬甸面積約百分之四點八，也就是說分布在全緬甸廣大地區約有千所的華文學校，緬甸政府是不予法律地位的，無法律地位，當然亦無法律的保障，其學校的存亡就操在經營者的手中，華校規模不大，制度欠缺。

二、華文師資嚴重缺乏

緬甸華文學校的師資主要來源有兩類，一類是緬甸本土培養的教師，學歷普遍是華文學校中學畢業。只有極少數受過教育專業的訓練，絕大多數對教育理論、教學技巧、教育目標等只是一知半解，甚至不知，與所謂的人師經師的標準差距大。教師年齡差異大，可以說沒有年齡的限制，自十幾歲至八十幾歲都有，且以老少，或家庭主婦兼職者多。教師不穩定，流動性特大。尤其用愛執教者少，以打罵管教學生者多，持鞭子下出秀才觀念的老師很普遍。

另一類師資來自中國，或早年來臺灣升學的緬甸僑生，但已經在臺灣工作退休，多數非教職退休，無教育專業背景。這兩類來自不同地區的教師，還有意識形態的問題，如用臺灣教材的學校只聘臺灣去的教師，親中國的學校喜聘中國派去的教師，任期一學年。有極少數的重點華文學校，如曼德勒的孔教學校，仰光的正友中學，密支那的育成學校，有臺灣僑務委員會資助的已退休自聘志工教師，不管職務是校長或教師，任期通常也是一學年。而且只能以觀光簽證入境緬甸，一次九十天，再延簽一次。這類外聘教師多是單身赴任，因生活習慣、氣候、健康、家庭等因素，任期都不長。

三、教學設備簡陋

教學設備一般指固定的硬體與可以移動的教學輔助設施；固定的硬體如教室、禮堂、圖書館、實驗室、運動場等。因中、小學、幼稚園教學目標不同，學生的年齡有別，其設備就必須配合。但與經費有關，緬甸華校的硬體差異實在太大，一般而言在大城市的學校硬體較好，若在偏遠的農村學校就非常簡陋，甚至不能避風雨，竹籬茅舍、洋鐵屋頂，燈光昏暗，牆壁是黑板，沒有集會的禮堂，運動場有籃球架已經不錯，圖書館、實驗室想都不敢想。可以移動的學生桌椅，合乎學生年齡、身高的單人座不多，兩人或三人共用的長條木桌很普遍。致於輔助教學用的地圖、地球儀、字卡、標本、模型、投影機、電腦等是非常缺乏的。

總體而言，教學用的設備因經費拮据無力購買，又無專業教師製作，教師上課以一支粉筆，一本教科書為主，其他的就免了。

四、教學方法陳舊

緬甸的華文教學以灌輸教學為主，課堂以老師為中心，學生乖乖的坐著聽講，師生之間無互動。這種只有老師輸出，學生被動輸入的教學方式非常單調乏味，學生上課東張西望，打瞌睡的不少。尤其初學華文漢語的學生，感覺到華文漢語難學難懂，漢字太複雜，筆畫多，單音獨體，難寫難記。在遭受挫折後對學習華文漢語興趣逐漸下降，如遇到嚴厲的教師有打罵的行為，學生怕老師，師生關係疏遠，教學效果更差。有少部分教師參加過中國，或臺灣的師資培訓，但因受訓時間短，教育理論太多，教師無法很好吸收，而且培訓所用教材與教學方法，並不一定符合緬甸的實情，受訓後能有效用在教學上的有限。

五、生源極不穩定

緬甸的華文學校，全日制教學的不多，只有密支那育成學校一直是以全日制華文教學為主，近年曼德勒的孔教學校或雙語學校，撣邦的一些華文學校，也採部分全日教授華文。無法全日制教學，是為配合緬甸的公立各級學校上課時間，緬校才具有正式學歷，華校需與緬校上課時間錯開，用早晚的時間教華文，或緬校放假時間補習。造成這樣的原因是緬甸政府不承認華文學校學生的學歷，沒有合格的學歷，做事有困難。所以，家長必須先考慮子女的前途，以緬校的正規教育為主，華文以補習就好。而且，緬甸的學制與中文學制不同，緬甸小學是四年，中文是六年，中學緬甸是五年，加一年十年級全國會考，算是六年，而中文道地的是六年。在成績計算方面緬甸是四十分及格，八十分以上是優等，滿分仍是一百分。而中文是六十分及格，所以，緬甸學校的學生成績就偏低。大學的年限與中文也有差別，好在中國與臺灣都承認一些辦得較好的華校的高中學歷，提供了僑生升學的機會。由於升學與學歷的原因，影響華文學校生源很不穩定，這種現象越是高年級就越明顯。有些華校高中部只有幾個學生，教師難請，所收學雜費入不敷出。

六、學校管理思維保守

緬甸華文學校的創辦者有下面幾種機構；（一）由華人社團如同鄉會、宗親會，這類學校在二次大戰前最多，還用方言教學，現已減少。（二）宗教扶持的福利性學校，如教會學校，鄉村較普遍。（三）商業團體辦的華文漢語、電腦技藝、商用會記等培訓中心，多集中於仰光、曼德勒一線大都市。（四）民間企業投資開辦的學校，以城市居多。（五）私人辦的中、英、緬文補習班，隨處都有。（六）中國國家漢辦資助設立的孔子課堂教學點，目前仰光有兩校，曼德勒有一校。

無論是那一類機構創辦的華文學校，稍有規模的都成立了董事會，學校由董事會直接管理。董事會成員由當地華人通過選舉或推薦產生，每屆董事會任期因地區有差異，一般任期三至五年不等，董事長任期多為可連任一屆，但少數地區連任沒有限制。董事會行事規則，有制定組織章程者，但嚴格照章辦事者與約定成俗者各半。董事會採集體負責制，有董事成員兼校長者，也有另聘校長者，教職員多為董事會成員或眷屬。然而，董事會成員多是小商人，幾乎沒有教育專業的背景，對學校體制不熟悉，權責劃分不明確，常有推諉扯皮之事。校長對學校的管理很隨意，沒有制定行事曆，沒有明確的工作目標及工作計畫。教師沒有教學大綱、教學進度，教學各自為政，隨心隨意，校長也不考核。學校普遍存在制度、效益、專業等方面的困境。究其原因是董事會，執掌學校大權者，思想保守，宗派意識，山頭主義較嚴重。也因此，一些年輕有教育理想的教師抱負無法實現，只能明哲保身或掛冠求去，造成師資流動性很大。唯一可喜的是董事會成員多不支薪或依規定支薪，還要捐款維持學校不關門

七、教材不足，要設法改善

緬甸華文學校一直以來，多使用中華民國出版的教科書教學，以注音符號認字，早年教材來源雖不甚穩定，但還不致於嚴重缺乏。一九六二（民國五十一）年緬甸軍人政變後，沒收了所有華文學校，同時嚴禁中文書籍進口，當政策逐漸鬆綁，華人以佛教、佛經掩護發展華文教育，臺灣版的教科書已不敷使用，再經影印、翻印品質更差。在內容上也因臺灣的教改，一綱多本，多元化、本土化與緬甸的國情脫節。致使華文學校面臨了很多的困難。進入新世紀，因中共國力崛起，促使中華文化推向海外。二〇〇四年後，以孔子學院為名與世界上許多著名大學合作，推展華文漢語，再以孔子課堂與在地中學合作扎根基礎華教，海外華文教育在上世紀是中華民國主導，但隨著彼長我消的態勢，近年緬甸的華文學校，開始採用中國的教材，先由小學試用，逐漸推展至中學。緬甸華文教育市場，逐漸發生變化，但堅持使用臺灣版教科書者還不少，其精神實在令人敬佩。

僑務委員會，為改善緬甸僑校教材，於二〇一五年啟動「華文緬甸版教材」編寫計畫，就「華文泰北版」進行改寫，適度融入緬甸人文風俗、歷史文化及臺灣元素，全套教材共十二冊，於二〇一七年二月完成。三月在駐緬代表處協輔下，緬甸僑校組成「緬甸地區教材印製委

員會」，於緬甸彩印華文緬甸版教材，由僑委會補助經費。二〇一九（民國一〇八）年，經駐處調查當地僑校教材需求，報請僑委會核定後，招商印製華文緬甸版及補充教材、學華語開步走幼兒教材及教師手冊等，初印七萬〇五十冊，分送四十六所僑校，二〇二〇年，增印十二萬冊，分送六十九所僑校；次年再增至十七萬零四百冊，分送一一〇所僑校。為考量當地印製成本及順應教學需求，亦自臺灣運寄曼德勒孔教學校《學華語開步走——注音符號ㄅㄆㄇ》、《學華語向前走入門A冊》、《學華語向前走基礎A、B冊》等教材數千冊。希望再贏回緬甸華文學校教科書主導的市場。

八、家長對華文教育的認知分歧

緬甸的華人粵閩老華僑，有中華文化素養且有財力者，在經歷了緬甸多年的政變、排華運動後，能走的都走了，走不了的多已緬化，以雲南人為主的新僑，半世紀來也走了很多，現在還居住的主力是第二、三代，這批人想法很分歧。一部分認為既然回中國家鄉已經沒有希望，生於緬甸，長於緬甸，就應該認同緬甸，為了保種只要會講雲南話，粗懂中文就好，重要的是把緬文學好，進緬甸學校受正規的緬式教育，再把緬甸的第一外語英文學好，將來讀緬甸大學，成為醫生、工程師，就有前途。但有一部分認為，英文、中文才重要，去歐美留學靠英文，去中國、臺灣、新加坡、港澳地區發展要中文，只要是走出緬甸，緬文完全無用處，會講緬語粗識緬文就可以。這兩種想法不但普遍存在雲南人的社會，還存在同一個家庭之內。所以，對緬甸華文教育的存在與發展，看法不同，當然支持度有別。

九、教育經費非常拮据

教育是非營利事業，緬甸華文學校的經費來源主要有兩個管道；一是收學生學雜費，二是靠社會捐助。學生學雜費主要用於學校的日常開支，如辦公用品、水電、教師薪資、校舍日常維護等。社會捐助包括董事會成員的贊助，主要用於修建校舍，購置非消耗類教學設備。然而，緬甸已多年經濟發展停滯，緬幣一再貶值，而物價高漲，一般華人家庭以小本生意維生，孩子多，學雜費調整有困難，甚至收不齊，要求半費或免費的學生很多，單是教師薪資一項，學雜費已入不敷出。其實緬甸華校教師薪資非常低，根據筆者二〇一八年走訪緬甸的調查紀錄，各級華校教師薪資平均為；幼稚園月薪二十萬緬幣（約五十美元），小學一至三年級月薪二十二萬緬幣（約四十五美元），小學高年級月薪二十五萬緬幣（約五十五美元），初中月薪三十萬緬幣（約六十五美元），高中月薪三十五萬緬幣（約七十七美元），專任校長月薪五十萬緬幣（約一百一十美元）。這樣的薪資待遇比二〇一五（民國一〇四）年已高了百分之二十。許多鄉村學校則是根據自身的經濟條件而定，一般都比較差，二〇二一年緬幣又貶值百分之二十五。至於募捐，則極不穩定，有不少華校由臺灣的善心人士，或早期赴臺灣升學校友認養學生學雜費。

綜觀緬甸華文學校雖面臨著許多的困難，但熱愛中華文化的炎黃後裔仍然不屈不撓，突破障礙，傳承著中華文化的香火，在極艱難的環境中每年培育出一批又一批懂華文漢語的年輕人，走向全緬甸，走向更遠的地方，等待著美好的明天。

第三節　緬甸華文教育的突破

人類在地球上出現雖最晚，於歷史長河中經歷了與天爭、與獸爭、再與人爭的階段，終於主宰了世界。當然有許多民族因天災、人禍自地球上消失，但如中華民族不但未消失，反而不斷壯大，究其原因就是有中華民族的祖先創造了博大精深的中華文化。蘊養了勤儉、刻苦、忍勞、中道、固本的民族性。凡炎黃子孫深知中華文化是中華民族的根，既已找到了在緬甸推展華文漢語所面臨的困難，就一定會想方設法克服困難，找到解決之道。

時序進入新世紀，迎來中華民族國力崛起的契機，華文漢語逐漸成為國際語言，筆者提出幾點建議供有心緬甸華教人士參考：

首先要整合、強化緬甸華人社團的角色與功能。因華人社團是推動緬甸華文教育發展的核心動力。回顧緬甸華文教育百餘年的歷史，最初以省籍社團創辦了華校，以省籍師資、方言教學維繫華教，但逢第二次世界大戰，緬甸粵、閩僑胞拔涉千山萬水，冒生命之險回中國雲南避難，然而因語言不通，遭到了困難。戰後華校復校改國語（普通話）教學，華文教育面貌一新。在緬甸獨立後至一九六〇年代，緬甸華校被允許為獨立的財團法人合法存在，使華教有了一段黃金時期，培養了許多華裔人才。

緬甸軍人政變後，華校遭到了浩劫，失去了存在的合法性。在經過一段時期的沉潛後，又以「佛經學校」、「果文學校」、「孔教學校」等形式包裝，在軍政府「睜隻眼，閉隻眼」的默認狀態下逐漸復甦，進而發展。時至今日緬甸華校仍然是隸屬不同性質的華人社團，華校無論是經費、人事，華人社團仍然是主宰的力量。然而，緬甸華人社團數量眾多，類型多樣，功能各異，且各自為政，互不隸屬。這種現象不僅分散了力量，也使得華人社會很難從全方位，對華文教育事業的各方面、各層次、各要素進行統籌規劃，協調整合教育資源，爭取定位，更有效能地推展華文教育。目前緬甸已有中共僑辦扶持的「緬北華教協會」、本土性質的「果文文教會」等華教組織，但僅是區域性的組織，影響力度未能及於全緬。筆者盼望華人社團，捐棄成見，組織一個緬甸全國性的以華文教育為宗旨的團體，全方位的對華文教育的結構、功能、層次、師資、教材等進行一次大體檢，大手術，開闢一條新生之路。

其次，緬甸政府已同意設立緬文、英文、華文共存的三語國際學校，曼德勒已有昌華、新世紀、伊洛瓦底三所國際學校，師資、校政、教材都有規範，學生皆超過千人，每年收支均有盈餘。所以，兩岸政府應積極伸出援手，與這類的學校合作，指導，輸送教育資源，畢竟臺灣與港澳、新加坡、中國，是緬甸華文教育發展，重要的外在支撐力量。華人社團要利用各種方法，讓緬甸政府理解，發展華教是為國家培育人才。

第三要善用緬甸僑生的資源，多年來離開緬甸到世界各地升學、進修、創業的緬甸僑生很多，大家都心繫緬甸，他們生長於緬甸，絕大部分會講緬語，懂緬文，許多還有緬甸大學的學歷，曾經擁有緬籍，在緬甸還有親人故友，極想回緬甸創業發展，近幾年來回去的已經不少，在各行各業中表現優異。臺灣在這半世紀來因有成功的僑生升學政策，培養了許多具有專業的緬甸僑生，其中從事教育事業的也不少，緬甸華文教育要善用這股力量，對華教的發展必有助益。

第四節　振興華文教育有利緬甸國力提升

緬甸是擁有約一百四十種民族的國家，有民族大觀的稱譽。各民族有自己的特色，善用各民族的特色，對國家經濟的發展、國力的提升是有助益的。然而緬甸執政的緬族，被大緬族主義捆住，與各少數民族為敵，造成眾多的少數民族離心離德，有能力的就反抗，無能力反抗的就出走。緬甸有一個少數民族叫「長頸族」，這個民族的女性自小就在自己脖子上套上一個金屬圈，隨著年齡的增長，金屬圈不斷增加，致使脖子慢慢變長，吸引了好奇的觀光客，導致長頸族居住的村莊成了觀光景點，為國家的觀光事業創造了機遇，也促進了經濟的發展。但是緬甸政府不善待這個民族，至使這個民族集體跑到了泰國，促進了泰國的觀光事業。諸如這類的事例很多，真是不勝枚舉。

華人在緬甸幾百萬，在各行業都有傑出的人才，如能尊重華人，平等對待華人，善用華人的智慧，對緬甸的國力提升會大有幫助。緬甸相鄰的泰國，歷代泰皇視華人為重要國族，華人可以從事各種行業，所以政、軍，士、教、農、工、商都有華人參與。一九三二（民國二十一）年泰國實行君主立憲，泰皇將政權交給民選的內閣，近一世紀來，曾有四十餘位總理，其中三十餘位是華裔，泰國高階將領上將級二十餘位是華裔。雖然泰國常發生政變，把執政不合民意的總理趕下臺，自君主立憲以來曾發生三十多次政變，但其中只有兩次是流血，有傷亡的。不像緬甸每次政變都有許多手無寸鐵的百姓大量傷亡，這樣的政府，如此的軍隊，怎會受到人民的支持與擁護？

中華民族自古就不是一個侵略的民族，與西方帝國主義國家本質上不同。中華文化是一種講和平、重誠信、行仁義的王道文化。緬甸民族，尤其是執政者，需要深入了解中華文化的特質，讓華文教育在緬甸合法化，隨著中華民族的崛起，華文漢語已普遍受世界各民族，各國家重視。中緬兩國是鄰邦，緬甸雖然天然資源豐富，但因缺乏人才，缺少技術，也沒有資金。華人有潛在的能力，只要有法律的保障，這股力量就會顯現在建設國家的上面。華文教育實質上是為緬甸培育人才，國家有人才，才會進步，經濟才會發展，也才會富裕。

美國是最好的例子，美國是一個以移民為主的國家，因美國憲法保障所有移民有平等自由發展的權利，吸引各人種，各民族的頂尖人才移民美國，讓擁有「諾貝爾獎」的第一流人才百分之八十，歸化為美國籍，以成為美國公民為榮。美國的學校最好的是私立學校，世界排名第一的哈佛大學是私立不是國立，學校經費充裕，教學資源充沛，獎學金多，教授頂尖，學生用功，且從未聽說美國政府因某種原因關閉學校。再看緬甸的仰光大學，經常因學生不滿政府施政，走向街頭，示威抗議，政府則常命令軍隊進入校園，以真槍實彈鎮壓學生，造成傷亡，還關閉學校，逮捕教授，讓學生失去學習機會。仰光大學在英國殖民緬甸的時代，也曾是一所著名大學，醫學院培養出許多好醫生，馳名亞洲。緬甸的足球、籐球、柔道等運動也有特色。教育的宗旨是培育人才，以色列非常重視教育，所以雖然亡國兩千年，猶太民族仍然存在，一九四八（民國三十七）年五月十四日復國，國土面積二萬〇七百七十平方公里，約為緬甸的百分之三，人口八百六十七萬，約為緬甸的百分之十五點七，國民平均所得三萬六千四百美元是緬甸的五點七倍（二〇二〇年資料）。尤其以色列自復國以來歷經四次以阿戰爭，皆勝。緬甸執政者應深入研究以色列國情，參考其富國強國原因，重視教育，發展教育，培養人才，拯救國家。

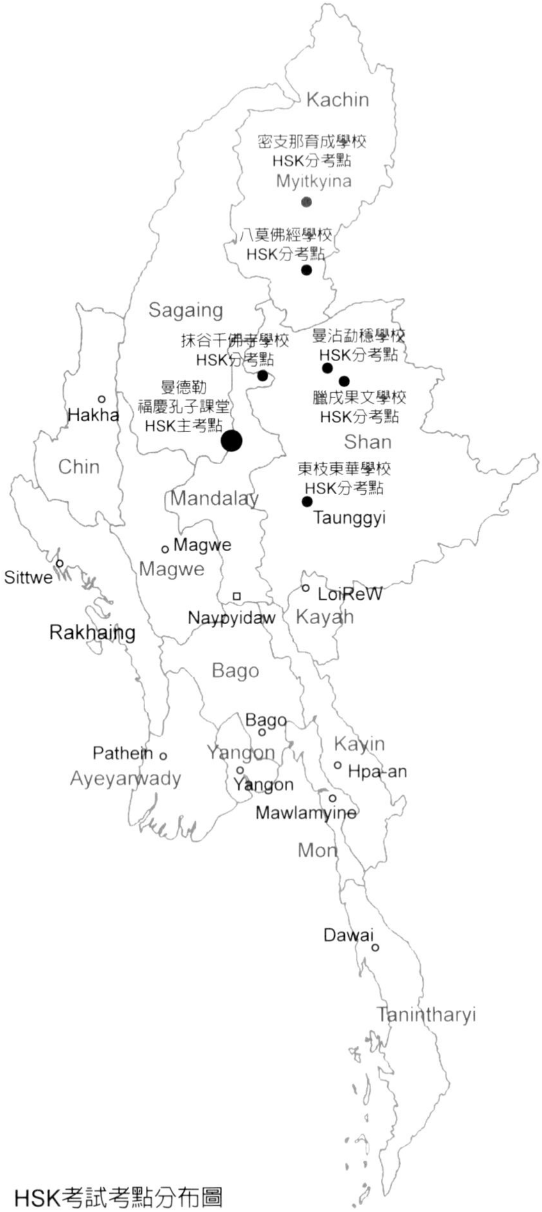
Kachin
密支那育成學校
HSK分考點
Myitkyina
八莫佛經學校
HSK分考點
Sagaing
抹谷千佛寺學校
HSK分考點
曼沾勐穩學校
HSK分考點
臘戌果文學校
HSK分考點
曼德勒
福慶孔子課堂
HSK主考點
Hakha
Chin
Shan
東枝東華學校
HSK分考點
Mandalay
Taunggyi
Magwe
Magwe
Sittwe
LoiReW
Naypyidaw
Kayah
Rakhaing
Bago
Bago
Kayin
Pathein
Yangon
Hpa-an
Ayeyarwady
Yangon
Mawlamyine
Mon
Dawai
Tanintharyi

HSK考試考點分布圖

第九章　結　語

緬甸古有黃金之邦稱呼，在世界國家中排名四十，算是中型的國家。但以天然資源論，則居前十名，以民族種類言是世界第一。若再以國家經濟力及國民所得論，卻是世界倒數前十名，何以有這麼大的反差，是研究緬甸國情者感到很好奇的。本文限於篇幅無法詳述，僅就某些點概論，請讀者指教。筆者歸納為十個字：「政軍民教經，宗環衛交農」，茲分述如下：

政治、軍隊、民族、教育、經濟、宗教、環保、衛生、交通、農業；這十大問題是世界上所有國家都要面對的大事，只是因國情不同，輕重有差異而已。但在緬甸這十件事沒有一個處理得很好，致使一個黃金之國，成了戰亂、貧窮、落後、封閉、愚昧的國家，如不痛下決心尋求改變，則距富強康樂太遙遠！

就政治言，是治理國家，管理眾人之事，緬甸獨立前，原殖民國大英政府算是政治方面成功的國家。在翁山為首的爭取獨立派，與英國政府協商過程中，英國人強力建議，基於緬甸是多民族，但又緬族人居多，依國情想主導國家，政府體制應採用聯邦內閣制。聯邦有利各民族的團結，內閣制以緬族人任總理，可以滿足大緬族主義。所以緬甸的第一部憲法是根據這樣的精神制定的，一九四七（民國三十六）年二月十二日，在撣邦「彬龍」小鎮由翁山親自主持的協商會議是依據憲法召集的。當時雖非緬甸所有主要民族代表都出席會議，但撣、客欽、欽、撣邦的果敢等都出席，簽訂了協議文。後來翁山被刺殺，一九四八（民國三十七）年一月四日緬甸獨立，成立了緬甸聯邦政府，緬族人吳努當上了內閣總理，使國家起步走向聯邦內閣制的政府體制，短暫的有了曙光。

一九五七（民國四十六）年，非常遺憾的，吳努這個大權在握的政客，撕毀了《彬龍協議》，驚醒了各少數民族，原來聯邦是騙術，準備起來鬧獨立，這種情勢，不但引發內部的分裂，給了尼溫有軍人干政的機會。尼溫是華裔，他否定了自己的祖宗也罷，最糟糕的是他只是一個軍閥，無德無才，學到了中共槍桿子出政權的皮毛，經幾年的布署，於一九六二（民國五十一）年發動政變，徹底廢了憲法，毀了文人政府，也毀了國家。經尼溫二十多年反覆無常的執政鎖國，培養了一批又一批貪汙無能的大小軍閥，把國家推向了貧窮落後的深淵。

而今，軍隊已失去保衛國家人民的功能，成了軍閥屠殺人民的劊子手。各民族四分五裂，離心離德，是內戰的主因。教育機構成了學生示威抗議反政府的溫床。經濟停滯，和尚熱衷政治，為反政府勢力推波助瀾。森林、動物濫伐濫殺，國土日漸沙漠化，環保不及格，環境衛生汙染嚴重，國民環保意識，衛生習慣很差，交通不順暢，道路老舊、河床淤塞，水淺難航，農業耕作傳統，昔日曾有世界米倉的優勢不再。

緬甸振興之道筆者認為還是要由政治著手，軍政府應放手邀請各民族派代表，再召開一次類似當年的「彬龍」會議，開誠布公簽署協議，選出修憲議員，把獨立時的第一部緬甸憲法找出來，經充分討論，修訂條文，在聯邦架構下，決定政府體制是要用總統制或是內閣制。但不論什麼制，國家領導人一定要全國普選產生。候選人資格只要到法定年齡，有一定的資歷，無犯罪紀錄，具緬甸大學畢業學歷，在緬甸出生，曾有緬甸國籍，不限民族，承認華裔為「華族」，條件合格也可以參選，成為國家領導人。

教育是振興國家的命脈，搞好各級教育，把散居世界上所有的緬甸人才請回來，為國家貢獻智慧，建設國家。將華文教育納入國家教育體制，列入第一外語，選送優秀學生到外國留學，學習先進科技，厚植人才庫。建立公務員公平、公開考甄制度，讓有才能者貢獻國家。

選出有能力的人才組成政府，厲行清廉政治，學習新加坡以高薪養廉，嚴懲公務員貪瀆。健全國家宗教管理機構，最好取消佛教為國教的規定，和尚不得干涉政治。文人政府就職後，軍隊不得再干政，由新政府向世界銀行貸款或請求友好國家低利率借貸，提供經驗、技術幫助發展經濟，先把手工、輕工、觀光、農漁，礦寶石等業發展起來。由政府敦請各國專家學者提供，經濟、交通、環保、教育等各領域的成功經驗，按計劃穩步建設國家。利用緬甸潛藏深厚天然資源的條件，訂定優惠辦法，與友邦合作開發。改革幣制，簡化紙幣種類。建立國稅制度，尤其是高價值的寶石、玉石的開採與出口。

整飭寺廟佛塔，有歷史性的維修使其成為觀光景點。仰光大金塔、勃固、毛淡棉、蒲甘、曼德勒、實皆等地區，具有小乘佛教特色的佛塔，向聯合國申請文化遺產，提高知名度，以促進觀光事業。觀光客參觀塔寺仿照泰國，重要處才脫鞋，非入口就要脫鞋。

設立少數民族大觀園，以服裝、器具、民俗、語言、建築等創造觀光優勢，吸引觀光客。

開發撣邦茵勒湖、克欽邦敢多大湖、仰光燕子湖，在湖畔鼓勵財團興建渡假村或休閒別墅。在緬南多處海灘、伊洛瓦底江出海三角洲多處沙洲、緬西那步里海灘，改善交通，加強環保，鼓勵民間人士投資興建休閒別墅或渡假村，招徠觀光人潮。

緬甸動物、植物、魚類、花草，種類繁多，是亞洲有名。建設熱帶動物園、植物園成為觀光重要景點，培養多種語言解說導遊人員，讓年輕人就業，宣傳緬甸歷史文化。

尤其要發展農漁業，緬甸香米有特色，漁場特多，增加產量，提高產檢、包裝品質，拓寬外銷市場。緬甸熱帶水果很多；果王榴槤、果后山竹、白柚、紅芭蕉、紅毛丹、紅芭樂、荔枝、龍眼、芒果、甜橘、葡萄柚、大竹筍、鳳梨等品質好，若再以改良，適度增加甜味，打開外銷市場即可創匯。

泰國是亞洲觀光大國，但緬甸可開發的觀光資源比泰國多，如伊洛瓦底江，全長二千二百八十八公里，流域面積四十二萬〇九百三十四平方公里，其中百分之九十五在緬甸境內，自緬北的克欽邦貫穿全國，流入印度洋，昔日水深約一百公尺，深具航運、灌溉價值，有緬甸母親之河稱譽。然而，因年久未好好維護，現在泥沙淤積，水深不及十公尺，沿江多處出現沙洲，兩岸堤防坍塌，雨季常氾濫成災，應予整治，美化兩岸堤防，成觀光河川，比泰國的湄公河、歐洲的萊茵河更有看頭。

緬甸南北多山，地形特殊，原始森林各種珍貴林木甚多，地下寶石、玉石、樹化玉，礦源多樣，品質、色澤是世界之最。而中部是一望無際的平原，土質肥沃，氣候溫濕，適合機械化耕作，這樣的國家簡直世界稀有。緬甸觀光資源潛力雄厚，但觀光是無煙囪行業，首先靠的是服務品質，態度親切，語言無礙的導遊人才。其次是方便的交通，舒適的賓館，衛生的環保，合理的價格，多元的消費市場，而這些都與教育與經濟有關。尤其中國經濟崛起後，人民都想出國旅遊觀光，因地緣關係東南亞是首選，需要大量懂華文漢語的導遊人才，更突顯華文教育的重要性，然而，緬甸政府不但不輔助華文教育的發展，還多方限制，這樣與現實背道而行的教育政策，對國家的傷害是很大也深遠的。

歷史殷鑑，國家的興衰，與人的因素息息相關，而教育是立國、興國之基礎，緬甸小學教育尚算普及，但偏遠農村由於貧窮，教育品質有待提升。少數民族地區，因抵制大緬族主義，許多學校不教緬文。高等教育因政府不甚重視，經費不足，影響師資、儀器、圖書等設備，加上畢業生就業出路不暢通，學生缺乏研究精神，嚴重影響教育素質。當今世界上二百多個國家，小國寡民，天然資源少，但卻是富裕的不少，如以色列、新加坡等，皆是小國寡民，但政治修明，教育發達，各種人才齊備，緬甸可以借鏡。總之，事在人為，緬甸的未來，能重視人才，善用人才，還是很有希望的。

附錄一：緬甸僑生赴臺灣升學須知

一、前　言

中華民國僑教政策之目的是為培養海外華裔人才，依據憲法、歷史淵源、文化傳承、國家長遠發展及整體利益，秉持「凡中華兒女均有就學的機會、華僑為革命之母、無僑教即無僑務」之理念。跨越兩個世紀以來，已培育出近二十萬名僑生畢業返回僑居地服務，並在當地產經文教等各行各界嶄露頭角，具卓越成就；成為國家在海外的無形資產，對國家外交、經貿，均有極為顯著的貢獻。因此，持續鼓勵僑生來臺升學，具有社會文化、政治外交及經濟三種政策層面意義，亦奠定了今日中華民國處於國際競爭地位深遠而有力的根基。

回顧自國民政府播遷臺灣後的一九五一年（民國四十學年度）迄今，海外華裔子弟來臺升學者遍布五大洲，約七十個國家地區。七十多年來，主管僑教、僑務的僑委會配合教育部，已逐步建構了一套因應各地僑情需要或配合時勢發展的重要制度及招生經驗，無論在招生宣導、招生管道、海外測驗、成績採計及分發方式等，均有具體的因應措施與做法。[1]

1 蘇玉龍、李信著，〈招收海外僑生回國升讀大學之回顧與展望〉，《教育資料集刊》，三十一期，第一八一頁至二〇六頁。

緬甸僑生赴臺灣升學是整體僑教政策的一環，然因緬甸國情特殊，多年來幾經波折，大起大落，早年因中華民國政府特別照顧緬甸華僑，招生報名人數曾經高達千餘人，後來緬甸軍人政變，行鎖國政策，與國民政府不友好，僑生赴臺升學曾經停招、又復招。新世紀後隨著緬甸國情迎向世界開放的進程，近年政府秉承過去培育緬甸僑生的初衷，克服了諸多困難，結合了多股民間力量，終使緬甸僑生赴臺升學人數不但恢復還節節上升，誠可喜可賀。已來臺就學的緬甸僑生也知上進，整體素質大為提高。對於緬甸僑生招生，海外聯招會每年都有「招生簡章」詳載相關規定，但仍有僑生、家長、僑校未能詳閱，以致證件準備不足、填錯志願、忽略自己的志趣、能力，來臺入學後才後悔、抱怨，但已無法補救。本文想以最簡要的方式，條列緬甸僑生赴臺升學應注意的項目，務請想赴臺升學的僑生本人詳閱，因赴臺升學關係僑生一生的前途、人生幸福，切勿等閒視之，如有尚不明瞭處要佐以招生簡章，請教家長或學長姐，身為僑校的校長、師長對學生的前途、人生幸福，更責無旁貸，要正確指導，俾讓學生選擇適合自己興趣、能力的科系，充分發揮其潛能，走向光明的人生大道。

二、認　知

一、**僑生的定義**：依據現行《僑生回國就學及輔導辦法》第二條規定，僑生係「在海外出生連續居留迄今，或最近連續居留海外六年以上者（但就讀大學醫學、牙醫及中醫學系者，其連續居留年限為八年以上），並取得僑居地永久或長期居留證件回國就學之華裔學生；而僑生身分之認定，由僑務主管機關（僑務委員會）為之；且僑生回國就學期間，除其他法令另有規定外，不得任意變更身分。也就是所謂的「一日僑生，終生僑生」。

二、**外國學生的定義**：依據現行《外國學生來臺就學辦法》第二條規定：

（一）**外籍學生**：具外國國籍且未有中華民國國籍，符合下列規定，得依本辦法規定申請入學：一，未曾以僑生身分在臺就學。二，未於申請入學當學年度，依僑生回國就學及輔導辦法，經海外聯合招生委員會分發。

（二）**外籍學生就學限制**：具外國國籍並符合下列規定，且最近連續居留海外六年以上者，亦得依本辦法規定申請入學。但擬就讀大學醫學、牙醫或中醫學系者，其連續居留年限為八年以上：一，申請時兼具中華民國國籍者，應自始未曾在臺設有戶籍。二，申請前曾兼具中華民國國籍，於申請時已不具中華民國國籍者，應自內政部許可喪失中華民國國籍之日起至申請時已滿八年。三，前二款均應符合前項第一款及第二款規定。但如非華裔之外族人，如純緬族、印度族、克欽族等只能稱外國學生不能稱僑生。

2 蘇玉龍、李信著，《跨世紀的海外聯合招生》，世界華語文教育學會，二〇二二年七月。

（三）**外國學生與僑生在學期間的差別**：許多法規或優惠辦法，外國學生與僑生是相同的，但因兩者法源依據不同，其學雜費收費標準或獎助學金項目皆有所不同。可參閱海外聯合招生委員會〈僑生及外國學生權益對照表〉。[2]

（四）**文科（含藝術）與理工醫的不同**：文科範圍很廣（含文、法、商、教育、藝術），藝術（指音樂、美術）要有特殊天分，但重點在中文能力，也就是中文根柢，中文差讀書會非常辛苦，就算能勉強混畢業，也難就業，如純緬文學校畢業，未補習過中文，是不適合選文科各學系。理工醫各科的基礎是數學、物理、化學、生物，因教科書多是英文，所以英文的閱讀能力很重要，如英文差、數理能力也差，就不能選理工醫各學科的科系。要知道學識能力基礎不是一天就能打好，勉強只會更痛苦而徒勞無功。理工醫各科因專業性強，社會需求度高，畢業後找工作求職就比較容易。

（五）**赴臺灣升學的目的**：年輕人讀書的目的是，利用年輕時記憶力強、體力好，未有家累，還有父母支援，社會支助等優勢，以相對短暫的幾年（或幾十年），謀求終生的福祉，要認知「天下沒有白吃的午餐」的警語，只有一分耕耘才會有一分收穫。所以赴臺灣升學是利用教育改變命運，要下決心，只許成功不能失敗，讀書求本事是「目的」，打工賺錢只是「手段」，孰輕孰重切勿搞錯。只要生活可維持，學費可支付，生活宜盡量節儉，孝敬父母，扶植弟妹雖重要，但等自已有了能力，已立後方能立人。打工所得除維持生活，繳學費，如還有節餘要學會儲蓄，以備來日之需。尤忌因臺緬幣值不同，炫耀財力，造成假象而苦了自己。

（六）**赴臺灣升學與去中國升學的差異**：無論去哪裡升學，都有一定數額的獎學金或優惠，但獎學金一定不敷所用，赴臺灣則有打工的機會，可以自己養活自己，成績好可選擇自己喜歡的學校，自己有興趣的科系。去中國學校或科系是分發而不能任意選擇的，尤其不能打工，錢不夠用要靠海外的家長支援。[3]

三、赴臺灣升學必備的證件（可參閱每年之招生簡章）

一、身分證明：（一）緬甸永久居留證（身分證或稱麻崩訂）（二）戶口證。（三）護照。（四）健康證明（以前要財力證明及在臺保證人證件，現已廢除是對僑生一大德政）。

二、學歷證件：

（一）申請大學各學系或一年制國立臺灣師範大學僑生先修部（以下簡稱臺師大僑先部）：

一、華文學校：三年制高中畢業證書（或在學證明／修業證明）及高中三學年成績

3 僑生來臺灣就學的十大好處：1.優質技職教育、實務訓練及國際技能競賽的優勢。2.可負擔的學費及大量獎學金。3.學華語的優勢。4.開放自由民主的學習環境。5.優質的生活環境。6.健康快樂的學習環境。7.多元文化的學習環境。8.接觸高科技產業的機會。9.國際連結的機會。10.海外工作的機會。取自中華民國僑務委員會網站，二〇二二年，https://www.ocac.gov.tw/OCAC/Pages/VDetail.aspx?nodeid=6052&pid=37137211&rand=4514。

單，需加蓋僑校騎縫章或鋼印。二、緬校學歷：緬甸高中十年級畢業證書，及大學一、二年級成績單（要英文正本）。國內各大學一般都是四年制，建築系是五年、牙醫系是六年，醫學系是七年。

僑生可透過海外聯招會之『個人申請』或『聯合分發』管道申請大學；『個人申請』依據備審資料審查結果及學生選填志願序分發；『聯合分發』則依據學科測驗成績及學生選填志願序分發。不論是『個人申請』或『聯合分發』，皆須在緬參加學科測驗，且成績須達到「分發大學最低錄取標準」才可分發大學（未達錄取標準者分發至臺師大僑先部先修班）

（二）申請臺灣師範大學僑先部特別輔導班：一，緬甸高中十年級會考證書及成績單（要英文版正本）。二，緬甸高中八至十年級成績單（要英文版正本）。三，如在當地大學大一（或以上）結業者，另檢附大一以上結業證書，經審查無誤可直接升讀一年制僑生先修部。臺師大僑先部特輔班課程以華語文學習為主，修業至少一年後成績達到標準者，得升入一年制先修班。先修班分第一類組（文、法、商、教育、藝術）；第二類組（理、工）；第三類組（醫、農）；各類組課程比照國內高三及大一課程（課業比大學重很多）。先修班結業時依據『個人申請』之備審資料審查結果及學生選填志願序分發，或依據先修班結業成績排名及學生選填志願順序，經「聯合分發」管道升讀臺灣各大學校院學士班

（三）副學士學位二年制技術訓練班（簡稱海青班）；申請資格如下：一，華文學校三年制高中之畢業證書（或在學證明／修業證明）及高中三學年成績單。二，緬校學歷：緬甸高中十年級畢業證書，及大學一、二年級成績單。符合僑生資格：海外出生連續居留迄今，或最近連續居留海外六年以上，並取得僑居地永久或長期居留證件之華裔學生。四，華語文能力：取得華語文能力測驗A1級或於認證華僑學校學習華語二四〇小時（如報名本專班時，尚未符合上揭規定，應於錄取後至第一學年結束前補足學習時數）。

（四）高職建教合作班（亦稱3＋4產學攜手合作專班）：二〇二三學年臺灣有二十六所技術型高中開辦五十一科招生，（二〇二二學年有二十六所高職開辦七十一個學科）。（註三）資料來自網路，填寫志願時要查。需符合條件：一，華文學校初中畢業證書。二，華文初中六學期成績單。三，華裔男女青年，年滿十六歲，且以年齡二十二歲以下者為優先。四，具備華語文能力測驗（TOCFL）A1以上標準，或在相關華語文學習機構學習華語文時數至少須達二四〇小時（需附學習時數證明）。如報名本專班時，尚未符合以上規定，須於錄取後至第一學年結束前，透過華語文學習管道，加強華語文能力，並補足學習時數二四〇小時。

（五）緬甸華校師資培育專班：需緬甸華文學校高中畢業，比照臺灣一般大學入學辦法，二〇一八（民國一〇七）學年新增。（可參閱海外聯合招生委員會，緬甸華校高中畢業生來臺就讀大學校院學士班師資培育專案簡章）

四、如何選填志願

選填志願是一門大學問，關係著僑生本人一生的就業、出路與前途，有人將選填志願比喻為女孩子選丈夫，我則認為比選丈夫更複雜，然而多年來多數僑生對選填志願，總是隨隨便便，馬馬乎乎，造成了所選志願不合志趣，能力不足半途而廢，即使畢業也學非所用。我無法告知僑生對選填志願的細節，因人各有志、興趣殊同，天賦有異、努力有別、父母的期望不同。所以，我只能就多年觀察所得、加上自已的求學經驗、輔導僑生心得等，提供原則給讀者參考，個人要用心去體會其中深意。

（一）公立學校（尤其是大學），相對優於私立學校，理由是：公立學校學雜費比私立學校少很多（約是一半），對經濟力弱，需靠打工繳費完成學業者負擔減輕很多。公立學校師資優，專職者多，常言「良師出高徒」。公立學校教學設備優，讓學生有充分的學習機會。校友多，當你畢業走入社會職場助力就多，因人類是非常重視「關係、人脈」的族群。公立的大學來自各地區的僑生同儕人數必多，你在學習環境中學習的對象、競爭的對象、就是背景相似的僑生同儕，只要你的成績在僑生中不吊車尾，被擋（不及格）的機會就少，通常在課業上僑生不是本地生的對手，僑生少，你就吊車尾，被擋的機會就多。

（二）要考慮自己的基礎能力：每個人在成長、學習過程中都會碰到不同的對手，要認知自己的潛能，如學業你總是在班上名列前茅，（保持在前百分之二十，學業平均在八十五分以上），證明你聰穎、也會讀書考試，適合追求高深的學問、是讀大學的人才，你就勇敢的選好大學，讀有興趣的科系吧。如果你的成績總是中等，記憶力也不突出，但還是想讀大學，就選擇一般的大學，非熱門的科系，多用功些，混個學歷，待走入社會再求發展吧。如你的成績總是中下，對讀書興趣不高，只求有一技之長，年齡也偏大，只要將來可立足社會，那就選擇技術性明顯的海青班吧。

（三）高職建教合作班（亦稱3＋4產學攜手合作專班）：是給只有初中學歷，想赴臺學一技之長，同時可自力完成學業，再求深造的僑生選讀。因臺灣的建教合作班都是私立高職，還無公立高職，就學的學生都是十六至十八歲的青少年，管理上比較嚴格，雖然僑生的年齡有很多已成年，但遠離父母涉足社會不深，學校受海外家長、主管政府機關的付託，要特別重視人身安全，尤其一學期中有半學期離開學校去工廠或公司、商鋪實習，獲得政府規定的基本工資（每月約臺幣二萬七千元、合緬幣約四百萬）收入，接觸面複雜，學校輔導人員責任重，希望僑生能理解。

（四）就讀臺灣師範大學僑先部：顧名思義還是入大學前的預備階段，有來自世界不同地區的僑生，因每人成長背景差異大，生活習慣不同，個人天賦智力也有異，在語言方面更複雜，但課程是高中的內容，競爭自然劇烈，除了讀書，人際關係非常重要，緬甸僑生要特別留意。

（五）緬甸華校師資培育專班：招收對緬甸華文教育有高度熱忱、使命感、責任感強的華文高中男、女畢業生，是民國一一七學年（二〇一八）新增。（可參閱網路「海外聯合招生委員會，緬甸華校高中畢業生來臺就讀大學校院學士班師資培育專案簡章。）

（六）臺灣是一個開放、自由、民主、多元的社會，正面的好處是，有接觸高科技產業的機會能與國際連結，打工的機會多。但負面的是，社會形形色色，如一個大染缸，年輕人如果不學好，把持不住非常容易墮落變壞，俗話「浪子回頭金不換」，恐怕連回頭的機會都沒有。

（七）緬甸本是一個物產富饒，人民篤信小乘佛教的國家，但自一九六二年軍人政變後，各少數民族紛紛鬧自治、獨立，半個多世紀來，經濟停滯，紙幣大幅貶值，短時間內看不出有中興跡象，而年輕的一代青年普遍缺少正規教育機會，尤其是華裔族群，可謂前途茫茫。僑生嚮往離開生長的家園到國外求發展，願意赴臺深造是好事，想實現理想，雖然困難重重，但有志者事竟成，總會有貴人相助。唯臺灣與中國因上世紀內戰，分隔已七十餘年，各自形成不同的政體制度，在中國主政的中共因改革開放政策成功，近年國力隨之崛起，兩岸勢必統一的聲浪不斷，而臺灣拒統的民意高漲，美國又在旁搧風興浪，臺灣海峽已被視為「世界最危險的地方」，戰爭的陰霾籠罩全臺，今日尚安定的生活學習環境，何時有暴風驟雨襲擊難料，事涉大家的安危，緬甸僑生也無法置身事外。

（八）僑生的婚姻：對每一個人而言男婚女嫁都是終身大事，關係兩個家庭，子孫後代，更涉及自身一輩子的幸福，但也有「緣分」的因素。近世流行晚婚，先生再婚，同居不婚等，我的看法是把握適婚年齡（女性因負生育之責二十五至三十歲是黃金年華身價最高，男性可晚幾歲，但需有些經濟基礎，至少有可養家活口的正當而穩定的職業）。緬甸僑生與緬甸僑生結婚、或與其他地區僑生結婚，甚至與臺灣本地生結婚都靠緣分，影響婚姻的變因很多，非三言兩語可道盡。只是同來自緬甸成長背景相似，比較容易溝通，其實兩人結婚共組家庭，在日常生活中，互相磨合、尊重、忍讓、分工、協調、包容都極重要。男女有別，在人生的道路上擔負有各自責無旁貸的任務，重要的是要扮演好自己的角色，共同為溫馨、幸福的家付出，幸福不會從天而降，是需要耕耘的。

五、結　語

早期緬甸僑生赴臺升學，因中華民國與緬甸國情特殊，政府委請當地僑團以保送方式辦理。自小學、初中、高中職、到大學，人數不設限，抵臺後很快取得身分證。但隨著中華民國與緬甸國情的變化、溯自一九八八（民國七十七）年，僑委會首次以「聯考方式」，招收緬甸僑生赴臺讀五專及高職，由當時緬甸華僑旅運社負責有關工作，試場先設在仰光後改曼德勒。

一九九五（民國八十四）年海外聯招會，以「學科測驗」，招收緬甸僑生入讀大專院校。次年始辦「學力鑑定測驗」與「學科測驗」合併舉行。一九九八（民國八十七）年測驗試場分為曼德勒、密支那、臘戌、東枝四考區，試題卷在臺灣製作帶去緬甸施測。此年海外聯招會首次在緬甸宣導招生政策。二〇〇二（民國九十一）年因緬甸軍政府禁止華裔子女赴臺升學，招生停辦。二〇〇三（民國九十二）年恢復考試，但五專及高職停辦。僑生名額限定二百五十人，且在緬測驗只是初試，來臺後要複試才分發。二〇〇八（民國九十七）年，第二階段來臺後複試，改為赴泰國曼谷應試，次年應華校要求改回緬甸曼德勒，仍分四區初試。二〇一三（民國一〇二）年，廢學力鑑定測驗改只需學科測驗。二〇一四（民國一〇三）年後放寬緬甸僑生人數，次年再放寬多項限制，尤其取消財力證明及在臺擔保人，赴泰國面試簽證等均是德政。二〇一六（民國一〇五）年，中華民國駐緬甸辦事處成立，緬甸僑生赴臺升學手續大為減化，可比照其他地區僑生赴臺升學一般辦理。同年辦理了緬甸第一屆臺灣教育展，次年續辦第二屆臺灣教育展。二〇一八（民國一〇七）年，新增緬甸華校師資培育專案，試務測驗時間自三月提前至一月。賡續舉辦第三屆臺灣教育展。二〇一九（民國一〇八）年，辦理華校招生宣導巡迴講座，開放個人申請制。顯示政府的緬甸僑生赴臺升學政策已較具彈性，改變很多，僑生暨家長、華文學校主事者及緬甸僑界都心存感激。

為跟上全球腳步，緬甸教育部正積極規劃執行「三十年長期教育發展計畫（Thirty Year Long Term Education Development Plan），針對學前教育，小、中學及高中教育進行體制、品質及提昇研究等多項改革計畫。自二〇二二（民國一一一）年實施新學制；學前教育（幼兒教育）一年、小學五年（原為四年）、國中四年、高中三年（中小學計十二年），與東協國家銜接，亦與臺灣教育接軌。

中華民國政府自二〇一六（民國一〇五）年實施「新南向政策」，隨著臺緬已互設辦事處，兩國實質關係已更為密切，二〇二〇（民國一〇九）年雖逢新冠病毒（Covid-19）肆虐，緬甸赴臺學生增至約四百人，二〇二二（民國一一一）學年再增至約九百人，據來自緬甸僑界的消息，二〇二三年登記的人數再增加，僑務委員會在二〇二三（民國一一二）學年也將增加錄取名額。因此，隨著在臺就學的緬甸僑生人數不斷增加，未來走出校門的人數也會攀升，如何輔導就業，適才適所，使僑生們實現赴臺升學的理想，對社會、國家作出貢獻，是政府與在臺民間諸多僑生相關社團責無旁貸的任務，今年僑務委員會已主導召集相關單位舉辦了幾次緬甸畢業僑生就業輔導座談會。尤其僑生們畢業後多數想長期留臺發展，但事涉國籍法、勞動基準法等，而許多法令似乎門檻太高，要求太苛，或已過時不符現況，籲請僑委會通盤檢視僑生政策，協調教育部、內政部、勞動部等相關部門，甄酌國情，充分發揮提攜年輕人的善意，使僑生們感受政府栽培之恩惠。

六、建　議：

一、源頭管制：透過政策宣導，加強保薦單位審核責任，尤在華裔認證、華語文能力要多著力，落實僑生赴臺升學政策，使優秀有潛力的緬甸僑生實現赴臺升學願望。

二、溫馨協助：凡提供僑生證件、旅費、赴臺所需機構，不論民間或政府均要本著善意愛心、人性化的服務態度，讓僑生感恩，請勿用施捨引起反感。

三、用心教育：僑生來臺後進入學校，教育人員要以耐心、愛心教育，僑委會要經常蒞校訪視，適時召集學校校長、主管，舉辦類似聽證會議，溝通觀念，增進信心。

四、強化在臺民間力量：凡在臺緬甸各民間組織如校友會、留臺同學會、歸僑協會，要多盡心力，協助新僑生適應生活，解決困難，做政府與僑生間的橋樑。

五、建立僑生資科庫（類似人力銀行）：彙集僑生專長，建立資科庫，供廠商選擇，協助畢業僑生就業。適時舉辦畢業僑生就業座談會，聽取畢業僑生心聲，舉辦僑生就業博覽會，協助僑生瞭解產業趨勢，指導僑生找到適才適所的工作。

六、建立廠商資科庫（類似招商銀行）：提供廠商需求，讓畢業僑生選擇、媒合，方便僑生就業。也籲請各行業廠商要善待僑生職工，用愛心、耐心指導其入行。

附錄二：中國駐印軍反攻緬甸密支那血戰史

一、前　言

史家咸認第二次世界大戰是人類有史以來最慘烈的一次戰爭，財產損失無法估計，死亡人數是之前所有戰爭總和的數倍。死亡更是波及到遠離前線的平民身上，其恐怖的程度更是前所未有想過的。挑起這場戰爭的罪魁禍首是西方德國的納粹黨酋希特勒，東方則是日本的軍閥軍國主義。戰爭發生的原因是繼第一次世界大戰（一九一四—一九一八）之後，資本主義政治經濟發展極不平衡，經濟危機加劇了帝國主義國家之間的矛盾。希特勒崛起想打敗英、法獨霸歐、非兩大洲。新興的日本則想驅逐在亞洲的英、法、美勢力，成為亞、澳兩大洲的霸主。戰爭初期美國的態度很曖昧，以為就像第一次世界大戰一樣，可從中再獲暴利。直到一九四一年十二月七日，日軍偷襲美國遠東海軍基地珍珠港，重創美國。八日日軍以閃電戰術進攻馬來半島與菲律賓，此日，美、英、中同時向日本宣戰。十一日德國、義大利向美國宣戰，至此，戰火已燃燒蔓延殃及全世界。

自一九三九年九月一日，歐洲戰場，德軍入侵波蘭至一九四一年秋天的兩年中，希特勒可謂大獲全勝。其中最顯著的是一九四〇年六月四日德軍以閃電戰攻入法國，勢如破竹，十四日巴黎淪陷，十六日法國貝當政府倒臺，二十二日法國投降。在亞洲日軍則快速攻占法國殖民地越南、寮國、高棉。法國戰敗後希特勒認為英國也撐不了多久就會投降，但出乎意料，英國在新當選的丘吉爾首相領導下，獲得美國的支援，為保衛國家與德軍持久戰做好了準備。然而，在亞洲的殖民地香港、馬來亞、新加坡等已是日軍的囊中物。緬甸與印度雖屬英國殖民地，但日軍勢在必得。夢想著如能在中國戰場也取得勝利，加上早已是殖民地的朝鮮、臺灣、澎湖、遼東半島，再進一步占領澳洲……大日本帝國的美夢就能如期實現。

二、洞觀日本國力崛起，訂定侵華計畫

日本是亞洲東方太平洋上的島國，面積約三十七萬平方公里，約為臺灣的十倍，歐洲英國的一倍半，比德國稍大。人口則比英國、德國、法國都多。民族為大和民族。傳統的日本以農立國，深受中華文化影響，其標榜特色的書道、茶道、花道、劍道都源自中國。但到十八世紀，統治中國的滿清王朝，國勢日衰，而西方則發生了工業革命，國勢日強，日本遂有了棄中效西的念頭。

一八六八年（清同治七年），明治天皇取得政權後，立志圖強，要在科學技術方面追上並企圖超越西方。於是，日本政府大量借重西方的技術與財經援助，全面改革本國經濟、教育及提升人力素質。並大量選派留學生到歐美留學，輸入西方先進武器、戰艦、機器與商船等。在

二十多年中已打好現代化的工業基礎。接著修築了公路與鐵路網，也建立了商船隊，進而改革貨幣制度，提振經濟，開辦了新式學校，仿效西方大學培養尖端人才也有了成效。於是，新式的鋼鐵廠建成開了工，現代化的軍士院校也培養了一批又一批的軍事人才，並訓練成了現代化的海、陸軍。

一八九四年的甲午年，在「富國強兵」的口號鼓吹下，遂向大清王朝發動了「甲午戰爭」，獲得了大勝。一八九五年（清光緒二十一年）迫使滿清王朝訂立了「馬關條約」，割讓臺灣、澎湖群島，撤出朝鮮，為日後殖民朝鮮鋪好了後路。進入二十世紀的一九〇四年，日本向俄羅斯帝國挑戰，爭奪亞洲東北部控制權。日、俄掀起海戰，日本大獲全勝，更助長了日本窮兵黷武擴張勢力的野心。

第一次世界大戰結束時，日本的世界強國地位已很穩固，並獲得世界一致公認，致使其走上軍國主義國家，侵略、好戰已成日本政府國策。對歐洲英、法等帝國擁有廣大的殖民地資源極為垂涎，眼見老大貧弱的中國，正是侵略的好時機。其實日本自明治維新國力崛起早已訂下「三個月滅亡中國計畫」。日、俄戰爭大勝魔爪迅速伸入中國東北，一九三一年發動了「九一八事變」，一九三二年扶植遜清皇帝溥儀為偽滿州國皇帝，一九三七年七月七日發動盧溝橋事變，全面開始推動亡華計畫。

侵華戰爭初期日軍武器裝備精良，銳不可擋，長驅直入，勢如破竹，九月日軍執行攻陷中國首都南京後，南取廣州，中奪武漢，北攻五臺的作戰計畫。迫使國民政府遷都四川重慶，未及一年大半個中國已淪陷。但日寇錯估國民政府，以「空間換取時間」的大戰略及堅持抗戰，誓死衛國的決心。侵華戰爭過了兩年還有大半個中國仍在國民政府手裡，至此日寇才發覺已深陷泥淖，想速戰速決已不可能。戰爭消耗了日本大量資源，持久戰關鍵的是資源。到一九三九年九月德國希特勒進攻波蘭，以閃電戰迅速席捲大半個歐洲，法國投降，英國自顧不暇，美國袖手旁觀，真是千載難逢的大好機會，必須把握良機早日達成帝國霸業。

亞洲南部廣大地區資源豐富，但都是英、法、美等西方工業發達國家殖民地，發動太平洋戰爭可一舉併吞所有國家殖民地獲得資源。但是，美國在遠東夏威夷擁有海軍基地是最大障礙。日本偷襲珍珠港的作戰計劃，中國政府早已獲悉，但美國不相信，日本政府對此計畫也有兩極看法，主和派認為「不要得罪美國」，主戰派認為「美國怕事會忍耐，不會向日本宣戰」。最終主戰派獲勝，歷史事件的必然就是如此，日軍偷襲了珍珠港美國海軍基地，美國重創，但也敲醒了美國這頭睡獅，粉碎了日本侵略者的美夢，改變了日本的命運。

三、日軍侵緬中國遠征軍入緬抗日

一九四一年十二月七日，日軍掀起太平洋戰爭，於一九四二年一月中旬由泰國分南北兩路侵入緬甸，南路日軍第十五軍三十三、五十六兩個師團之精銳部隊以緬甸反英獨立人士翁山為首的義勇軍，為前導自泰國曼谷直入緬甸南部，於一月三十一日陷緬南大城毛淡棉，三月八日陷首都仰光。北路第十八師團於四月二十九日陷緬東撣邦大城臘戌，兩路匯合於五月一日陷緬甸中部古都曼德勒，五月八日陷緬北克欽邦首府密支那，至此全緬淪陷。

日寇志在囊括中南半島，截斷中、美、英間之連絡，窒息中國，進而達成與德軍會師中東的夢想。當時中國政府受盟國英、美之請於一九四二年二月八日派第五、第六兩軍為基幹編組成中國遠征軍十二萬人，入緬與盟軍並肩抗日，於同古、西唐河縱谷、仁安羌、棠古、瓢背、彬木那等戰地連續贏得了戰術上的勝利，然而英軍基於其國家利益，當日寇入侵緬甸之初，即有放棄緬甸保全印度為目的之「棄緬保印」戰略構想，致使中國遠征軍歷經了重大傷亡（二百師師長戴安瀾、團長柳樹人、劉杰、團副劉吉漢、參謀主任董幹，九十六師師長胡義賓、團長凌則民、營長邱志德、陳如岡、盧治恆、團副黃景昇，新三十八師副師長齊學啟、營長張琦，新二十九師團長李寅星，新二十二師營長張淮、何紹武等軍官壯烈犧牲，尉級以下官士兵傷亡數萬）。

日軍攻陷緬北克欽邦首府密支那，鯨吞緬甸後，於一九四二年五月三日，日寇穿越雲南與緬甸接壤之畹町橋進入國門，四日陷遮放、芒市、龍陵，五日犯怒江惠通橋，十日陷騰衝，使中國大後方滇西邊城全部淪陷。援緬之中國遠征軍雖力搏強敵四十二天但功敗垂成，結束第一次援緬抗日任務，其主力之一部退回國內，一部以新三十八師、新二十二師為主力翻越緬北野人山轉入印度，後來經整訓產生了中國駐印軍（Chinese Army in India 簡稱 CAI），於一九四四年冬第二次由印度反攻緬甸，終致擊敗日軍獲得勝利，打通了中印公路，凱旋回國，一九四五年一月二十七日駐印軍與滇西遠征軍在芒友會師。（前一年的一九四四年九月七日遠征軍第十一集團軍攻克滇西松山，九月十四日第二十集團軍以「焦土抗戰」光復騰衝城，十一月三日收復龍陵。一九四五年一月二十日遠征軍已收復滇西失土將日寇驅逐出國門，滇西淪日共二年八個月又十六天（九百八十六天））。一九四四年三月八日中國駐印軍遠征軍攻克緬甸臘戍，五月三日英軍收復仰光。

四、駐印軍反攻緬甸

一九四二年中國遠征軍援英入緬抗日作戰失利，第五軍新二十二師、新三十八師傷亡慘重，再經翻越緬北野人山，跋涉窮山惡水進入印度，官兵生存者已不足萬人，經盟邦與中國政府協商同意，改名〔中國駐印軍〕，移駐印度東北比哈爾省之藍姆伽整編，成立總指揮部，由美籍史迪威中將任總指揮官，鄭洞國中將任副總指揮官。白特納准將為參謀長，開能上校任副參謀長。轄新二十二師、新三十八師，一九四三年十月，為適應未來反攻緬甸之需要，由國內空運官兵充實新二十二師、新三十八師、又增加了三十師、十四師、五十師，由鄭洞國中將兼任軍長。增添裝備及補給予直屬部隊重迫擊砲第十一團、工兵第十、十二團、輜重兵第六團、騾馬及人力運輸第一、二大隊、戰車第二至七營、高射機鎗第一營、兵工第一營、獨立步兵第一團、砲兵第四、五、十二團、汽車兵團、特務營、憲兵獨立第二營、獨立通訊兵第三營、教導第三團等部隊。另有美籍白朗上校指揮的戰車第一營。還有史迪威直接指揮的美軍第五三〇七支隊中美混合突擊支隊，總人數約五萬。駐印軍之所需裝備及軍士官幹部教育與技術訓練，統一由美方負責，後勤支援由英方負責，中國軍之各級幹部則負責統御領導、部隊訓練與指揮作戰。不到一年，中國駐印軍已成精銳勁旅，為反攻緬甸、打通中印公路做好了準備。

一九四三年七月十八日，史迪威向戰區統帥蔣中正委員長提出收復緬甸的計畫，蔣委員長批准交參謀總長何應欽及軍令部核議，隨後，軍令部提出《中、英、美聯合反攻緬甸作戰方案大綱》，之後即頒發了《關於部屬聯合英、美反攻緬甸作戰計畫及訓令》。九月初中國駐印軍主力集結到印度雷多地區，準備向緬北反攻。十月二十四日，由雷多開始向緬北發動攻勢。十一月三日中美空軍混合大隊成立，由美國空軍第十四航空隊司令陳納德少將兼任指揮官。十二月二十九日後駐印軍新三十八師經歷兩月苦戰，攻克日軍在緬北胡康河谷的重要據點莫港。一九四四年初，新二十二師、新三十八師繼續推進，於一月三十一日攻占打洛。二月十九日美國梅里爾准將率領的美軍遠程突擊隊五三〇七支隊到達緬北前線。又經約兩個月的苦戰，駐印軍已接近緬北重鎮密支那，四月二十八日駐印軍新三十八師、五十師各一團與美軍五三〇七支隊組成中美混合突擊隊，分為代號K、H、M三個戰鬥群直奔密支那。五月十七日中美突擊隊攻占密支那西機場，至此駐印軍對密支那已形成大包圍，準備發動總攻擊。

五、密支那的攻略

密支那位於緬甸北部，是克欽邦首府，為緬甸縱貫鐵路最北之終點，途經緬中古都曼德勒直達首都仰光。公路北通孫布拉蹦，南通八莫至緬中，東可至臘戌接滇緬公路入中國雲南，西至莫港經卡盟達胡康谷地，與中印公路銜接，西北通拖角、片馬，東北經昔董出騰衝。伊洛瓦底江航路由北到南直通印度洋，交通甚發達，乃緬北最大城市，是商業樞紐。市區屬平原，但四周則有丘陵及高山環繞，形成天然屏障。其西北乃聞名之庫芒山脈，將密支那地區與莫港河谷間斷，造成最大之天然屏障，境內野人山是原始森林，草莽叢生，步履維艱，天氣異常惡劣，毒蛇猛獸遍野，在軍事上實為防禦之有利地形，亦為進入緬甸必爭之軍略要點。

密支那市區面積約十平方公里，東有伊洛瓦底江，江面十月到次年的三月屬乾季約八百公尺，四月到九月的雨季超過一千公尺。東岸有瓦送、灣磨、卡坵小鎮，西面是跑馬堤機場臨伊洛瓦底江支流南圭河。北面是希打坡機場，南面是喂供叢林。市區東南兩側地勢較低，建有堤防以防雨季伊洛瓦底江水暴漲淹入市區。市區建築以磚夾木平房或兩層式小樓為主。市區尚稱平坦，但郊區則是丘陵叢林地，非常蔭蔽。市內交通橫直交錯，巷弄狹窄。住民約二十萬餘，以克欽族、緬族、印度、尼泊爾、巴基斯坦人為主，華人有雲南、廣東、福建三省華僑，各有同鄉會館，但以騰越會館最大，會館還附設育成小學。密支那因陸路四通八達，鐵路可通曼德勒，伊洛瓦底江航運暢通。農牧物產豐富，尤其距野人山帕敢玉石場不到百公里，距騰衝約一百八十餘公里，邊貿極為活絡。

駐防密支那的日軍為第十八師團、師團長為田中新一中將及第五十六師團之第二大隊。最高指揮官為第三十三師團中將本多司令官，總兵力約三千餘人。駐印軍以新二十二師、新三十八師、新三十師、五十師、十四師共五個師及直屬部隊，再加美軍五三〇七支隊，其總兵力人數遠超過敵軍。當時據守密支那的日軍，第十八師團的一一四聯隊及第一、二大隊駐防市區，十八師團工兵第十二聯隊的一個中隊駐西郊，第十五機場守備隊密支那分遣隊及氣象分遣隊駐西機場，另有兩個中隊駐北機場。

一九四四年五月十七日駐印軍於凌晨，趁守備西機場的日軍部隊尚在睡夢中，五十師第一五〇團猝然發動攻擊，敵軍措手不及，潰敗四散，殘敵百餘人紛紛向市區火車站潰逃，聯軍一舉攻占機場，贏得了首勝。聯軍迅速肅清機場守敵，清理了跑道，下午三點後，滿載增援部隊和軍需物資的C四十七道格拉斯式運輸機和滑翔機在戰鬥機掩護下，由印度起飛陸續降落機場。新三十師第八十九團的砲兵部隊空運到密支那，十八日十四師第四十二團也到達。史迪威將軍非常高興，帶著一群記者飛來密支那採訪，「盟軍奇襲占領密支那」的新聞迅速傳遍全球。然而，由於美國梅里爾准將指揮失當，缺乏周密的計畫和組織，兵力分散，未能趁敵不備，一舉奪取密城，反而授敵以從容備戰，並各個擊破盟軍之機，以致本可在短期內攻克的密支那，卻拖延了八十多天，傷亡約六千餘人付出了慘重的代價，方克敵收復密支那。

六、駐印軍與日寇的拉鋸戰

日軍自一九四二年五月占領密支那後，以此為緬北基地，侵入中國大後方。在兩年中依建築物構成據點，利用民房及街道兩側，構築各種堅固掩體，重要據點間以地下通道壕溝連接，在街道進出口、十字路口及民房屋角均配置了重武器，火網非常密集，使整個市區形成了一個完整的防禦體系。

駐印軍第一五〇團攻占密支那西跑馬堤機場後，中美混合突擊M支隊也攻占密支那北郊的希打坡，K支隊於十八日晨攻占密支那東北面的遮巴德。眼見情勢大好，隨著援軍的到來，實力大增，對原占壓倒優勢的日軍造成極大的威脅。而盤踞密支那的日軍第十八師團，則因在胡康河谷屢遭挫敗的影響，士氣相當低落。形勢頗有利聯軍發動總攻，迅速奪取密支那。然而，十八日上午美國梅里爾准將匆忙發布命令，派第一五〇團的第二、三兩個營進攻位於市區的火車站，部隊於黃昏時分到達車站北側，突遭日軍猛烈的砲火和機槍急襲。我軍攻勢受挫，後方聯絡也被敵人切斷，激戰通宵，多次擊退敵人之反撲，然因部隊攜帶的彈糧將盡，仍得不到接濟，處境堪慮。幸該兩營官兵卻勇猛異常，於十九日拂曉攻進車站，斃敵百餘，但官兵傷亡慘重，第三營營長郭文軒英勇殉國。終因補給斷絕，又無砲火和空中支援，使敵軍趁機在猛烈砲火掩護下一再反撲，在得而復失者再，兩軍於車站形成拉鋸戰，我軍傷亡已近七百人，且已彈盡糧絕，遂以敵人拚刺刀，才殺出重圍，退守西機場。

這次戰役的失利，是駐印軍收復密支那的重大戰略錯誤，當然，發布命令的梅里爾准將應負主要責任，他不了解敵人，又剛愎自用，但他卻把責任推給第一五〇團團長黃春城，要求史迪威將黃團長遣送回國，因而引起中國駐印軍官兵強烈不滿並堅決抵制。史迪威為平息眾怒，於五月二十三日偕鄭洞國軍長、三十師胡素師長、五十師潘裕昆師長和參謀長白特納來到密支那西機場，當場宣布：「撤消梅里爾准將中美聯合突擊兵團司令的職務，送回印度雷多。各師由師長自行指揮，另設密支那指揮部，責成參謀長白特納代他指揮作戰」。

經史迪威公正處理後，中美軍官間的對立情緒才稍微緩和。可是白特納准將在以後的指揮中，比梅里爾更加無能，更無實戰經驗，尤其缺乏指揮大兵團作戰的能力。五月二十五日，駐印軍根據史迪威總指揮的命令，再度向密支那市郊發動攻擊，由主攻的新三十師攻西郊，第一五〇團、第四十二團在跑馬堤一線負責牽制日軍行動。新三十師第八十九團在砲兵及美國空軍支援下與敵激戰整天，僅推進約五百公尺，次日繼續攻擊，略有進展。但第八團則因敵陣地非常堅固，攻擊數日無甚進展，指揮部派出美軍加拉哈德支隊增援左翼，攻擊北機場敵陣。二十八日早晨，第八十八團第一營在山砲與迫擊砲支援下，集中輕重火力向敵人陣地猛烈射擊，又以重機關槍向密林縱橫掃射，消滅樹上的敵人狙擊手，以壓制敵側防機能，派步兵利用田埂掩蔽向敵營逼近。雙方激戰終日，我軍僅前進三百公尺，後因傷亡過大而停止攻擊。

與此同時，第一五〇團第三營於二十六日奉命由西機場向密支那南郊攻擊，在南畢塔工廠南端附近遭遇敵人強烈抵抗，雙方激戰至夜，敵人仗地形優勢，將第三營四面包圍，形勢極為危急，所幸官兵臨危不懼，奮勇與敵拚殺，營長歐陽爵身先士卒指揮作戰，壯烈犧牲，官兵死傷過半，但敵陣始終屹立未動。二十八日凌晨，第一五〇團副團長親率第二營援助，與被包圍的第三營裡外夾擊，方將敵人擊潰，並趁勝向敵縱深突擊，然因敵工事異常堅固，火網稠密，進展甚微。時值密支那雨季，大雨滂沱，盛夏燠暑，炎熱難耐，地形又不利我方，只好奉命就地構築據點，加強搜索偵探敵情，並不時出動空軍監視與襲擾敵軍。

正當駐印軍因雨休憩的時刻，日軍立即命令正在南昆攻擊英軍空降突擊隊的第十八師團第一一四聯隊之第三大隊，第五十六師團原派往增援胡康河谷作戰之第一四八聯隊之第一大隊回防密支那，又把密支那外圍的守備部隊也撤回密支那。僅幾天的時間使駐守密支那的日軍由三千人增加到約五千人，同時日軍還根據市區地形，劃分四個防禦區，加強工事，縱橫配備，協同固守。敵人的各種輕重武器多配置於掩蔽好的叢林、大樹根、山谷溝壑、崖穴之中，彈藥充足，位置隱密，各道路都能以火網封鎖，作好死守準備。當第三十三軍司令官本多中將獲知機場遭駐印軍突擊占領，認係守軍兵力單薄，決定派遣第五十六師團步兵指揮官水上源藏少將，率所指揮的部隊於五月三十日晨抵達密支那增援死守陣地，並賦以最高指揮權。

聯軍總指揮官史迪威鑑於美軍加拉哈德官兵從征日久，士氣低落，再把剛自美國抵達印度的美軍戰鬥工兵，第二○九營及二三六營空運密支那參加聯軍作戰，由麥根少將指揮。五月三十一日天氣放晴，聯軍再次向密支那日軍發起猛烈攻擊，又經歷了兩星期的苦戰，右翼第一五○及第四十二團才攻破密支那南區堅固防線。左翼新三十師第八十八、八十九團，雖因強行通過開闊地區，傷亡較多，但也攻占了敵軍許多據點。然而美籍前線指揮官卻疏忽敵軍工事堅固，火力強大，求勝心切，命令頻傳，嚴厲督催，以致傷亡慘重，我軍和指揮部爭論，自六月十五日後，指揮部聽由各部隊自行指揮作戰。

此後，我軍各部隊開始採取掘壕及強攻並用戰略，但進展較緩。敵軍發現我軍戰法改變，於夜間大肆襲擾我軍各陣地，我軍則在各陣地周圍預埋觸發手榴彈，收效甚大。至六月二十一日，右翼第一五〇團及四十二團掘壕作業頗有成效，一五〇團沿公路逐漸向前推進，占領了江邊與公路所形成的三角區域，四十二團亦將火車修理廠占領大半。但左翼第八十八團的攻擊受到挫折，雖在空軍支援下一度攻占射擊場北端高地，但不久即被日軍奪回。美軍加拉哈德支隊第一營曾企圖向敵後滲透，不料為敵發現，旋被圍困於希打坡以北地區，二十六日方奉命突圍。為策應美軍突圍，指揮部特命第四十二團第一營向北機場滲透。二十八日夜當第一營通過北機場時，美國工兵第二〇九營派兵一連前往聯絡，卻不慎誤入敵陣，傷亡一百二十餘人。指揮部恐第一營再蹈覆轍，急命該營於七月十日夜撤回第八十八團左翼，經此一撤官兵又傷亡七十多人。

七、組成敢死隊力克密支那

當駐印軍在莫港谷地的戰鬥已取得勝利，鄭洞國軍長於七月六日飛抵密支那前線視察，看到各部隊膠著不動，拖延時日，深覺不妥，經集合前線各部隊長研商，決定次日（七七抗戰紀念日）發動全面攻擊，當晚即向各師下達攻擊令。七日下午一點，各部隊在空軍、砲兵掩護下同時向敵猛攻，激戰到十八時，右翼第一五〇團已自江邊三角地區推進約一百五十公尺。第四十二團也將火車修理廠全部占領。另第四十二團剛由印度雷多空運來的第三營也立即投入戰鬥，士氣高昂，進逼市區攻占八角亭據點。雖然第四十二團寧偉團長、王竹章團副、第三營營長黃晉隆均在激戰中受重傷，但多有斬獲。其他各部隊亦英勇激戰，各有進展。

七月八日以後，各團根據指揮部命令各抽一營兵力調至第一線後方，作短期的對敵據點攻擊演習，其餘各部隊加速自行掘壕攻擊，並協同對敵據點形成包圍。同時，根據指揮部命令，由新三十師師長胡素將軍接替美軍麥根少將，負責指揮密支那地區的作戰行動。七月十三日，駐印軍自左至右並列美軍加拉哈德支隊、以新三十師主力第八十八、八十九團，第十四師四十二團，第五十師一五〇團，在優勢空軍和重砲火力支援下連續猛攻三日，第八十八團攻占了射擊場北端高地及西南幾個據點，第四十二團及第一五〇團攻占了八角亭和火車站，但其他部隊則無明顯進展。

七月十七日後，各部隊自行掘壕更有成效，大多已進入街市或市區臨近之村落與敵人戰鬥。日軍傷亡奇重，雖一再補充兵員，但受聯軍空軍及砲兵猛烈攻擊已轉弱勢，只得退守市區，分成北、中、南三個防禦區，東邊以伊洛瓦底江為屏障，西邊乃聯軍主力所在無法有效防禦。日軍兵力分配：北面為一一四聯隊及第三大隊，第十五機場守備隊密支那分遣隊及氣象分遣隊。南面為第一四八聯隊及第十五鐵道兵聯隊。第五十五及五十六聯隊傷癒官兵二百多人則在中間擔任守備。以後幾天因聯軍空軍整天輪番轟炸，敵人防禦重點逐漸萎縮，僅以北面希打坡為據點。

從七月二十五日起連續三天，駐印軍加大力度開始全線攻擊，因聯軍新三十師第九十團，第五十師一四九團，第十四師四十一團，均抵達密支那投入戰鬥，士氣高昂，攻擊力大增。雖然敵軍在八莫集結了第十八師團的兩個步兵大隊及汽車二百多輛，滿載軍需品準備向密支那增援，但被指揮部偵覺，立即派第十四師副師長許穎少將率領第四十二團之第二、三兩營，於市區南方強渡伊洛瓦底江奪取彎磨及附近高地，切斷了八莫至密支那的公路，阻擊了敵方援軍及軍需物資。

七月二十八日聯軍再泛發動全面攻擊，並以第五十師為主力，在空軍和優勢砲兵強大火力支援下，步兵逐步向敵縱深進逼，敵陣一片火海，第五十師各團勇猛異常，逐巷、逐屋進擊，至傍晚右翼第一五〇團已占據市區第四條道路，第一四九團攻占火車站大部分。左翼新三十師第八十八團在鐵道向北推進了三百公尺，第八十九團已進至敵營房西北角，第九十團進展更快，沿著鐵道南側一直向東逼進。惟美軍支隊被阻於小溪附近，無大進展。二十九日，各部隊配合空軍及砲兵，攻勢更猛，一四九團已站領火車站，第一五〇團已占據第五條道路，第八十九團已突入街市。至三十一日第一五〇團已通過第六條道路。聯軍在強勢火網下正逐漸縮小包圍，至此，密支那市區已大半為聯軍所控制。

七月三十一日起日軍強迫市民至希打坡江邊，冒著聯軍的砲火襲擊的危險下製作竹筏，準備渡江。八月一日晨敵人三、五成群，分乘竹筏或汽油桶沿江而下，都被聯軍擊沉或俘虜，但多為傷兵。同時已有市民成批外逃，跡象顯示日軍即將敗退，聯軍士氣更加振奮。傍晚時，第一五〇團已占據市區第七條道路，第十四師兩步兵營攻占十字路重要據點，第九十團攻占營房修械所，第四十二團在江東岸擊潰敵援軍，美軍加拉哈德支隊也攻占希打坡。

八月二日，第五十師師長潘裕昆將軍考慮市區北端乃日軍工事最堅固之據點，正面強攻傷亡必大，接受第一四九團羅錫疇團長建議，徵選精壯官兵百餘人，攜帶輕便武器及通訊器材組成敢死隊，分成十五小組，趁夜幕掩護潛入敵陣背後，將敵通訊設備破壞，三日拂曉向敵指揮所及各預定重要據點猛攻，日軍措手不及慌亂異常，聯軍部隊則自各方向敵陣衝殺，僅兩小時第一五〇團及敢死隊已占據市區第十一條道路。殘敵數百人向江中逃竄，第一營及一四九團第三營乘勝追殺，且肅清營房以東江邊殘敵。新三十師第九十團則將日軍大本營團團圍住，因大本營中有密支那最高指揮官水上源藏少將，水上少將自知聯軍已布下天羅地網，準備活捉他，遂召集守軍宣布：誓死效忠天皇，想逃命者請便，言畢舉起武士刀切腹自殺（另有一說：水上少將當時並未自殺，直到晚上向集團軍司令官發出永別電報後，靠在江邊的一棵大樹，心力交瘁，無顏苟活，舉槍自殺，由丸山大佐埋葬屍體，其墳墓至今尚在。）守軍中亦有部分以武士刀或手榴彈自殺，約八百人由丸山大佐率領逃往中緬邊境八莫，沿途被聯軍擊斃或俘虜者數百人，但仍有數百人留守陣地。至八月五日聯軍已完全攻占密支那市區，且與攻占希打坡的美軍加拉哈德支隊第三營及戰鬥工兵第二〇九營取得聯絡，同時派出有力部隊越過伊洛瓦底江追殺掃蕩殘敵，並向八莫方向警戒。密支那攻堅戰役自五月十七日發動至八月五日歷經八十餘天，終於力克頑敵收復了密支那，但全市彈痕累累，房舍無一完好，屍橫遍野，慘不忍睹，實滿目瘡痍。

八、密支那戰役得失檢討

（一）密支那戰役是整個緬北反攻戰役中，最為激烈艱苦的一戰，聯軍傷亡官兵六千餘人，費時兩月餘，斃敵二千餘人，始攻克這座緬北戰略重鎮。

（二）儘管日軍工事堅固，防守頑強，使聯軍攻擊一再受挫，傷亡慘重，但前線官兵的士氣始終高昂，抱必勝決心，無人貪生怕死，畏縮不前，雖負傷也不肯撤下火線，部隊長身先士卒臨第一線指揮督戰，對部隊鼓勵甚大。

（三）中美聯軍攻克密支那意義重大，控制了這座緬北重鎮，打通了中印間空運，戰略物資不必再飛越駝峰，減少飛機失事，對中國後期抗戰貢獻殊大。

（四）此戰役前後更換了三任美國指揮官梅利爾、白特納、麥根，顯示他們指揮能力不足，不了解中國士兵特質，又不信任中國軍官，對敵人堅固的工事、死守的決心很懷疑，命令時常變更，任務指示也不明確，下達命令前，對實施所需時間考慮不週，常陷分割使用兵力的錯誤。

（五）所幸美軍最高指揮官史迪威中將，發現美軍三任指揮官問題，根據作戰實況在指揮方面一再調整，擴大了中國將領的指揮權限，乃至最後由中國將領負責指揮全部攻擊行動，從而方確保戰役取得了最後的勝利。

（六）整個戰役是中、美聯軍聯合作戰，部分參戰部隊訓練尚不夠充分，尤其缺乏亞熱帶叢林作戰和城市攻堅作戰的經驗，再加指揮方面一度不甚得力，在作戰中暴露出缺失。

（七）在戰役初期對敵情判斷不夠準確，未能制敵於先機，中、美將領間指揮默契不足，指揮系統不統一，部署紊亂，使用兵力無重點，步兵、砲兵、空軍三者協調不夠等，增加了聯軍傷亡的代價，亦延宕了戰爭的時間。

以上均是密支那戰役中呈現出的問題，但戰爭的目的是取得最後的勝利，既已全殲日寇攻克了敵陣，贏得了勝利戰果，雖付出代價無可避免也是值得的。

九、結　語

迄今，第二次世界大戰結束已七十多年，曾經歷這次戰爭的人多已故逝，尚在世者已垂垂老矣，但戰爭留下的陰影仍深植腦海。然而人類並沒從戰爭中吸取到慘痛的教訓，世界各地矛盾充斥，小戰不斷。有人預測比第二次世界大戰更慘烈的第三次世界大戰無可避免，最聰明的人類何已愚蠢至此，真搞不懂？

密支那只是緬北的一個小市，經歷戰爭的洗禮，歲月悠悠，已看不到戰爭的遺跡，當年駐印軍於攻克密支那後所留下的三座紀念碑，也於一九五九年被緬甸政府所摧毀。緬甸原是大英帝國的殖民地，一九四八年一月四日獨立，迄今雖已過了七十多年，然而自一九六二年三月二日軍人發動政變開始鎖國，人才外流、經濟蕭條，國家進步滯緩。近年，密支那市容已有些改變，道路拓寬了，電力穩定了，人口也增加了，但還有很多發展與進步的空間，茲簡列如下：

（一）經濟落後：密支那的物產無論農產、水產、牧產、林產、礦產都有一定的潛力，但要建立一套有效的稅務制度與辦法，將營利所得歸為市政府所用，作市政建設，為市民謀福，尚待努力。

（二）交通不便：密支那的交通第二次世界大戰前，被認為四通八達，但以今天的眼光，無論陸路、水路、航空都不足，公路少，品質差，鐵路老舊，伊洛瓦底江水淺、泥沙淤積，碼頭老舊。航空機場小，設備簡陋。

（三）市容建築物老舊：房屋多為第二次世界大戰後磚夾木結構，雖有鋼筋混凝土建築但為數不多，百貨公司、市場還是相當傳統。

（四）自來水缺乏：現代化都市，自來水是很普遍，密支那仍以井水為主，郊區以河水飲用無消毒設施。衛生下水道尚未起步，自挖地下糞坑汙水滲透飲用井水。

（五）環境衛生要加強，垃圾處理仍以隨地焚燒，嚴重汙染空氣。人民的衛生習慣需改進。

（六）教育設施還不夠：雖有大學一所，但科系少，設備差，圖書資料不足，師資素質待提高。中小學基礎教育雖普及但品質待提升。華文學校僅有育成學校，自幼兒園至高中十五年一貫，但師資、設備得加強。郊區有華文小學，但以配合緬校上課為主，教學品質差。

（七）公立醫院少，診所不夠，醫師素質待提高，醫療設施明顯落後。

（八）銀行及其他金融機構不足。緬幣極不穩定，官方、民間差價非常大。

（九）進入新世紀因中國實施改革開放政策，經濟發展，國力崛起，自雲南來密支那的遊客大增，正是帶動密地繁榮的機遇，但觀光景點待開發，道路交通需改善，賓館、餐飲、導遊等服務人才不足，宜應速強化。

（十）軍人主政超過半世紀，政治不上軌道，各民族離心離德，社會不安定，各項基礎建設停滯。克欽邦是少數民族區山地多，地廣人稀，問題尤其嚴重。

總體而言，密支那要與現在化接軌，問題還很多，一個現代化的城市，須有許多符合市民需要的設備，如休閒、娛樂、活動等的場所。密支那市距離現代化的路還遠，百年前雲南邊陲小鎮騰衝靠密支那繁榮，現在隨著中國國力的崛起，今後密支那的前途要多賴騰衝了。密支那育成學校，抗戰前只是雲南騰越會館附設的一間小學，因密支那淪日，停課幾年，抗戰勝利，駐印軍在密支那南郊喂拱建華僑新村，創辦「華夏學校」，後有「臨時學校」的誕生。一九五○年因臨時學校分裂，張興仁老師率少數學生進入雲南會館隸屬財神廟地址，復辦育成小學。歲月悠悠，育成小學已克服艱難，不斷成長並脫胎換骨，成了密支那甚至緬甸卓然而立，自幼兒園至高中十五年一貫的完全中學，未來將扮演著密支那蛻變繁榮再現輝煌的重要推手。

參考文獻

〇一、《緬甸華僑教育》，陳文亨、盧偉林編著（一九五〇年，海外出版社出版）。
〇二、《華僑發展簡史》，李樸生著（一九六一年，正中書局出版）。
〇三、《緬甸地理》，中華民國國防研究院編（一九六八年，國防研究院出版）。
〇四、《談緬甸僑生回國升學》，黃通鎰著（一九八一年，育成校友季刊出版）。
〇五、《華僑革命史》，李為麟著（一九八八年，正中書局出版）。
〇六、《緬甸華僑概況》，盧偉林著（一九八八年，正中書局出版）。
〇七、《緬甸僑胞的心聲徵文比賽》，黃通鎰主編（一九八九年，緬華文教會主辦）。
〇八、《筆墨生涯五十年》，盧偉林著（一九九一年，自由僑聲雜誌社出版）。
〇九、《緬甸與華僑》，簡會元著（一九九二年，中國僑政學會編印）。
十、《來自緬甸的聲音》，翁山蘇姬著（一九九六年，時報文化出版社出版）。
十一、《緬甸爭取獨立的經過》，陳儒遜著（一九九八年，中緬報導）。
十二、《泰緬僑教》，何福田等著（一九九九年，國立屏東師範學院出版）。
十三、《抗戰時期滇印緬作戰》國防部史政編譯局編（一九九九年，國防部史政編譯局出版）。
十四、《緬甸僑生升學新里程》，黃通鎰著（二〇〇三年，復辦緬甸地區聯合招生）。

十五、《緬甸華文教育在艱困中成長》，黃通鎰報告（二〇〇三年，僑聯總會專題報告）。
十六、《緬甸華文教育困境之突破》，黃通鎰著（二〇〇五年，華僑救國聯合總會出版）。
十七、《緬甸華文教育》，葉星著（二〇〇六年，廈門出版社出版）。
十八、《緬甸歷史、多元種族與教育制度發展概述》，王俊斌著（二〇〇六年，暨南國際大學）。
十九、〈試論英國殖民統治對緬甸教育的影響〉，劉利民著（二〇〇七年，《雲南師大學報》）。
二十、《緬甸百年華文教育》，黃通鎰主編（二〇〇八年，中緬報導出版）。
二十一、《緬甸百年華教與育成》，黃通鎰著（二〇〇八年，育成創校八十年特刊）。
二十二、《緬甸軍政府對政治轉型之影響》，宋鎮照指導；陳嚮富著（二〇〇八年，成功大學碩士論文）。
二十三、《緬甸仰光華僑中正中學校史》，黃通鎰著（二〇〇九年，磐古印刷公司出版）。
二十四、《緬甸仰光華文教育現狀調查》，梁美云著（二〇〇九年，廣西出版社出版）。
二十五、《玉出雲南》，馬寶忠著（二〇一〇年，香港天馬出版有限公司出版）。
二十六、〈緬甸寺院教育及其對雲南邊境的影響〉，張慶松著（二〇一〇年，《雲南德宏師專學報》）。
二十七、《朝陽科技大學國際志工緬甸教育服務》，張有恒、陳明國著（二〇一二年，朝陽科技大學出版）。
二十八、《守望金三角》，石磊著（二〇一二年，臺灣旗林文化社出版）。

二十九、《緬甸華文教育概況》，黃通鎰著（二〇一二年，磐古印刷公司出版）。
三　十、《緬甸南方華文教育概況》，徐祥生著（二〇一三年，蘇州大學碩士專業學位論文）。
三十一、《緬甸果敢地區華文教育現況及華裔語言使用現狀調查報告》，涂良軍指導；楊蓉著（二〇一三年，雲南師範大學碩士研究生學位論文）。
三十二、《談華僑教育嬗變到華文教育》，黃通鎰著（二〇一四年，磐古印刷公司出版）。
三十三、〈面對緬甸改革開放之我國僑教工作〉，夏誠華著（二〇一四年，《僑教與海外華人研究學報》，第五期）。
三十四、〈新世紀緬甸僑民教育與華文教育之發展〉，邱炫煜著（二〇一四年，《僑教與海外華人研究學報出版》，第三期）。
三十五、《中華民國緬甸歸僑協會成立五十週年特刊》，趙麗屏主編（二〇一五年，中華民國緬甸歸僑協會出版）。
三十六、《重建情緣》，黃通鎰主編（二〇一五年，華僑節出版）。
三十七、《緬甸一個徬徨的國度》，班尼迪克羅哲斯著；譚天譯（二〇一五年，臺灣遠足文化公司出版）。
三十八、〈探討緬甸華文教育的發展與挑戰〉，楊仲青著（二〇一五年，《華文世界》，第一一五期）。
三十九、〈緬甸華校參訪紀實〉，蔡雅薰、施苡萱著（二〇一五年，《華文世界》，第一一六期）。
四　十、〈緬甸民主化發展對僑生政策之挑戰與契機〉，楊仲青、何福田著（二〇一六年，《華

四十一、《緬北華文教育現狀及發展前景探析》，呂子態著（二〇一六年，華僑大學碩士學位論文）。

四十二、《緬甸教育制度的改革對華校發展之衝擊》，楊仲青著（二〇一六年，第七期僑教與海外華人研究學報）。

四十三、《緬甸史》，陳鴻瑜著（二〇一六年，臺灣商務印書館出版）。

四十四、《緬甸華校的發展現狀、問題與對策研究》，陳丙先、馮帥著（二〇一七年，廈門出版社出版）。

四十五、《緬甸使用臺灣華語教材的教學機構實習記》，唐蕙韻（二〇一八年，金門大學華語文學系出版）。

四十六、《淺議緬北華文教育的困境與突破》，藍致庸著（二〇一九年，廈門出版社出版）。

四十七、《緬甸仰光華僑中正中學精神不朽》，黃通鎰著（二〇一九年，華僑中正中學校友會出版）。

四十八、《緬甸的未竟之路：種族、資本主義與二十一世紀的民主新危機》，吳丹敏著；黃中憲譯（二〇二一年，馬可孛羅文化公司出版）。

四十九、《雲南文獻》，臺北市雲南同鄉會編印，五十、五十一、五十二、五十三期有關緬甸教育部分（二〇二〇至二〇二三年，臺北市雲南同鄉會編印出版之年刊）。

五　十、《簡會元先生日記》（歷年有關緬甸部分），簡會元手稿（一九九二年，中國僑政學會海天印刷公司出版）。

五十一、《世界年鑑一九九二、二〇二〇、二〇二一有關緬甸者》（中華民國中央通訊社出版）。
五十二、維基百科全書緬甸欄目：https://zh,owikipedia,org，二〇二一年十月。
五十三、《抗戰時期滇印緬作戰（一）、（二）、（三）》，邱中岳中將主編（一九九九年，國防部史政編譯局出版）。
五十四、《中國遠征軍在緬北》，孫克剛主編（二〇〇二年，雲南人民出版社出版）。
五十五、《中華民國抗日戰爭史料彙編：中國遠征軍》，呂芳上主編（二〇一五年，國史館出版）。
五十六、《騰衝文史資料選輯第一集》，張天祝主編（一九八八年，德宏民族出版社出版）。
五十七、《二十世紀大事實錄》，張樹柏主編（一九八〇年，《讀者文摘》，遠東有限公司出版）。
五十八、《二十世紀全紀錄國際中文版》，戴月芳主編（一九九〇年，錦繡出版社有限公司出版）。
五十九、《緬甸史》，賀勝達著（一九九二年十月，人民出版社出版）。

Do觀點74　PC1121

緬甸華文教育

作　　者／黃通鎰
策劃主編／財團法人興華文化交流發展基金會、世界華語文教育學會
責任編輯／吳霽恆
圖文排版／陳彥妏
封面設計／王嵩賀

出版策劃／獨立作家
發 行 人／宋政坤
法律顧問／毛國樑　律師
製作發行／秀威資訊科技股份有限公司
地址：114 台北市內湖區瑞光路76巷65號1樓
電話：+886-2-2796-3638　傳真：+886-2-2796-1377
服務信箱：service@showwe.com.tw
展售門市／國家書店【松江門市】
地址：104 台北市中山區松江路209號1樓
電話：+886-2-2518-0207　傳真：+886-2-2518-0778
網路訂購／秀威網路書店：https://store.showwe.tw
國家網路書店：https://www.govbooks.com.tw

出版日期／2024年10月　BOD一版　**定價**／450元

|獨立|作家|
Independent Author
寫自己的故事，唱自己的歌

讀者回函卡

緬甸華文教育 / 黃通鎰著. -- 一版. -- 臺北市 :
獨立作家, 2024.10
面 ;　公分. -- (Do觀點 ; 74)
BOD版
ISBN 978-626-97999-9-2(平裝)

1.CST: 僑民教育　2.CST: 漢語教學
3.CST: 緬甸史

529.3381　　113011917

國家圖書館出版品預行編目